KB199951

바울,

교회에서
길을
찾다

바울에게서 듣는 가정교회 이야기

바울, 교회에서 길을 찾다

지은이 | 안희열
초판 발행 | 2021. 3. 17
등록번호 | 제1988-000080호
등록된 곳 | 서울특별시 용산구 서빙고로 65길 38
발행처 | 사단법인 두란노서원
영업부 | 2078-3352 FAX | 080-749-3705
출판부 | 2078-3331

책값은 뒤표지에 있습니다.
ISBN 978-89-531-3963-3 03230

독자의 의견을 기다립니다. Printed in Korea
tpress@duranno.com www.duranno.com

두란노서원은 바울 사도가 3차 전도여행 때 에베소에서 성령 받은 제자들을 따로 세워 하나님의 말씀으로 양육하던 장
소입니다. 사도행전 19장 8-20절의 정신에 따라 첫째 목회자를 돕는 사역과 평신도를 훈련시키는 사역, 둘째 세계선
교(TIM)와 문서선교(단행본·잡지)사역, 셋째 예수문화 및 경배와 찬양 사역, 그리고 가정·상담 사역 등을 감당하고 있습니다.
1980년 12월 22일에 창립된 두란노서원은 주님 오실 때까지 이 사역들을 계속할 것입니다.

바울에게서
듣는
가정교회
이야기

안희열
지음

바울, 교회에서 길을 찾다

두란노

목차

추천사　6

서문　1세기 가정교회 선교 정신, 한국 교회를 살리다　14

1

| 초기 기독교 시기의 가정교회 선교 |

나이키형 성장을 이루다　21

2

| 회당 선교 |

바울의 가정교회 선교와의 경쟁에서 밀리다　39

3

| 도머스(*domus*) |

가정교회 선교의 중심에 서다　63

4

| 가정교회 선교 |

신약 교회의 정신을 널리 알리다　77

5

| 예루살렘교회 |

유대인 선교의 터를 닦아 주다　91

6

| 안디옥교회 |

이방인 선교의 모델을 제시하다 117

7

| 마게도냐 교회들 |

가정교회 선교로 유럽의 문을 열다 141

8

| 고린도교회 |

가정교회 선교 정신으로 한 몸을 추구하다 155

9

| 아시아의 교회들 |

여성 리더십을 가정교회 선교에서 증명하다 177

10

| 로마교회 |

다양한 인종을 가정교회 선교 정신으로 감동시키다 199

11

| 가정교회 선교 |

로마 제국을 무너뜨리다 223

나가는 말 1세기 신약 교회 선교 정신, 지금도 통한다 238

참고 자료 246

주 251

세계선교훈련원(World Missions Training Center, WMTC) 원장으로 섬기면서 많은 선교사들을 훈련시킨 한국침례신학대학교의 안희열 교수님이《바울, 교회에서 길을 찾다》라는 제목으로 책을 저술했습니다. 안희열 교수님은 전통적인 선교 전략에 한계를 느끼다가 가정교회를 만나면서 돌파구를 찾았다고 말합니다. 가정교회가 곧 신약 교회이고, 신약 교회는 선교적인 교회였으며, 숫자가 별로 안되었던 초대 교회가 로마 제국을 뒤엎을 수 있었던 힘은 가정교회에서 나왔다는 것을 깨닫게 되어, WMTC 선교 훈련 프로그램도 가정교회를 기반으로 바꾸었습니다.

그동안 선교적인 가정교회를 연구해 왔던 결과를 기록해《바울, 교회에서 길을 찾다》라는 제목으로 출간한 이 책은 다음 세 그룹에게 도움이 될 것이라고 생각합니다.

첫째는, 가정교회 목회자와 성도들입니다. 가정교회 목회자들과 성도들은 가정교회가 성경적인 교회요, 신약 교회를 회복하는 것이 가정교회의 목표라는 것은 알지만, 성경 이곳저곳에 산재된 정보를 갖고 신약 교회에 대한 확실한 그림을 머리에 그리기는 어렵습니다.

이 책은 성경의 기록과 역사적인 문헌에 기초해서 초대 가정교회의 그림을 명확하게 그려 주고 있습니다. 예를 들면, 고대 로마 시대의 도시 주거지로는 현대의 아파트와 같은 인슐라(insula)와 단독 주택인 도머스(domus)가 있는데, 가정교회는 도머스에서 모였습니다. 일반적인 도머스 크기는 얼마이며 구조는 어떻게 되어 있는지 등 구체적인 정보가 초대 가정교회를 눈으로 보고, 피부로 느끼게 만듭니다.

둘째는, 선교사와 선교 후원자들입니다. 많은 선교사들이 급변하는 선교지의 상황 때문에 전통적인 선교 방법이 더 이상 효과적이지 않다는 데에는 동의합니다. 그러나 뾰족한 대안이 보이지 않아 고민하고 있습니다. 이런 사람들에게 이 책이 돌파구를 마련해 줄 것입니다.

초대 교회는 가정교회였습니다. 가정교회는 박해 가운데서도 성장해, 마침내는 로마 제국을 기독교 국가로 바꾸었습니다. 이 책은 서기 30년에서 150년까지, 신약성경이 기록되고 성경에 등장하는 인물들이 활동하던 초기의 가정교회를 다루고 있습니다. 신약성경에 등장하는 인물들이 어떻게 선교 사역을 펼쳤으며, 이들의 전략이 어떠했는지를 구체적으로 보여 주어 오늘날 선교가 가야 할 방향을 제시해 줍니다. 예를 들어, 사회적 신분과 재력이 있는 사람들이 자신의 집을 모임 장소로 제공해 가정교회가 시작되었지만, 로마서 16장에 등장하는 스물여섯 명의 인물 가운데 노예 출신이 42퍼센트, 여성이 35퍼센트라는 정보는 오늘날의 선교가 가야 할 방향을 제시한다고 생각합니다.

셋째는, 신약성경을 깊이 이해하고 싶어 하는 일반 성도들입니다. 사도행전과 바울의 서신에는 수많은 이름이 등장합니다. 우리는 바울, 베드로, 바나바와 같은 굵직굵직한 인물들에 대해서는 어느 정도 알지만, 바울 서신의 끝 부분에 이름이 한 번씩 언급된 인물들에 대해서는 이들이 누구인지, 무슨 일을 했는지도 잘 알지 못합니다. 이 책은 성경과 전문 서적을 참조해서 이런 인물들의 신분이 어땠는지, 무슨 교회를 개척했으며 어떤 교회에서 오래 사역했는지 등을 정리해 기술하고 있는데, 《열국지》를 읽듯이 흥미진진합니다. 이런 인물들의 행적을 알게 되면 신약성경 자체가 새롭게 마음에 닿을 것입니다.

최영기 전 휴스턴 서울교회 담임 목사, 전 국제가정교회사역원 원장

인도네시아에 있을 때 한국에서 한 장로님을 만난 적이 있다. 믿음이 좋은 장로님은 선교에 열심이 있는 것으로도 명성이 자자했다. 처음 만나는 자리였지만 그분이 가진 선교의 열정만은 충분히 느낄 수 있었다. 장로님은 자신이 가지고 있는 꿈을 내게 이야기해 주었다. 인도네시아에 교회를 몇 개 짓고 싶다는 것이었다. 그러면서 교회를 하나 짓는 데 돈이 얼마나 들겠냐고 물었다. 선교를 많이 한다는 그 장로님과 대화하면서 나는 기가 막혔다. 이분이 선교를 제대로 이해하지 못한다는 것과, 교회와 교회당을 제대로 이해하지 못하고 있다는 사실이 한심스러웠다. 이제 한국 교회는 이런 생각에서 벗어나야 한다.

로마 제국이 기독교를 국교로 받아들이고 기독교가 서구 많은 나라의 국교가 되면서부터 우리는 초대 교회가 가지고 있었던 아름다운 교회의 참된 모습을 많이 잃어버렸다. 몇 년 전 파리의 노트르담성당이 불탈 때 그리스도인들은 모여서 교회가 타고 있다며 울부짖었다. 그리고 그 교회의 회복을 위해 며칠 동안 수천억 원의 성금이 모아졌다. 하지만 그 후 몇 달 뒤, 스리랑카의 교회 수십 군데가 테러 집단에 의해 폭파되고 성도들이 죽어 나가는 것을 보면서도 교회가 고통을 당한다고 생각하는 사람들은 별로 없었고, 그들을 위해 얼마의 후원금이 모아졌다는 소식도 아직 듣지 못했다.

교회는 교회당이 아니다. 교회는 제도가 아니다. 교회는 살아 계신 하나님을 믿는 성도들의 모임이다. 이 시대를 살고 있는 모든 그리스도인들이 꼭 읽어야 할 책을 이번에 안희열 교수님이 쓰셨다고 생각한다. 《바울, 교회에서 길을 찾다》는 1세기 초대 교회의 모습을 매우 입체적으로 보여 주고 있다. 로마 제국 안에서 살았던 사람들의 생활을 중심으로 초대 교회의 모습을 그림처럼 설명하고 있다. 초대 교회가 성장할 수 있었던 이유들을 설명하면서 오늘날 한국 교회가 잃어버리고 있는 것이 무엇인지를 꼬집고 있다. 제도화된 교회가 아니라 원형 교회로의 회복을 이야기하는 《바울, 교회에서 길을 찾다》를 모든 목회자들과 성도들에게 적극적으로 추천한다.

손창남 OMF 동원 대표

안희열 교수님이 쓴《바울, 교회에서 길을 찾다》라는 책을 미리 읽을 수 있는 특권을 누렸다. 읽는 내내 흥분된 마음이 가라앉지 않았다. 선교 현장에서 교회 개척 선교사로 30년째 사역하는 가운데 마음에 일어나던 소원 하나가 있었다. 그런데 그 소원을 조금 수정해야 할 것 같다. 안 교수님이 쓴 본서의 내용이 내가 언젠가 이루고 싶었던 '성경의 교회들과 오늘날의 적용', 바로 그것이라는 것을 확인했기 때문이다.

나는 예수님이 친히 세우겠다 말씀하셨던 그 교회를(마 16:18) 민족마다, 문화권과 언어권마다 세우시라고 중보하며 살아왔다. 물론 카자흐 민족 가운데 세우는 것도 잊지 마시라고 떼를 쓰듯 중보 기도를 했다. 그리고 주님이 카자흐 교회 세우시는 것을 현장에서 직접 목격했으며, 일부 사용되는 특권을 누렸다. 주님이 카자흐 가운데 세우신 교회가 짧은 시간 안에 카자흐스탄 전 지역에, 더 나아가 나라와 대륙을 넘어가면서 복음을 전하고 그리스도의 눈에 보이는 몸을 세우는 것도 목격했다. 주님이 나와 제자들에게 확인해 주신 성경적 교회의 DNA는 가정교회였다.

안희열 교수님은 성경에 기록된 교회와 1세기의 교회는 곧 가정교회라는 것을 성경과 문헌 연구를 통해 세밀하게 밝혀 주었다. 이 책을 읽으면 우리에게 이미 익숙해진 21세기 교회의 모습과 내용이 아니라, 성경 속의 교회를 먼저 볼 수 있을 것이다. 성경과 1세기 가운데 시기별, 지역별 그리고 민족과 언어별로 어떻게 주님이 교회를 세워 나가셨는지를 확인할 수 있게 될 것이다. 그리고 그 성경적 교회의 DNA가 어떻게 우리가 살고 있는 21세기 교회들 가운데 접목되고 적용되었는지도 읽게 될 것이다. 그러면서 각자가 있는 지역, 문화, 언어, 사람들에게 맞는 그 성경적 교회를 꿈꾸게 될 것이다. 안 교수님이 기술한 순서대로 읽다 보면 오늘날의 교회 개척자들에게 합당한 적용점이 자연스럽게 드러난다.

이 책을 교회 개척을 하고자 하는 사람, 특히 타문화권 교회 개척을 소원하는 사람이라면 꼭 읽어 볼 것을 권하고 싶다. 성경적인 교회의 모습과 내용에 대해 목말라하는 성도는 누구나 읽어야 하는 책이다. 특히 가정교회 사역을 계획하거나 준비하는 사람들은 옆에 놓고, 가지고 다니면서 계속 읽어야 할 책이다. 안 희열 교수님이 인용한 참고 문헌들도 꼼꼼히 확인해 보면서 자신의 것으로 만들 수 있기를 추천한다. 최소한 나는 그렇게 할 것이다.

주민호 FMB 회장, 전 카자흐스탄 선교사

북미를 중심으로 최근 일어나고 있는 운동 중 하나가 '미셔널 처치'입니다. 한국 에서 믿음의 잔뼈가 굵은 저에게는 하나도 생소하지 않은 선교적 교회가 북미 에서 왜 이토록 선풍적인 인기를 얻게 되었는지 의아했습니다. 미국에서 오랫 동안 목회를 하던 중에 이런 운동의 배경을 이해하게 되었습니다. 미국은 청교 도 정신 위에 세워진 기독교 국가였습니다. 모든 국민이 예수를 믿고 교회를 가 는 사람들이었습니다. 교회가 전도와 선교를 할 필요가 없었다는 뜻입니다. 가 만 기다려도 사람들은 주일이면 교회로 왔습니다.

　굳이 교회들의 고민거리를 찾는다면, 어떻게 사람들을 옆 교회로 가지 않고 우리 교회로 오게 할까 정도였습니다. 그래서 더 시설이 좋은 예배당, 프로그램 이 좋은 교육, 안락한 편의 시설 등을 만들어 다른 교회가 아닌 우리 교회로 오 게 하는 데 모든 관심을 쏟았습니다. 그리고 선교는 헌금을 모아 선교 단체에 보 내면 선교 단체가 각국에 흩어진 선교사들에게 보내는 방식이었습니다. 그런데 언제부터인가 밀려오는 타민족과 난민들 그리고 급속도로 변하는 세속화의 물 결에 미국은 점점 비기독교화되어 가고, 마침내 주일에 30퍼센트도 채 교회를 가지 않는 가장 거대한 선교지가 되었습니다.

　그때 교회들이 경각심을 가지게 되면서 교회가 자기의 지역을 선교해야 함 을 깨닫게 되었습니다. 그리고 이런 배경에서 시작된 것이 미셔널 처치 운동입 니다. 하지만 한국에서 자란 저에게 교회는 그 태생과 존재 자체가 선교적이어 야 했습니다. 교회 다니는 사람 한 명 없는 동네 한가운데 십자가를 세우고 교 회가 시작되었습니다. 그 교회는 그 동네를 다 전도해야 했습니다. 교회가 선교적이어야 한다는 말이 조금도 어색하지 않았습니다. 바로 초대 교회가 그러했습니다.

유대 공동체 안에 세워진 전혀 새로운 예수 공동체의 이야기입니다. 예수를 사형시켰던 사람들에게 예수를 전해야 하는 것이 교회의 사명이었습니다. 그야말로 초대 교회는 시작부터가 미셔널 교회였습니다. 성전의 중심에서 밀려나 솔로몬 행각에서 모임을 가져야 했고, 광장이 아닌 가정에서 시작된 예루살렘교회는 그야말로 선교적 교회의 원형이었습니다. 이 초대 교회 가정에서 일어난 일들을 본서는 밀도 있게 추적하며 우리에게 보고하고 있습니다.

안희열 박사님은 선교학자이면서 누구보다 뜨거운 복음 전도자입니다. 선교적 지성과 복음적 열정의 균형을 갖추고 시대적 통찰력까지 겸비한 이 시대의 귀한 종입니다. 많은 교회들을 다니며 선교 학교를 열어 잠자는 선교적 열정을 깨우고 그들을 여러 선교 현장으로 파송한 선교 동원가요, 신학교에서 목회자와 선교사를 훈련시키는 참스승이요, 어디나 부르면 한걸음에 달려가 피를 토하는 설교를 전하는 탁월한 설교자입니다.

이런 깊은 선교적 혜안과 연구로 초대 교회의 가정교회가 어떻게 선교적 사명을 감당했는지를 연구해 오늘날 시대적 대안으로 내어놓았습니다. 점점 더 선교지화되어 가는 대한민국의 현실을 바라보며 뚜렷한 대안을 찾지 못해 고민하는 교회들과 목회자들 그리고 복음의 일꾼들에게 여름날 얼음냉수같이 반가운 책입니다.

어려운 내용들을 쉽게 풀어내고, 무거운 이야기를 경쾌하게 전개하면서 강한 흡인력을 가지고 책은 마지막 장까지 우리를 이끌고 갑니다. 책의 마지막 장을 덮을 때 독자들은 이 시대에도 여전히 소망이 있음을 알고 안도의 한숨을 내쉬게 될 것입니다. 48시간도 모자랄 시간 속에서 이렇게 귀하고 유익한 책을 저술해 주신 안희열 박사님께 다시 한 번 감사드리며, 모든 독자들에게 큰 유익이 있기를 소망합니다.

최병락 강남중앙침례교회 담임 목사

안희열 교수님의 《바울, 교회에서 길을 찾다》의 출판을 크게 기뻐합니다. 저는 바울과 교회에 관한 논문들을 작성하고 또 바울 서신에 나타난 가정교회에 관한 책인 《초대교회는 가정교회였다》(기독교연합신문사 역간)를 번역하면서 바울 서신에 나타난 가정교회들이 어떻게 선교 활동을 했는지, 또한 사도 바울의 선교 전략은 구체적으로 무엇이었는지에 대해 어떤 전문가가 책을 써 주길 기대하고 있었습니다. 너무나 연약했던 초기 교회가 어떻게 단순한 생존을 넘어 놀라운 성장을 할 수 있었는지에 대해 지금처럼 전도가 어려운 시대에는 더욱 궁금해질 수밖에 없습니다.

사실 초기 교회의 선교 상황은 요즘 한국 교회의 전도 상황에 비해 결코 좋은 상황은 아니었습니다. 초기 교회는 십자가에 못 박힌 예수 그리스도만이 참된 주(Lord)시라는 대담한 선포 때문에 로마 제국으로부터 생존에 위협적인 박해도 많이 받았고, 예수 그리스도를 하나님과 동등하게 높여 숭배한다는 이유로 유대인의 회당으로부터 이단으로 정죄되었으며, 사회적으로 유력한 교인들도 많이 보유하지 못했고, 자기들만의 모임 장소인 교회당도 없어 교인의 비중은 가정집에서 모이는, 아주 연약한 집단이었습니다. 그런데 이런 모든 악조건을 극복하고 초기 교회는 거대한 화산이 폭발하듯이 급속도로 성장해 나갔습니다.

어떻게 이런 일이 일어났을까요? 답은 당연히 성령의 강력한 역사입니다. 그런데 우리의 질문은 더 날카롭게 제기되어야 합니다. 왜 현대 교회 안에는 성령의 역사가 미미하고, 초기 교회에서는 성령의 역사가 강력했을까요? 달리 말하면, 현대 교회는 어떤 점에서 성령의 역사를 방해하고 있으며, 어떻게 해야 초기 교회 안에서 강력하게 역사하셨던 성령의 역사를 현대 교회가 회복할 수 있을까요? 이것은 초기 교회를 깊이 연구하지 않고는 답을 찾을 수 없을 것입니다. 그런데 안희열 교수님의 《바울, 교회에서 길을 찾다》는 이런 질문들에 대해 아주 만족스러운 답변을 제공하고 있습니다.

이 책은 이방인의 사도였던 바울과 초기 교회들이 어떻게 하나님의 선교에 참여했으며, 그 선교 활동 안에 나타난 선교 원리는 무엇인가를 상세히 설명해 주고 있습니다. 그리고 나가는 말에서는 1세기 가정교회의 선교 원리와 방법을 적용해 21세기 교회 성장과 선교에 크게 성공한 교회와 선교사의 예를 제시하고 있습니다. 이 책을 주의 깊게 읽다 보면 현대 교회의 근본적인 소명을 발견하고 성령의 지혜와 능력을 의지해서 다시 부흥할 수 있는 길을 찾게 될 것입니다. 교회의 본질과 영적 생명 회복을 위해 고민하는 목회자와 평신도 및 선교사들에게 일독을 적극 권합니다.

홍인규 백석대학교 신학대학원 신약학 교수

1세기 가정교회 선교 정신, 한국 교회를 살리다

현재 코로나19(COVID-19)를 마주한 한국 교회는 또 한 번 위기에 직면해 있다. 목회데이터연구소가 2020년 4월에 발표한 자료에 따르면, 코로나19 극복을 위한 노력에 관한 일반인들의 평가에서 한국 교회(종교계)는 정치권(34퍼센트)과 함께 37퍼센트로 최하위 평가를 받았다. 교인들의 평가는 조금 높은데, '잘한다'가 59퍼센트여서 한국 교회의 코로나19 대응 평가는 60점 이하로 낙제 수준이다. 대다수의 한국 교회가 코로나 방역에 협조를 잘했지만, 일부 교회의 이탈과 현 정치권과 특정 미디어의 반기독교 정서의 영향을 배제할 수는 없다. 여하튼 한국 교회가 코로나 펜데믹을 맞아 절체절명의 위기에서 벗어나려면 그 답을 어디에서 찾아야 할까?

바로 성경이다. 1세기 예수님의 제자들이 세웠던 가정교회, 바로 그 교회의 선교 정신에서 혜안을 발견해야 한다. 콘스탄티누스(Constantinus) 대제가 313년 기독교를 공인하기 전까지 교회는 '집'(domus)에서 모였던 가정교회다. 마리아의 집(행 12:12, 예루살렘교회), 루디아의 집(행 16:15, 빌립보교회), 브리스가(혹은 브리스길라)와 아굴라의 집(롬 16:5, 로마교회), 빌레몬의 집(몬 1:2, 골로새교회) 같은 경우다. 그래서 1세기 가정교회를 신약 교회라 부른다. 한국 교회는 포스트 코로나 시대에 변해야 한다. 그렇게 하기 위해서는 교회를 리셋(reset)해야 한다. 1세기 신약 교회의 선교 정신으로 재정비하는 것이다. 그래야 한국 교회가 난파하지 않고 순항할 수 있다.

이 책은 코로나19로 고난 중에 있는 한국 교회로 하여금 1세기 가정교회의 선교 정신 세 가지를 발견해 다시 회복할 수 있도록 도움을 줄 것이다. 첫째는, 교회의 성경적 DNA를 발견할 것이다. 바울이 세웠던 1세기 교회(*ekklesia*)의 본질적 의미는 하나님에게 부름 받은 백성의 정기적인 모임을 말한다. 교회는 '사람'을 말하지 '건물'을 의미하지 않는다. 바울과 그의 동역자인 루디아, 브리스가와 아굴라, 뵈뵈, 눔바는 화려한 교회 건물을 짓는 데 목숨 걸지 않았고, 로마 제국 전역에 교회의 '본질'(being)을 뿌리내리는 데 집중했다. 이들은 영혼을 살리고, 그리스도의 몸으로서 연합하며, 그리스도의 신부로서 자신들의 거룩한 삶을 세상 사람들에게 보여 '생활이 곧 신앙'임을 실천했다. 그 결과 이교도의 마음을 얻었다.

둘째는, 원형 교회의 선교 정신을 발견할 것이다. 원형 교회란 예수님의 제자들이 세운 교회를 말한다. 1세기에 세워진 예루살렘교회, 안디옥교회, 고린도교회, 로마교회 등에서 선교 정신을 발견하는 것이다. 1세기 선교의 암적 존재와 같았던 할례와 모세의 음식법이 예루살렘 총회(48년)에서 만들어진 신학적 가이드라인을 통해 해결되면서 꼰대 기질의 보수 유대인들이 어떻게 변했는지를 예루살렘교회에서 보게 될 것이고, 안디옥의 유대인 가정교회는 먼저 세워졌지만 성장이 미미한 데 비해, 안디옥의 헬라인 가정교회는 나중에 개척되었지만 어떻게 급성장하게 되었는지를 안디옥교회에서 확인하게 될 것이다.

또한 분열의 아이콘이었던 고린도교회가 어떻게 '한 몸'을 추구했는지를 고린도교회에서 엿보게 될 것이고, 1세기에 이미 다인종 교회, 다문화 교회를 형성했던 로마교회가 초기에는 77퍼센트의 노예와 여성 중심의 하류층 신자들만 모이는 교회였지만, 2-3세기를 거치면서 장사꾼, 무역업자, 로마의 고위 공무원, 로마 군인들, 정치인에 이르기까지 중상류층의 시민들이 그곳에서 개종하는 놀라운 일들을 발견하게 될 것이다. 나아가 초기 기독교 시절 로마교회가 전염병 위기 대응에 탁월함을 보여 이교도의 개종자가 급증하는 기이한 일들도 보게 될 것이다.

셋째는, 신약 교회의 선교 정신을 발견할 것이다. 한국 교회는 예수님의 제자들이 세웠던 신약 교회에서 길을 찾아야 한다. 회당의 스타일은 안 된다. 1세기 바울이 세웠던 가정교회는 늘 회당의 위협과 도전을 받았다. 회당은 직제 운영에 있어서 민주적으로 운영할 만큼 순기능을 지니고 있었지만, 회당의 존재 목적이 회당의 '정체성'을 유지하는 데 있었지 '선교'는 아니다 보니 결국 쇠락했다. 하지만 교회의 '본질'을 삶으로 보여 준 신약 교회는 이교도들도 춤추게 만들었다. 앞으로 포스트 코로나 시대에 한국 교회가 가야 할 방향을 보여 준 것이다.

무엇보다 《바울, 교회에서 길을 찾다》는 크게 네 가지 측면에서 차별성이 있어 독자들에게 도움이 될 것이다. 첫째는, 목회 분야다. 본서는 예루살렘교회를 시작으로 안디옥교회와 고린도교회를 지나 로마교회에 이르기까지 1세기 가정교회 전체를 '성경 해석학적' 관점에서 분석했다. 기존의 책이나 잡지에서 1세기 가정교회를 한두 군데 정도 다루었다면, 본서는 이곳저곳에 산재된 정보를 한꺼번에 종합 정리해서 독자들로 하여금 1세기 신약 교회 전체를 한꺼번에 눈에 그릴 수 있도록 했기에 목회에 도움을 줄 것이다.

둘째는, 선교 분야다. 1세기 가정교회의 선교 정신은 오늘날 닫힌 지역인 미전도 종족 선교, 전방 개척 선교 및 이슬람 선교에 도움을 줄 것이다. 2019년 12월을 기준으로 한국의 전체 선교사 중에서 53퍼센트가 전방 개척 선교에 집중하고 있다. 이곳에서의 선교는 1-2세기경 바울과 그의 제자들이 예루살렘을 벗어나 터키의 라오디게아와 히에라폴리스, 그리스의 아테네와 고린도, 이탈리아의 로마 그리고 북아프리카의 알렉산드리아와 카르타고에 이르기까지 선교한 것과 흡사하다. 한국 선교가 2016년부터 정체기에 접어들어 위기라고 하지만, 위기를 기회로 바꾸기 위해 1세기 가정교회의 선교 정신에서 길을 찾았으면 한다.

셋째는, 적용 분야다. 1세기 가정교회의 선교 정신이 이론으로만 소개된다면 절반의 성공밖에 될 수 없다. 하지만 1세기 가정교회의 선교 정신으로 교회를 개척하고, 교회가 서로 연합하며, 전환 교회로 바꾸거나 선교지에서 성공한 목회자들이 있다. 휴스턴 서울교회의 최영기 전 담임 목사, 양주 열린문교회의 이재철 담임 목사, 일본 가와사키 초대교회의 조남수 담임 목사, 꿈꾸는교회의 박창환 담임 목사, 구미남교회의 천석길 담임 목사, 참사랑교회의 김기태 담임 목사, 청주 사랑의교회의 안국철 담임 목사, 카자흐스탄 살렘교회의 주민호 선교사(현 FMB 회장) 등이 그들이다. 1세기 가정교회의 선교 정신은 21세기에도 역시 지역 교회와 선교지에서 통한다.

넷째는, 보너스 분야다. 본서는 각 장마다 사진, 지도, 그림을 소개했는데, 이것은 1세기 가정교회의 선교 이야기를 이해하는 데 도움을 줄 것이다. 뿐만 아니라 각 장의 마지막에는 '다함께 생각하기'라는 질문 코너를 만들었는데, 이것은 그룹별 토론이나 개인이 각 장의 전체적인 흐름을 이해하는 데 도움이 될 것이다. 이런 보너스 기능을 통해 《바울, 교회에서 길을 찾다》를 가까이 둘 수 있기를 바란다.

본서를 저술할 수 있었던 동기는, 내가 2009년 세계선교훈련원(WMTC) 원장으로 있을 때 최영기 목사님과 제휴하면서부터였다. 최영기 목사님의 "나의 목적은 가정교회 자체가 아니라 신약 교회의 정신을 회복하는 것이다"라는 말이 뇌리에 박혀, 이것이 이후 1세기 가정교회를 성경 해석학적으로 연구하는 계기가 되었으며, 10년이 지난 지금 책을 출판하기에 이르렀다. 최영기 목사님께 다시 한 번 감사를 드린다. 무엇보다 바쁜 사역의 일정 속에서 흔쾌히 추천의 글을 써 주신 OMF 동원 대표인 손창남 선교사님, FMB 회장인 주민호 선교사님, 강남중앙침례교회의 최병락 목사님, 백석대학교의 홍인규 교수님께도 깊은 감사를 드린다. 또한 본서가 출판되기까지 전체 기획과 방향 설정을 해 준 두란노서원에 진심으로 감사를 드린다.

특별히 《바울, 교회에서 길을 찾다》는 1세기 신약 교회의 정신을 회복코자 하는 목회자들에게 도움을 줄 것이다. 1세기 가정교회가 여러 장애물들을 극복하고 어떻게 하나님 나라 확장에 힘쓰게 되었는지를 보게 될 것이다. 이 책은 21세기 브리스가와 아굴라가 되기를 원하는 평신도들에게도 유익할 것이다. 1세기 가정교회는 집주인이라는 평신도 리더들의 절대적인 희생과 섬김이 있었기에 박해와 전염병 속에서도 쓰러지지 않고 든든히

설 수 있었다. 또한 본서는 선교지에서 영적 야전 사령관으로서 영혼 구령에 생명을 던지는 모든 선교사님들께도 도움이 될 것이다. 모쪼록 이 책이 코로나 전염병으로 방향을 잃은 한국 교회가 1세기 가정교회의 선교 정신을 발견해서 다시 비상하는 데 도움이 되었으면 한다.

2021년 3월
1세기 가정교회의 선교 정신이
다시 회복되길 꿈꾸며
안희열

1

초기 기독교 시기의
가정교회 선교,

나이키형
성장을
이루다

1세기 바울이 개척한 가정교회는 어떻게 수많은 악재를 극복하고 성장할수 있었을까? 1세기 가정교회는 예배당, 신자 수, 기부금 측면에서 회당과는 비교가 안 될 정도로 열악했는데, 예수 그리스도를 구주로 믿는 무리들이 그의 죽으심과 부활을 전하는 것 때문에 유대교와 로마 제국으로부터겪는 박해를 어떻게 감내하며 성장할 수 있었을까? 뿐만 아니라 가뭄, 기근, 홍수, 지진, 전염병과 같은 재난을 어떻게 이겨 내고 가정교회 선교가빛을 발할 수 있었을까? 바울의 가정교회 선교는 현대 선교에 어떤 방향을제시해 줄 수 있을까? 1세기 가정교회의 선교 정신을 21세기에 성공적으로 수행한 지역 교회나 선교사가 있을까?

이런 질문에 답을 찾으려고 여행을 떠나는 것이 이 책을 쓴 목적이다. 바울은 선교 여행을 할 때 회당, 시장(아고라), 서원, 일터, 집에서 전도했다.[1]하지만 유대인 개종자가 점차 증가할 뿐 아니라 회당 운영의 큰 기부자였던하나님을 경외하는 자들이 교회로 유입되면서 유대인의 박해가 심해지자,바울은 회당보다는 가정교회를 중심으로 복음 전하는 비율을 증가시켰다.그래서 초대 교회 당시 바울의 교회 개척은 하나같이 '집'에서 이뤄졌다. 예를 들면, 루디아의 집(행 16:40), 야손의 집(행 17:5), 스데바나의 집(고전 1:16)과 같은 경우다.

그렇다면 초대 교회는 끊임없는 박해 속에서도 폭발적으로 성장했을까?기독교가 주후 313년 공인될 때까지 지속적으로 고속 성장을 이루었을까?

그렇지 않다. 1세기부터 4세기 초까지 가정교회의 성장 유형을 보면 '사선형'(/)처럼 지속적으로 급속한 성장을 이루지 못했다. 뿐만 아니라 '브이자형'(V)처럼 급속도로 성장했다가 교회의 박해나 전염병이나 자연 재해 등으로 한 번 침체를 겪다가 다시 성장한 사례도 아니다. 물론 '더블유형'(W)인 성장과 하락을 반복하다가 성장한 케이스도 아니다.

그러면 초기 기독교 시절 가정교회는 어떤 성장을 이뤘을까? 워싱턴대학교 사회학 교수인 로드니 스타크(Rodney Stark)가 쓴 《기독교의 발흥》(좋은씨앗 역간)에 따르면, 1세기부터 250년까지는 서서히 성장하다가 250년 이후부터 313년 사이에 폭발적으로 성장했다.[2] 3세기까지 가정교회는 '나이키형'(✓) 성장을 이룬 것이다. 3세기까지 가정교회의 성장 변천사는 3단계로 나눌 수 있는데, 1단계(30-150년)는 '생존 시기'로 서서히 성장했고, 2단계(150-250년) 역시 '저속 성장'을 이루었으며, 3단계(250-313년) 때 '고속 성장'을 달성했다.[3] 로마 제국 당시 기독교 인구 비율이 40년에는 0.0017퍼센트, 150년에는 0.07퍼센트, 250년에는 1.9퍼센트였다가 300년에는 10.5퍼센트로 급성장했고, 350년에는 무려 56.5퍼센트를 차지했다.

이 책은 위의 3단계 중에서 1단계를 집중적으로 다룰 것이다. 무엇보다 1세기 바울의 가정교회 선교를 '성경 해석학적'으로 접근할 것이다. 여기에다 '사회학적' 접근과 '선교학적' 접근을 함께 할 것이다. 본서는 예루살렘교회부터 안디옥교회를 거쳐 로마교회에 이르기까지 1세기 가정교회를 총망라할 것이다. 1세기 가정교회의 형성 과정과 확장, 그리고 가정교회의 선교 이야기에 집중할 것이다. 예를 들어 안디옥교회를 다룬다면 안디옥교회가 어떻게 개척되었는지, 안디옥에는 어떤 유형의 가정교회가 있었는지, 가정교회의 리더는 누구였는지, 안디옥교회의 어떤 선교 전략이 이교도의 마음을 끌었는지를 살펴볼 것이다.

1세기 가정교회 선교는 오늘날 전방 개척 선교(frontier missions)에 좋은 롤 모델이 된다. 오늘날 미전도 종족권, 이슬람권, 사회주의권, 구전문화권과 같은 전방 개척 지역은 1세기 가정교회의 선교 정신을 발견해서 적용할 필요가 있다. 그렇다면 초기 기독교 시절 각 단계별로 가정교회 선교가 어떻게 진행되었는지 먼저 살펴본 다음 1세기 가정교회의 선교를 하나씩 살펴보는 것이 좋을 것 같다.

연도	기독교인 숫자	기독교인 퍼센트 (로마 제국 6천만 명 기준)
40년	1천 명	0.0017%
50년	1천 4백 명	0.0023%
100년	7천 530명	0.0126%
150년	4만 명	0.07%
200년	22만 명	0.36%
250년	117만 명	1.9%
300년	630만 명	10.5%
350년	3천 4백만 명	56.5%

* 로드니 스타크, 《기독교의 발흥》(좋은 씨앗 역간)의 내용을 수정·보완했다.

로마 제국 당시 기독교인 숫자 및 증가율

◆ 1단계 생존 시기: 가정교회의 선교(30-150년)

1단계 생존 시기란, 주후 30-150년까지 가정교회(house church)의 선교가 처음 시작되어 모진 박해 속에서도 살아남은 때를 말한다.[4] 신약성경에서 언급한 가정교회의 선교는 1단계에 해당된다. 1단계 시기의 선교는 마리아의 집, 아굴라와 브리스가의 집, 뵈뵈의 집처럼 집주인이 개인의 집을 가정교회로 제공해서 선교하던 때를 말한다. 이 시기의 교회(*ekklesia*)는 '건물'이 아닌 '모임'을 의미했으며, 각 집마다 20-40명 정도 모여서 예배를 드렸다. 집에서 모임을 가진 이유는 신변의 안전을 보장해 주고, 애찬식(주의 만찬식)을 진행하기에 적합한 장소였기 때문이다. 당시에 식탁 교제는 이방인을 선교하는 데 좋은 접촉점이 되었다.

이 시기의 집은 단독 주택인 '도머스'(*domus*)를 말하지 아파트형의 '인슐라'(*insula*)를 의미하지는 않았다.[5] 도머스를 가정교회로 제공한 집주인의 경우 식당이 넉넉해야 했다. 1단계 시기의 선교는 루디아나 빌레몬과 같은 집주인의 섬김과 희생이 절대적이었다. 평신도 리더였던 집주인은 언제 박해가 닥칠지 모를 상황에서 믿음으로 자기 집을 가정교회로 오픈했다. 당시 가정교회 신자들은 안디옥교회에서 '그리스도인'(행 11:26)이라 불리며 가끔씩 '그리스도 당파'라는 정치적 집단으로 오해를 받았다.[6] 하지만 초대 교회는 프롤레타리아 운동처럼 과격하지 않아서 국가의 박해가 지속적이지 않았기에 생존할 수 있었다.

150년까지 가정교회 신자들은 예배를 드릴 독립적인 건물을 소유해서 선교한 것이 아니라 기존에 있던 집을 이용해서 복음을 전했다.[7] 다만 개인 소유의 집을 집회 장소로 사용하다 보니 장소가 협소했기 때문에 집에서 세례(침례)를 행할 수는 없었다. 1단계 시기는 교회의 박해가 있던 때라 스데반, 야고보, 바울, 베드로가 순교를 했고, 다른 제자들은 여러 지역으로 뿔뿔이 흩어져 복음 확장에 힘썼다. 150년까지 그리스도인 수는 서서히 증가해 약 4만 명에 이르러, 로마 제국 전체 인구 중 0.07퍼센트를 차지했다. 이 시기에 많은 신자들이 박해를 받았지만 순교자 수가 몇 백 명에 지나지 않아 초대 교회의 숨통을 끊어 놓지는 못했다.[8]

◆ 2단계 저속 성장 시기: 교회의 집의 선교(150-250년)

2단계 저속 성장 시기란, 주후 150-250년까지 교회의 집(*domus ecclesiae*)에서 선교하던 때를 말한다.[9] 250년까지의 그리스도인 수는 약 117만 명으로, 로마 제국 전체 인구의 1.9퍼센트를 차지해 저속 성장을 이루었다. 이시기에는 심한 박해가 없었지만, 사도 요한의 제자이자 서머나교회의 감독이었던 폴리갑(Polycarp)이 순교했다. 2단계 시기의 선교는 1단계보다는 집을 개조한 규모가 큰 가정교회에서 이뤄졌는데, 이것을 '교회의 집'이라 부른다.

당시 선교의 중심으로 자리 잡은 '교회의 집'은 1931/2년에 현재 시리아에 있는 두라-유로포스(Dura-Europos)에서 발굴되었다.[10] 로마 제국 당시두라-유로포스는 로마 군대가 이 지역의 4분의 1을 독점적으로 점령했는데, 주민의 약 25퍼센트, 많게는 약 50퍼센트에 이르는 민간인들이 로마수비대와 제휴하면서 군대 생활 방식으로 이 지역에서 살았다고 한다.[11]

두라-유로포스는 시리아 동쪽 끝자락에 위치해 있어서 이라크 국경과가깝고, 교회 주변에는 유프라테스 강이 흐르고 있었다. 무엇보다 두라-유로포스의 '가정교회'는 232/3년에 세워졌는데, 발굴된 가정교회 좌측에서두라-유로포스 회당도 함께 발굴되었다.[12] 두라-유로포스 가정교회의 특이한 점은 방이 여덟 개나 되는데, 여기에는 예배실과 넓은 세례터가 있고안뜰도 있다. 현재 두라-유로포스 가정교회에 관한 유물은 미국 예일대학교 미술박물관에 소장되어 있는 상태다.

두라-유로포스 가정교회 방의 크기는 가로가 5.15미터, 세로가 12.9미터에 이를 정도로 넓었는데, 약 65-75명까지 수용할 수 있었다.[13] 두라-유로포스 가정교회를 보아 알듯이, 이 시기에는 1단계보다는 공간이 더 넓은 집에서 복음을 전했다. 왜냐하면 그리스도인 숫자가 증가했기 때문이다. 하지만 250년까지 그리스도인 수가 저속 성장을 하게 된 이유는 165년 안토니우스 역병의 영향이 컸다. 15년 동안 지속된 이 역병은 로마 제국 인구의 25-30퍼센트를 사망시킬 만큼 치사율이 높았기 때문이다.[14] 이런 와중에 초대 교회는 붕괴되지 않고 서서히 성장해 교인 수가 1백만 명을 넘어서며 넓은 집회 장소가 필요했다.

그렇다면 2세기 가정교회의 예배는 어떻게 진행되었을까? 2세기 가정교회는 '교회의 집'에서 모였고, 예배의 틀은 바울이 사망한 이후부터 점차 정형화, 형식화, 조직화되어져 갔다. 주후 150년에 기록된 저스틴(Justin)의 《변증서》(Apology)에 따르면, 2세기 예배는 사도들의 회고록을 포함한 성경 읽기, 예배 인도자의 성경 해석, 대중 기도, 평화의 입맞춤으로 진행되었다고 한다.[15]

1세기와 달리 2세기 예배는 말씀 선포가 끝난 이후 곧바로 주의 만찬식으로 이어졌다. 주의 만찬식은 예수 그리스도의 고난을 기념하는 것으로, 빵과 포도주가 예배 인도자에게 먼저 전달되었다. 그가 감사 기도를 하면 청중들은 아멘으로 화답했다. 이후 집사들은 빵과 포도주를 참석자들에게 나눠 줬는데, 심지어 결석한 자들에게도 나눠 주도록 계획되었다. 특히 2세기 중엽이나 말 당시에는 주의 만찬식이 애찬식과 더 이상 함께 진행되지 않았고, 주의 만찬식에 참석한 자들은 1세기와는 달리 정형화된 성찬 식탁 앞에 서서 성찬식에 참여해야만 했다. 또한 애찬식이라 불린 식탁 교제는 여전히 존재했지만, 주의 만찬식과는 별도로 진행되었다.[16] 이처럼 2단계 시기의 선교는 여전히 좀 더 넓은 공간의 가정교회를 중심으로 이뤄졌다.

● 3단계 고속 성장 시기: 강당 교회의 선교(250-313년)

3단계 고속 성장 시기란, 주후 250-313년까지 '강당 교회'(*aula ecclesiae*)를 중심으로 선교하던 때로, 기독교가 급속도록 성장하던 시기를 말한다.[17] 콘스탄티누스 대제가 기독교를 공인하기 전이었던 300년에 그리스도인 수는 약 630만 명으로, 로마 제국 전체 인구 가운데 이미 10.5퍼센트를 차지할 만큼 성장했다. 3단계 시기의 가정교회는 1단계 또는 2단계와 비교가 안 될 만큼 폭발적으로 성장했음을 알 수 있다. 더욱이 350년에는 그리스도인 숫자가 약 3천 4백만 명에 이르러, 로마 제국의 56.5퍼센트가 그리스도인이 될 만큼 성장했다.

우선 3단계 시기의 특징 세 가지를 살펴보자. 첫째, 3단계 시기는 처음부터 교회의 박해가 가장 심했다. 박해에는 두 가지 유형이 있었는데, 64년 로마 대화재 이전에는 유대교로부터의 박해가, 그 이후에는 로마 제국으로부터의 박해가 심했다.[18] 3단계 시기는 처음부터 박해가 심했다가 약해진 후 다시 박해가 발생했던 때다. 데키우스(Decius)는 249년에 황제가 된 이후 250년부터 10년 동안 대박해를 가했는데, 그 이유는 단순히 '순교자'가 아닌 기독교의 '배교자'를 배출하기 위함이었다.[19] 그런데 데키우스는 야만족이었던 고트족과 교전을 하다가 아들을 잃고, 자신도 야만족과의 전쟁에서 전사한 최초의 황제라는 불명예를 안았다.[20]

이어 발레리아누스(Valerianus)가 60세에 황제에 즉위할 때 아들 갈리에누스(Gallienus)와 함께 공동 통치를 하면서 기독교를 심하게 박해했다. 이후 갈리에누스가 260년에 단독 통치를 시작하면서 선왕들과는 달리 "박해자들이 그리스도인들의 예배 장소에서 떠나야 한다"라고 기독교 관용령을 발표했다.[21] 갈리에누스가 기독교 박해를 해제한 후 약 40년간 교회에 평화의 시기가 도래했다. 이때 교회가 급성장했다. 하지만 디오클레티아누스(Diocletianus)가 황제로 즉위한 이후 교회의 대박해(303-304년)가 또다시 시작되었다. 그는 과거처럼 그리스도인들을 잡아들이기보다는 '성경'을 압수해 불태워 버리는 전략을 사용함으로 교회의 급소를 찌르는 데 성공했다.[22] 그는 303년에 칙령을 발표해서 교회와 성경을 불태웠고, 성직자들이 로마의 신(神)에게 제사하지 않으면 고문을 가했을 뿐 아니라 그리스도인들은 공직에서 축출시켰고, 공민권까지 박탈시켜 버렸다.

이처럼 디오클레티아누스가 대박해를 하게 된 배경에는 두 가지 이유가 있다. 하나는, 자기 아내 프리스카와 딸 발레리아가 개종했기 때문이다. 다른 하나는, 그가 황제로 오르기 전 270-303년 사이에 그리스도인의 숫자가 폭발적으로 증가해 상당수의 로마 관료들이 개종했기 때문이다.[23] 디오클레티아누스의 칙령 발표로 수많은 초대 교회 신자들이 순교를 당해 제1단계 시기와는 비교가 안 될 정도로 많은 이들이 순교를 당했다. 하지만 로마의 박해는 더 이상 초대 교회 신자들의 뜨거운 소명과 복음에 대한 열정을 소멸시키지 못했다.

둘째, 3단계에 들어서자마자 251년에 발생한 키프리아누스 역병은 교회를 침체시키거나 퇴락시키기보다는 오히려 교회 성장을 이끄는 매개체가 되었다. 무서운 전염병이 거대한 로마 제국에 발생해 가족과 친척과 친구들을 모조리 잃고 처참하게 무너졌을 때, 스토아 철학이나 에피쿠로스 철학과 같은 어떤 고대 철학도 방향을 제시해 주지 못했다.[24] 하지만 초기 그리스도인들은 죽음 이후의 '천국 소망'을 바라고 현재의 고난을 인내하며 살았기 때문에 마음이 흔들리지 않고 평안을 지닐 수 있었다.[25] 초대 교회 신자들은 '다시 올' 하나님 나라에 대한 소망이 강해서 현세의 무서운 역병을 이겨 낼 수 있었다.

뿐만 아니라 1세기 가정교회의 신자들은 솔선수범해서 전염병으로 고통당하는 이웃들을 찾아가 위로하고 돌보는 데 앞장섰다.[26] 이들은 재앙이 닥쳐왔을 때 피하지 않았고, 전염병으로 고통당하는 자들을 직접 찾아가 치료하다가 병이 옮기면 함께 죽음의 길에 들어서는 것을 마다하지 않았다. 그야말로 순교와 다름이 없었다. 초대 교회 신자들은 이웃이 목마를 때 마실 물을 주었고, 고통당할 때 찾아갔고, 병들었을 때 돌보아 주었던 자들이었다(마 25:35-36). 이들이 바로 초대 교회의 평신도, 집사, 장로였다. 이처럼 무서운 전염병이 창궐할 때 가정교회의 '선행'은 이교도의 마음을 끌었다.

셋째, 3단계부터는 초기 가정교회와는 달리 별도의 '교회당'이 건축되었는데, 이것은 그리스도인의 숫자가 급증한 결과 때문이라 생각한다.[27] 3단계 시기에는 '교회'라는 개념이 그리스도인의 '모임'에만 국한되지 않고 '건물'을 의미하기도 했다.[28] 3단계 시기의 교회는 '교회의 홀'(hall of the church)이라 불리는 '강당 교회'가 사용되었는데, 이것은 2단계의 '교회의 집'에서 313년 이후 바실리카(basilica) 양식의 교회로 넘어가는 중간 단계의 교회 구조로서 교회당 규모가 꽤 컸다.[29]

무엇보다 3단계 시기에는 그리스도인 숫자가 폭발적으로 증가했다. 3단계는 1, 2단계보다 훨씬 많은 교인 수가 증가했던 것을 통계에서 확인할 수 있다. 그리스도인의 숫자가 150년에는 0.07퍼센트, 250년에는 1.9퍼센트에 불과했던 것이 기독교 공인 직전인 300년에는 로마 제국 전체 인구의 10.5퍼센트를 차지하며 약 630만 명의 신자로 증가했다. 그야말로 로마 제국의 견고한 둑이 무너져 이방 신을 섬기던 땅이 점차 하나님을 섬기는 곳으로 바뀌었다. 그 이유를 찾아보면 다음과 같다.

첫째는, 가정교회의 선교 때문이다. 이에 관해서는 앞으로 다룰 것이다. 둘째는, 전염병에 대응하는 초대 교회의 모습 때문이다. 2세기의 안토니우스 역병(165-180년)과 3세기의 키프리아누스 역병(251-266년)이 창궐했을 때 초대 교회는 끔찍스러운 재앙 앞에 무릎 꿇지 않았고, 고통당하는 이웃 환자에게 찾아가 '간호 봉사'로 섬기는 데 헌신적이었다.[30] 이교도들은 역병이 무서워 산으로 도망쳤지만, 그리스도인들은 오히려 역병으로 고통당하는 자들을 치료하고 돌보다가 병이 옮겨 죽게 되더라도 기쁨으로 받아들였다. 이처럼 그리스도인의 희생적인 모습은 이교도의 마음을 끌어 그리스도인과의 '증오 관계'를 '애착 관계'로 바꾸었고, 기독교로 개종하는 자들이 급증했다.[31]

셋째는, 삶으로 실천하는 신앙 때문이다. 1세기 가정교회 신자들은 '생활이 곧 신앙'이었다.[32] 이들은 예수님을 구주로 영접한 이후 삶으로 그리스도인의 모습을 증명시켰다. 로마인들은 유일신 사상을 고수하는 기독교를 허접한 삼류 종교 정도로 여겼다. 하지만 초대 교회 신자들은 주일을 지켰고, 로마 제국 당시 성행했던 혼탕 목욕탕에도 가지 않았고, 신전에 바쳐진 여인과 음행도 하지 않았다. 뿐만 아니라 무서운 전염병이 돌았을 때 가정교회 신자들은 사랑과 구제를 삶으로 실천했다. 지극히 작은 자 하나에게 냉수 한 그릇을 준 가정교회는 이교도의 마음을 훔치기에 충분했다. 그렇다면 초기 기독교 시기의 가정교회와는 달리 기독교가 공인된 313년 이후의 제국 교회는 어떤 특징을 지녔는지 잠깐 살펴보았으면 한다.

● 제국 교회, 프로젝트 선교에 투자하다

주후 313년까지 가정교회가 '사람' 중심의 선교였다면, 313년 이후 제국 교회는 '프로젝트' 중심의 선교였다. 프로젝트 선교란 눈에 보이지 않는 사람에 투자하기보다는 눈에 보이는 건물, 이벤트, 프로그램에 투자하는 선교를 말한다. 프로젝트 선교는 돈이 많이 들지만 가시적인 성과가 금방 나타났다. 하지만 성과 우선주의, 성공주의, 번영주의를 우선하다 보니 '겉'은 화려하지만, '속'은 썩고 병들 수밖에 없다. 이제 그 사실을 확인해 보았으면 한다.

1) 제국 교회, 화려한 건물로 옷을 갈아입다

'제국 교회'란 콘스탄티누스 대제가 313년 기독교를 공인한 이후부터를 말한다. 제국 교회란 소위 '국가 교회'(state church)를 지칭하는 것으로, "특정 국가의 통치 영역 내에서 국가가 공식적으로 인정하고 지원하는 교회"를 의미한다.[33] 즉 국가가 교회에 필요한 인적, 재정적, 행정적인 모든 분야를 지원해 주는 것을 말한다. 교회와 국가 간의 분리가 아닌 한 몸을 이루었기에, 그야말로 교회의 타락과 부패는 불을 보듯 뻔한 일이었다.

그렇다면 제국 교회의 특징은 무엇일까? 첫째, 감독은 강력한 권한을 부여받았다. 감독은 교권과 법적 권한을 부여받아 강력한 힘을 소유했을 뿐아니라, 면세 특권까지 얻게 되어 부를 축적하고 교회를 사유화할 수 있었다.[34] 1세기 가정교회 집주인들이 보여 준 섬기는 리더십은 찾아볼 수가 없다. 둘째, 교회 조직을 수직화해서 교회의 조직화, 권력화를 만들었다.[35] 1세기 가정교회의 수평적 조직은 더 이상 찾아볼 수 없다. 셋째, 교회당이 바실리카라 불리는 직사각형 건물의 우아하고 웅장한 모습을 갖추게 되었다.[36]

주후 313년 이후로 1세기 가정교회의 소박한 교회당 건물은 더 이상 찾아볼 수가 없다. 우아하고 웅장한 바실리카 양식의 교회당이 로마 제국 전역에 세워지기 시작했다. 로마 제국 황제의 위용을 건물을 통해 뽐내기 위해서였다. 콘스탄티누스 황제가 밀라노 칙령을 발표한 이후 314년에 최초의 바실리카 양식의 교회가 등장했는데, 그 사례가 바로 자신의 인솔 하에 건축된 로마의 '성 요한 라테란(St. John Lateran) 교회'다.[37] 이후 로마 제국의 황제들은 교회를 모두 화려한 바실리카 양식으로 건축했는데, 지금도 이탈리아에 가면 화려하고 웅장한 '로마의 4대 바실리카'를 볼 수 있다. 제국 교회의 전형적인 프로젝트 사역의 결과물이다.

2) 제국 교회, 가정교회 선교를 사라지게 하다

로마 제국 시대 때 바실리카의 등장은 두 가지에 영향을 끼쳤다. 첫째는, 가정교회의 소멸을 이끌었다. 로마 황제가 가정교회의 건물을 볼 때 자신의 권력과 맞지 않는다고 판단했기 때문이다. 무엇보다 기독교가 국교로 선포된 380년에 로마 황제는 '믿음의 법'(lex fidei)을 만들어 모든 시민에게 국가가 인정한 정통 교회와 신조를 따르게 했으며, 다른 종교적 모임을 가질 수 없게 했다.[38] 따라서 380년 이후에는 가정교회 예배를 드리는 것 자체가 불법이어서 이를 어길 시에는 범법자가 되고 말았다. 제국 교회가 가정교회 모임을 더 이상 법적으로 용납하지 않았기 때문에 380년 이후 가정교회의 선교는 역사의 뒤안길로 사라지게 되었다.

둘째는, 이교도의 신전을 몰락시켰다. 콘스탄티누스 대제의 회심은 이교도의 몰락을 이끌었다. 콘스탄티누스가 개종할 당시만 하더라도 이교도는 아사 상태에 이르지 않았다. 하지만 그의 개종 이후 이교도 신전에 대한 국가의 재정적 지원이 끊기게 되자 이교도는 설 곳이 없었다. 특히 380년에 테오도시우스(Theodosius) 황제가 기독교를 국교로 선포한 이후부터는 이교도 신전을 거의 찾아볼 수가 없었다.[39] 그가 391년에는 아예 이교도 신전을 모두 폐쇄시켜 버렸기 때문이다.[40] 이처럼 콘스탄티누스 황제가 개종한 순기능은 이교도의 신전을 없앤 것이지만, 반면에 역기능은 신약 교회의 정신이 깃든 가정교회를 없앤 것이다. 따라서 이 책은 국가 교회 선교를 거부했던 바울의 가정교회 선교 정신을 소개하는 데 집중할 것이다.

⬠ 바울, 국가 교회 선교를 배격하다

바울은 국가 교회 선교를 거부했다. 왜냐하면 정교일치의 선교는 교회의 본질을 손상시켜 교회의 부패를 이끌기 때문이다. 그렇다면 바울이 국가 교회 선교를 거절한 구체적인 이유를 살펴보자. 첫째, 국가 교회는 힘의 선교가 강하다. 국가가 지닌 강력한 힘으로 선교를 하다 보니 자발적 회심보다는 강압적 회심, 집단 회심이 많은 편이다. 그렇다 보니 피를 많이 흘린다. 둘째, 국가 교회는 크리스텐덤(Christendom, 기독교 왕국) 선교가 강하다. 크리스텐덤이란 "한 목자 아래 한 양 떼"(One Flock under One Shepherd)의 정신을 지니고 있어서 한 목자인 교황 아래 유럽의 모든 시민들은 한 양 떼가 되어야 한다는 사상이다.[41] 그래서 개인 신앙의 자유는 찾아볼 수가 없고 형식적인 신앙인으로 전락한다. 이것이 국가 교회의 취약점이다.

셋째, 국가 교회는 저(低) 선교론이 강하다. 로마가톨릭은 예수님의 대위임 명령인 마태복음 28장 19-20절의 말씀을 사제에게 준 말씀으로 해석하고 있다. 그래서 로마가톨릭에서는 말씀을 선포하는 것과 선교하는 것은 '사제'의 몫이지 '평신도'의 몫으로 생각지 않았다. 이 빗장을 푸는 데만 무려 1,600년의 세월이 걸렸다. 제2차 바티칸공의회(1962-1965년)에서 비로소 평신도 선교권이 주어졌기 때문이다.[42] 이처럼 국가 교회에서는 저 선교론이 강세여서 고(高) 선교론이 강한 바울의 가정교회 선교와는 거리가 멀다.

오늘날 한국 교회는 '겉'은 신약 교회의 모습을 지니고 있다. 하지만 '속'을 가만히 살펴보면 국가 교회의 모습이 강한 것을 볼 수 있다. 중세 시대의 사제처럼 담임 목사의 권위적인 리더십, 세속적인 교회의 모습, 프로젝트 중심의 선교, 저 선교론으로 흘러가는 한국 교회는 '겉'은 신약 교회의 선교를 하는 것처럼 보이지만, '속'은 국가 교회의 선교 냄새를 풍긴다. 따라서 한국 교회는 프로젝트 선교와 성과 우선주의를 배격했던 바울이 박해와 전염병 창궐에도 불구하고 교회의 본질을 추구하며 나이키형 성장을 이뤘던 가정교회의 선교 정신을 모델로 삼아야 위기에 처한 한국 선교를 다시 살릴 수 있을 것이다.

다함께 생각하기

1. 3세기 두라-유로포스(현 시리아) 가정교회는 로마 군대와 관련이 많아서 '군 선교'에 적지 않은 영향을 끼쳤다. 당시 로마군이 로마의 옛 신을 숭배하는 것과 황제 숭배를 거역하고 예수 그리스도를 영접하는 것은 감옥, 고문, 추방, 심지어 사형을 당할 수 있는 일임에도 그들은 개종을 했고, 이후 로마군 복음화에도 영향을 끼쳤다. 당신 생각에 왜 로마군이 목숨의 위협에도 불구하고 개종했는지 그 이유를 한번 말해 보라.

2. 165년 안토니우스 역병과 251년 키프리아누스 역병은 로마 제국을 서서히 몰락시켰지만, 오히려 초대 교회를 부흥시키는 결과를 초래했다. 2019년 12월, 중국 우한에서 발생한 코로나19는 전 세계를 한순간에 '강제 정지'시켜 일생생활의 종말을 가져왔다. 특별히 목회데이터연구소의 발표 자료에 따르면 코로나19 위기 극복을 위한 노력에서 한국 교회(종교계)는 정치권(34퍼센트)과 함께 37퍼센트를 받아 매우 낮은 평가를 받았다. 그 이유는 무엇이며, 어떻게 하면 한국 교회가 초대 교회의 전염병 대응처럼 성공해 다시 회복할 수 있을지 말해 보라.

*

1세기 가정교회 신자들은 '생활이 곧 신앙'이었다.
이들은 예수님을 구주로 영접한 이후
삶으로 그리스도인의 모습을 증명시켰다.

2

회당 선교,

바울의 가정교회
선교와의
경쟁에서
밀리다

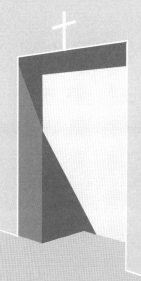

한국 교회가 벤치마킹해야 할 초대 교회의 선교는 어떤 것일까? 1세기 선교의 두 축이라면 바울의 가정교회 선교와 회당 선교다. 고대 회당은 가정교회보다 300년 이상 역사가 앞서다 보니 예배 의식·건축·직제에 있어서 훗날 기독교에 여러모로 영향을 끼쳤다.[43] 무엇보다 회당의 유대인 인구는 로마 제국의 10퍼센트에 이르는 약 500만 명을 차지해 위세가 대단했다.[44] 《기독교의 발흥》의 저자인 스타크 교수의 주장에 따르면, 주후 30년경 예루살렘교회가 시작되었을 때 그리스도인 숫자는 1천 명도 채 안 되어 유대인 숫자와 비교할 수 없을 정도로 적었다.[45] 이뿐만이 아니다. 회당은 기도문과 토라 읽기에 필요한 최소한의 정족수인 유대인 남성 열 명만 있으면 조직이 가능하다 보니 회당의 숫자는 이루 말할 수 없이 많았다.[46]

1세기의 경우 예루살렘 회당은 최소 394개에서 최대 480개였는데 예루살렘의 가정교회는 최소 3개(120명이 모인 다락방, 마리아의 집, 예수님의 동생 야고보의 집)뿐이어서 회당과는 비교가 안 되었다.[47] 그래서 워드 가스크(W. Ward Gasque)가 회당이야말로 이방인을 개종시키는 "준비된 선교 센터"라 칭한 것은 당연할지 모른다.[48] 그런데 초대 교회 신자들의 희생적인 전도가 유대인의 마음을 사로잡아 이들 가운데 일부가 회당에서 빠져나와 개종했다. 뿐만 아니라 이방인 중에 유대교로 개종한 자들이 회당에서 이탈하는 숫자가 증가하자 주후 80년대에 회당은 특단의 조치를 취했는데, 그것은 바로 그리스도인들에게 회당 출입을 금지시키는 것이었다.[49] 이때

부터 회당과 교회는 완전 분리되어 각자의 길로 선교하게 되었다.

오히려 이것이 가정교회에는 축복이었지만, 회당에는 위기였다. 왜냐하면 로마 제국은 다양한 문화를 지닌 다문화 사회여서 복음을 듣는 수신자의 문화를 읽고 접근하는 지혜가 필요했다. 더욱이 복음의 본질은 유지해야만 했다. 이에 가정교회 선교는 성공했지만 회당 선교는 실패했다. 시대적 흐름을 읽지 못한 폐쇄적이고 권위적이며 자기중심적인 회당은 소위 '자기들만의 리그'는 잘했을지 몰라도, 이교도의 마음을 사로잡는 데는 실패했다. 복음의 본질도 놓치고 말았다. 그렇다 보니 세월이 지나면서 회당의 회원, 기부금, 건물 수는 나날이 급감해, 마침내 로마 제국을 복음화하는 사명을 가정교회로 넘겨주고 말았다.

한국 교회는 회당 선교를 반면교사(反面敎師)로 삼아야 한다. 회당 선교는 처음에는 잘나갔지만 나중에는 쪼그라들었다. 한국 교회는 회당 선교의 실패를 거울로 삼아 다시는 일어나지 않도록 힘써야 한다. 위기를 맞이한 한국 선교가 반성 없이 그대로 갈 것인지, 아니면 초대 교회 당시 회당 선교를 바라보며 올바른 방향을 선택할 것인지는 한국 교회의 몫이다. 위기는 곧 기회라고 하지 않았던가! 그렇다면 고대 회당이 바울의 가정교회 선교와의 경쟁력에서 뒤처진 이유를 우선 살펴보았으면 한다.

● 회당 선교가 경쟁력을 잃은 네 가지 이유

고대 회당이 경쟁력을 상실한 첫 번째 이유는, 하나님을 경외하는 자들(God-fearers)이 회당에서 빠져나가는 것을 막지 못했기 때문이다. 이들은 회당의 큰손이었다. 당시 회당은 자체 운영을 해야 했기에 회당 건축을 위해서는 기부가 필요했는데, 이 일에 적극적으로 동참한 이들이 하나님을 경외하는 자들이었다.[50] 이런 사례는 누가복음 7장 1-10절에서 가버나움에 있던 하나님을 경외하는 로마의 한 백부장이 회당을 건축한 뒤 기증한 것을 통해 볼 수 있다. 하나님을 경외하는 자들은 이방인이었지만 사회적 지위가 높거나 부자가 많았다. 이들은 로마 제국의 폭정에 치가 떨려 회당에 몸담았는데, 무엇보다 유대인의 고결한 도덕성과 유일신 사상이 이들의 신앙을 바꿔 놓았다. 그래서 이들은 유대교에 '공감하는 자들'로 불린다.[51]

이방인 중에는 하나님을 경외하는 자들과는 달리 개종자(proselyte)도 있었다. 이들은 유대교로 개종한 뒤 유대인들처럼 할례를 행하고, 모세의 음식법(kosher)을 지키고, 성전에 제물을 바치며 회당의 정회원이 되었다. 이들 대다수는 유대인의 노예로 살거나 유대인과 결혼한 여자들로 하류층이 많았는데, 이들의 개종은 회당의 이미지 쇄신에 도움을 주었다. 개종자의 예는 사도행전 2장 10절의 "로마로부터 온 나그네 곧 유대인과 유대교에 들어온 사람들[개종자들]과"에서 알 수 있듯이, 오순절을 맞이해 유대교 개종자들이 예루살렘으로 올라와 자기 신앙을 표현한 것을 볼 수 있다. 그런데 대다수 이방인들은 유대인 문화의 아이콘이었던 할례를 꺼리는 자가 많아서 남성보다는 여성 개종자가 많은 편이었다.[52]

놀랍게도 유대교 개종자 중에서 초대 교회로 이탈한 자들이 생겨났다. 그 한 예가 초대 교회의 일곱 집사 중 한 명으로 알려진 니골라(행 6:5)다. 그는 본래 안디옥 사람으로 어렵게 유대교 개종자가 되었는데, 복음을 통해서 회심한 이후 회당을 떠나 초대 교회 신자로 개종하는 일이 벌어졌다. 한편 국가 재정을 담당했던 에디오피아 내시(행 8:26-27) 역시 바울의 복음을 듣고 유대교를 떠나 초대 교회 신자로 개종했다. 이런 일들이 계속 발생하자 회당은 바울을 눈엣가시처럼 여겼고, 교회의 박해는 날이 갈수록 심해졌다.

1세기 회당은 성장했지만 바울의 등장으로 균열이 나기 시작해, 유대인과 이방인 개종자뿐 아니라 하나님을 경외하는 자들도 회당을 박차고 나왔다. 하나님을 경외하는 자들은 회당에 참석하면서 구약의 계명은 지켰지만 할례는 거부했기 때문에 준회원이 되었다.[53] 그래서 이들을 '절반 개종자' 혹은 '부분적 개종자'라 부른다.[54] 사실 하나님을 경외하는 자들은 개종자들과 달리 사회적 신분이 높다 보니 자신의 직업·직위를 고려해 유대교로 완전 개종치 않고 절반쯤 개종했다. 그런데 이들의 숫자가 개종자들보다 많아서 회당의 든든한 버팀목이 되었다. 더욱이 회당 건축에도 기부금을 낸 자들이기에 회당에게는 주 고객이었다.

고대 회당의 내부 모습[앙드레 그라브로, 《두라 유로포스》(Dura Europos), 29]

그랬던 이들이 회당을 박차고 나와 초대 교회의 신자가 된 것은 회당의 굴욕이었다. 이런 인물로는 고넬료(행 10:1-2), 루디아(행 16:14), 디도 유스도(행 18:7)가 있다. 구약성경에서는 사르밧 과부(왕상 17:8-9)와 아람 사람 나아만 장군(왕하 5:15)이 여기에 속한다. 하나님을 경외하는 자들이 회당을 이탈하면 그에 딸린 식구들과 일꾼들이 패 되기에 회당은 충격을 받지 않을 수 없다. 그뿐만이 아니다. 회당 재정의 상당 부분에 기여했던 하나님을 경외하는 자들이 빠져나간 것은 회당 경영에도 직격탄을 안겨 주었다. 그렇기 때문에 회당과 교회는 점차 간격이 멀어질 수밖에 없었다.

이런 사례를 루디아를 통해서 알아보자. 루디아는 오늘날 동대문시장에서 옷장사로 돈을 많이 번 여 성도와 같다. 그녀는 두아디라 출신의 이방인으로 안식일을 맞아 빌립보 강변의 회당에 참석해 바울을 만난 것이 그녀의 인생을 송두리째 바꿔 놓았다. 예수님의 십자가와 부활을 소개한 바울의 메시지는 예전에 그녀가 늘 들어 왔던 율법과는 차원이 달랐다. 이방 땅에서 자수성가한 루디아는 회당에서 바울의 설교를 듣고 난 후 예수님의 제자로 개종했을 뿐 아니라 자기 식구들도 회심케 했다. 이방인에게 늘 폐쇄적이고 문턱이 높았던 회당은 루디아로 하여금 회당의 변두리에 머물게 했다. 하지만 바울을 만난 이후 그녀는 교회의 개척자가 되었고, 하나님 나라를 확장시키는 핵심이 되었다. 이것이 회당과 달랐다.

현재 한국 교회는 회당 선교를 통해 깨달아야 할 점이 있다. 최근 한국기독교목회자협의회(한목협)의 조사에 따르면, 무종교인들 가운데 과거 종교에서 이탈한 비율을 종교별로 비교해 보니 불교는 15.6퍼센트, 천주교는 16.8퍼센트인 데 반해, 기독교는 무려 66퍼센트를 차지해 기독교의 이탈률이 상대적으로 가장 높게 나타났다.[55] 설상가상으로 요즘 젊은이들 중에 교회를 이탈해 천주교로 개종하는 자들이 늘어나고 있다. 마치 초대 교회

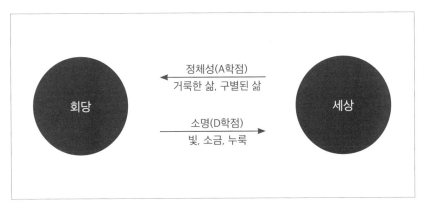

회당과 세상과의 관계

당시 하나님을 경외하는 자들이 회당을 빠져나와 초대 교회로 등록한 것과 같이 비슷한 현상이 한국 교회에서 일어나고 있다. 한국 교회는 회당에서 하나님을 경외하는 자들이 빠져나간 것을 거울로 삼아 변화해야 한다.

고대 회당은 세상에 어떤 자세를 취했을까? 일반적으로 그리스도인은 세상을 향해 거부, 수용, 변혁, 초월의 자세를 취한다. 자신의 신앙과 양심에 따라 세상 문화를 거부하거나 수용할 때가 있고, 무반응으로 초월할 때도 있으며, 어떤 때는 목숨 걸고 변혁에 앞장서기도 한다. 그렇다면 회당은 어땠을까? 앞의 그림에서 보듯이, 회당은 스스로 거룩하고 청결하며 세상과 구별되기에 세상을 향해 '거부'의 태도를 취했다. 바로 이것이 회당이 경쟁력을 잃은 두 번째 이유다. 그렇다 보니 회당은 세상을 끌어안거나 품거나 용서하기보다는 심판의 대상으로 보기 때문에 문화 배타주의 사상이 무척 강하다.

이처럼 유대인들이 세상을 바라보는 시각과 바울이 세상에 접근하는 방식은 하늘과 땅 차이다. 유대인들은 세상과의 관계에서 'Out-In'의 정신을 추구한다. 'Out-In'이란 세상(Out)이 변화하고 구원받기 위해서는 회당(In)

안에 일차적으로 들어오라는 사상이다. 반면 바울은 'In-Out'의 정신으로 세상에 접근하는데, 이는 교회(In)가 세상(Out)을 구원하기 위해서는 먼저 세상으로 들어가 빛과 소금, 누룩이 되어야 한다는 뜻이다. 바울은 요한복음 3장 16절의 말씀처럼, 하나님이 세상을 사랑해서 독생자 예수 그리스도를 이 땅에 보내셨는데, 누구든지 그리스도를 구주로 영접하면 구원받을 수 있다는 메시지를 세상 속으로 가져간 것이다.

하지만 회당은 달랐다. 예수님의 십자가와 부활의 메시지가 아닌 토라(율법)를 지키고 준행하면 정결해지기에 이방인들도 유대인들처럼 모세의 율법을 지킬 것을 강요했다. 특히 야만적인 할례와 유대교의 음식법이다.[56] 이것을 받아들인 니골라(행 6:5)는 완전한 개종자가 되었던 반면, 하나님을 경외하는 자인 고넬료(행 10:1-2)는 모세의 음식법은 지키되 할례는 거부해 회당에 발을 반쯤 걸쳤다. 여기서 중요한 것은 그가 유대인이든 개종자든 하나님을 경외하는 자든, 모세의 '청결법'을 받아들인 자에게만 복음 전파가 가능했다.[57] 따라서 모세의 청결법을 무시하거나 거부한 자에게는 강력한 박해나 대응이 뒤따랐다.

회당은 '청결법'에 따라 세상과는 구별되고 거룩한 삶을 살면서 자신의 '정체성'을 유지하는 데는 탁월했을지 모르지만, 유대인들이 그토록 자랑하던 '청결법'을 가지고 세상 속으로 들어가 빛과 소금과 누룩이 되는 일에는 젬병이었다. '나를 본받으라!'는 바리새인적 기질이 너무 강해서 세상과 마찰을 일으켰다. 즉 회당은 '자기 정체성'은 A학점이었지만, 세상을 향한 '소명'은 D학점 수준에 불과했다. 이처럼 자기 의(義)가 너무 강해 세상을 품는 데 실패하게 되면서 회당 선교는 내리막길을 걷게 되었다.

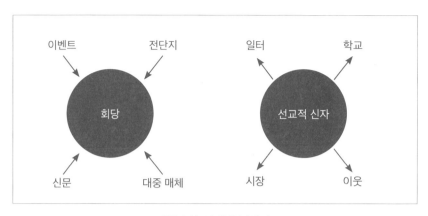

회당과 선교적 신자와의 차이

　고대 회당이 경쟁력에서 뒤진 세 번째 이유는, 선교적 신자로서 세상의 빛과 소금의 역할을 하지 못한 것이다. 그렇다면 선교적 교회와 선교적 신자란 무엇일까? 선교적 교회는 전통적 교회와 확연한 차이가 있다. 전통적 교회란 사람들을 '끌어 모으는 교회'다. 교회가 주민들에게 예배, 행사, 이벤트를 제공해서 사람들을 교회로 들어오게 하는 데 초점을 둔다. 예를 들어, 교회가 부활절이나 크리스마스와 같은 특별 행사로 사람들을 모으는 것이다. 이를 위해 교회는 전단지, 신문, 대중 매체에 많은 돈을 투자하는 데 혈안이다. 회당은 마치 전통적 교회의 모습을 그대로 지니고 있다. 이 방인들이 회당의 신자가 되어 율법을 지킴으로 거룩한 백성이 된다는 것을 홍보해 왔기 때문이다.

　반면에 선교적 교회는 '밖으로 나가는 교회'다. 성도들이 자신이 살고 있는 마을, 직장, 상점 등으로 들어가 삶으로 그리스도의 모습을 보여 세상 사람들로 하여금 예수님을 영접토록 하는 데 헌신적이다. 베드로전서 2장 12절의 "너희[선교적 신자]가 이방인 중에서 행실을 선하게 가져 너희를 악행한다고 비방하는 자들로 하여금 너희 선한 일을 보고 오시는 날에 하나님께 영광을 돌리게 하려 함이라"의 모습이 선교적 신자의 이미지다. 선교적 신자는 전통적 신자처럼 프로그램을 미끼로 해서 사람들을 교회 안으로 끌어 모으는 자가 아니라, 스스로 '마을 선교사'가 되어 주변 사람들에게 선한 영향력을 끼치는 자를 말한다.

'마을 선교사'의 좋은 예를 다니엘의 세 친구를 통해서 확인할 수 있다. 다니엘의 세 친구인 사드락, 메삭, 아벳느고는 왕의 명령을 거역하고 끝까지 금 신상 앞에 절하지 않아 뜨거운 풀무 불에 들어갔지만 하나님이 머리털과 겉옷 하나도 타지 않도록 보호하신 것을 느부갓네살이 보게 된다. 그래서 느부갓네살은 "왕의 명령을 거역하고 그 하나님밖에는 다른 신을 섬기지 아니하며 그에게 절하지 아니한 종들을 구원하셨도다"(단 3:28)라는 위대한 간증을 하게 된다. 하나님을 하나도 알지 못한 느부갓네살이 다니엘의 세 친구의 변함없는 믿음을 보고 하나님을 만난 것이다. '마을 선교사'란 다니엘의 세 친구처럼 자신이 속한 자리에서 그리스도의 사랑과 능력을 보여 줘 하나님을 만나게 하는 자다.

그렇다면 회당은 왜 선교적 신자의 모습을 잃어버렸을까? 회당이 직제 운영에 있어서는 꽤 회중적이고 민주적이었지만, 선교 열매에 있어 전혀 다른 결과를 초래한 것을 보면 놀라지 않을 수 없다. 고대 회당의 직분자들을 보면 회당장, 회당의 최고 책임자, 회당의 아버지, 회당의 어머니, 장로, 서기관, 관리자, 선창자, 교사, 랍비, 현자 등으로 구성되어 있다.[58] 고대 회당이 '회중 중심적'이라는 사실을 회당장을 통해 먼저 살펴보았으면 한다. 회당장은 "최고의 명예를 받을 자" 또는 "가장 모범적인 사람"으로 알려져 있는데, 오늘날처럼 신학을 공부한 성직자에게만 제한되지는 않았다.[59] 회당장은 유대인이든 이방인이든 회당의 대표가 될 수 있었는데, 그 이유는 회당장 중에 기증자들이 많았기 때문이다. 회당 건축의 후원자나 모범적인 자는 누구든지 회당장이 될 수 있었다.

회당의 아버지란 직분도 명예직으로, 회당에 기여한 자에게 주어졌다.[60] 회당에서 율법학자로 알려진 랍비는 회당에서 가르치는 일이 그의 고유 권한이 아니었다. 회당의 회원이나 지나가던 나그네 중에서 요청을 받으면 누구든지 성경을 해석할 수 있는 권한을 부여받았다. 이뿐만이 아니다. 서기관은 성경을 전문적으로 필사하고, 직분자 회의를 기록하고, 공문서를 관리하는 일을 하지만, 이 일은 성직자에게 주어진 것이 아니라 평신도의 업무이기에 회당은 매우 '민주적인 평신도 시스템'을 지녔음을 알 수 있다.[61]

이처럼 회당의 조직은 민주적으로 운영되었기에 A학점이다. 그렇다 보니 로마 제국 당시 고대 회당은 누구에게나 문이 열려 있었다. 유대인 이외에 헬라인이든 로마인이든, 노예든 여성이든 상관없이 회당의 회원이 될 수 있었다. 문제는 회당 조직의 존재 목적이 회당의 '정체성' 유지에 있었지 '선교'는 아니었다는 점이다. 회당은 '유대인-이방인 정회원(개종자)-이방인 준회원(하나님을 경외하는 자)'과 같은 현대판 카스트를 유지하는 데 집중했기에 선교는 추락하고 말았다. 이것이 회당이 지닌 한계점이었다.

고대 회당이 경쟁력에서 뒤떨어진 네 번째 이유는, '자문화 우월주의'에 빠진 것이다. 자문화 우월주의란 자신이 성장한 문화권에서 습득한 교육, 환경, 법규, 가치관을 우수한 것으로 믿고 타인의 문화를 평가절하하는 것을 말한다.[62] 무엇보다 자기 문화의 정체성을 우쭐대는 유대인들은 자문화 우월주의에 빠져 있었기 때문에 세상을 향해 선교하는 일은 힘들 수밖에 없었다. 하지만 놀라운 것은, 회당에도 여러 면에서 순기능이 있음을 알 수 있다.

우선 고대 회당 예배를 보았으면 한다. 사실 회당이 처음 만들어질 때의 주목적은 예배가 아니라 토라(율법)를 읽고 배우는 것이었다. 예배는 예루살렘 성전에서 행하는 것을 원칙으로 삼았다. 하지만 주후 70년 예루살렘 성전이 로마군에 의해 파괴됨으로 예배의 기능이 회당에 주어졌다.[63]

그렇다면 1세기경 회당 예배는 어떻게 진행되었을까? 회당 예배는 주로 '쉐마(신앙 고백) 낭송 → 18개의 기도 → 율법서와 예언서 낭독 → 설교 → 축복 기도'의 순서로 이어졌다.[64] 사회는 주로 회당장이 맡았고, 신앙 고백을 뜻하는 쉐마(Shema) 낭송이 끝나면 오늘날 공공 기도(public prayer)에 해당되는 18개의 기도가 시작되는데, 이것은 회중들의 '아멘'으로 끝났다.[65] 이어서 율법서(토라)와 예언서를 낭독했는데, 율법은 3년 주기로 한 번씩 읽을 수 있도록 구성되었다.[66] 율법서와 예언서를 낭독할 때는 히브리어가 우선이었고, 이어서 낭송자 옆에 있는 통역자가 아람어로 통역해서 이방인들에게 편의를 제공했다.[67] 설교는 주로 율법학자가 담당했지만, 회중 혹은 회당 방문객 중에서도 설교를 할 수 있었다. 설교 역시 통역자가 대동되었다. 회당 예배는 유대인 남성을 중심으로 이뤄졌지만 여성이나 이방인들도 참석할 수 있었다. 예배 시에는 벽 둘레에 있는 의자나 방석에 앉아서 예배를 드렸고, 설교가 끝난 후에는 오늘날 축도에 해당되는 제사장의 축복 기도로 마치게 되었다.

이처럼 고대 회당 예배에는 순기능이 많았다. 그런데 유대인들이 놓친 것이 있다면, 회당 회원이 되는 문턱을 너무 높게 만들었다는 점이다. 이들은 이방인들에게 회당의 문은 활짝 열어 두었지만 유대인의 율법을 수용하는 자만 회원이 되도록 했다. 다음의 그림을 통해서도 알 수 있듯이, 이방인이 회당의 회원으로 등록하기 위해서는 무조건 유대 문화(할례, 모세의 음식법)를 일차로 통과해야만 했다.

이처럼 고대 회당은 유대인의 '문화'가 '성경'보다 우위에 있었다. 자신들의 문화를 지키는 것은 중요하지만, 이것이 신앙생활에 있어서 '복음'보다 앞설 수는 없다. 오랫동안 포로 생활을 겪어 온 유대인들에게 회당이라는 공동체는 서로 위로하고 교제하고 양육 받으며 미래의 소망을 만들어 가는 '희망 제작소'와 같았다. 이런 역사적 배경 속에서 유대인들이 회당을 통해 자신들의 '정체성'을 유지하는 것은 좋았다.[68] 하지만 자문화 중심주의가 복음을 우선할 수는 없다. 결국 초대 교회는 할례와 모세의 음식법이 복음에 걸림돌이 되자 주후 48년에 예루살렘 총회를 열어 이를 해결했다(행 15장). 한국 교회가 자기 의만 내세우면서 주변을 살피지 않고 자문화 우월주의에 빠지면 21세기 회당이 될 수 있음을 명심해야 한다.

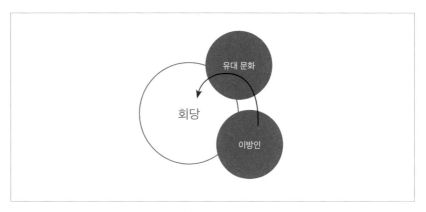

이방인이 회당 회원이 되는 과정

이제 한국 교회는 회당 선교를 반면교사로 삼아, 고대 회당이 하나님을 경외하는 자들을 놓쳐 버리고, 세상이 회당 안으로만 들어와 변할 것을 강요하며, 선교적 신자로 살지 못하고, 자문화 우월주의에 빠져 바울의 가정교회 선교와의 경쟁력에서 뒤떨어진 것을 기억해야 한다. 현재 한국 교회가 이런 회당의 모습을 지녔다면, 반성하고 새롭게 변해야 한다.

그렇다면 이제는 바울의 가정교회 선교가 회당 선교에 비해 열악한 환경에도 불구하고 어떤 경쟁력을 가지고 복음을 전했는지를 살펴보도록 하자.

◆ 바울의 가정교회 선교가 경쟁력을 가졌던 네 가지 이유

바울의 가정교회는 처음에는 미약했지만 시간이 지날수록 이방인의 마음을 끌었다. 예를 들어, 1세기 예루살렘의 인구는 3만 명 안팎이었는데 이 가운데 회당의 숫자가 394개에서 480개 정도였으니, 산술적으로 계산한다면 예루살렘 인구 63명당 한 개의 회당이 있었다는 것이다.[69] 반면 예루살렘의 가정교회는 최소한 세 개였기에, 이것은 인구 1만 명당 한 개꼴로 비교가 안 될 정도로 적었다. 요즘으로 말하면 교회 수, 신자 수, 헌금 액수에 있어서 회당이 훨씬 앞섰다. 하지만 시간이 지날수록 회당의 교세는 약해지는 반면, 가정교회의 교세는 좋아졌다. 이것은 바울의 가정교회 선교 정신이 좋았기 때문이다.

처음에 바울은 회당이나 가정교회뿐 아니라 시장이나 서원에서도 복음을 전했다. 이 가운데 바울이 가장 많은 시간을 할애한 장소가 가정교회와 회당이다. 옆의 표를 보면 가정교회가 회당보다 훨씬 더 많은 전도를 행했는데, 1세기 가정교회 선교가 약 80퍼센트, 회당 선교가 약 20퍼센트를 차지한다.[70] 이렇게 반문할지 모른다. 1세기 회당의 숫자가 가정교회보다 훨씬 많은데 왜 비율이 낮은지 궁금할 수 있다. 사실 바울은 사역을 시작할 때 회당과 가정교회를 구분하지 않고 복음을 전했지만, 회당에서 예수를 영접한 유대인들이 증가하면서 유대인의 박해 대상 1호가 되다 보니 가정교회가 '선교 중심지'로 자리매김하게 되었다.[71] 그렇다면 바울의 가정교

번호	회당	성경	가정교회	성경
1	다메섹	행 9:19-20	시몬	행 9:43, 10:6
2	살라미(바보)	행 13:4-6	고넬료	행 10:2, 11:3-14
3	비시디아 안디옥	행 13:14	마리아	행 12:12
4	이고니온	행 14:1	야고보	행 12:17
5	데살로니가	행 17:1-2	루디아	행 16:15, 40
6	베뢰아	행 17:10-11	빌립보 간수	행 16:27-32
7	아덴	행 17:16-17	야손	행 17:5
8	고린도	행 18:1-4	아굴라 · 브리스길라	행 18:1-2(고린도)
9	에베소	행 18:26, 19:8	디도 유스도	행 18:7
10			그리스보	행 18:8
11			유두고	행 20:8-9(드로아)
12			빌립	행 21:8
13			나손	행 21:16
14			바울	행 28:23, 30(로마)
15			뵈뵈	롬 16:1
16			아굴라 · 브리스가	롬 16:3-5(로마)
17			헬라인 남성	롬 16:8, 14
18			헬라인 신자	롬 16:9, 15
19			가이오	롬 16:23
20			글로에	고전 1:11
21			스데바나	고전 1:16, 16:15
22			아굴라 · 브리스가	고전 16:19(에베소)
23			베드로 · 야고보	갈 2:12(안디옥)
24			바울 · 바나바	갈 2:13-14(안디옥)
25			믿음의 가정들	갈 5:10
26			가이사	빌 4:22
27			눔바	골 4:15
28			가보	딤후 4:13
29			오네시보로	딤후 4:19
30			빌레몬	몬 1:1-2(골로새)

1세기 회당과 가정교회에서의 복음 전파 사례들[72]

회 선교가 회당 선교보다 경쟁력에서 앞섰던 이유는 무엇일까? 그것을 네 가지로 살펴보자.

첫째는, 선교사로서의 준비가 잘되었기 때문이다. 바울은 선교사로 소명을 받은 후 곧바로 선교지로 떠나지 않고 오랜 준비 끝에 파송을 받았다. 그렇다면 그는 얼마 동안 준비했을까? 무려 15년의 세월이 걸렸다.[73] 바울은 다메섹 도상에서 주님을 영접한 이후 다섯 지역에서 개인 전도와 제자 훈련의 경험을 쌓았는데, 이를 순서별로 보면 '다메섹(행 11:19-30) → 아라비아(갈 1:17) → 예루살렘(행 9:26-29) → 길리기아와 수리아(갈 1:21; 행 9:30) → 안디옥(행 11:19-30)' 순이다.[74] 바울은 15년의 세월 동안 복음 전도자로서 희로애락을 다 느껴 보았다. 이런 철저한 준비 끝에 그는 안디옥교회에

다메섹의 바울 회심교회

서 마침내 '선교사 파송 예배'(행 13:1-3)를 통해 선교지로 떠났다.

그렇다면 바울이 선교사 파송을 받았을 때의 자질은 어떠했을까? 선교사 파송을 받기 위해서는 일반적으로 다음의 항목을 점검한다. 〈선교사 자질 체크리스트 10가지〉: (1) 소명 및 영성, (2) 인격적 성숙, (3) 신체적 건강, (4) 가정생활 - 부부 및 독신, (5) 전도 및 제자 훈련, (6) 교회 개척, (7) 리더십과 팀워크, (8) 언어 능력, (9) 타문화 적응 능력, (10) 성령께 의지.[75] 여기 열 가지 항목에 따라 바울을 평가하자면 그는 A+선교사다. 바울은 평생 동안 주님에게 받은 소명(행 9:15)에 변함이 없었고, 그의 인격은 혀를 찰 정도였다. 예수를 영접하기 전에는 완고한 원칙주의자로서 곁에 사람이 없었지만, 그 이후에는 전혀 다른 사람이 되었다.

예를 들어, 바울이 제1차 전도 여행을 마치고 안디옥교회에 돌아와 머물고 있을 때 할례와 음식법으로 큰 어려움을 겪었다. 예루살렘교회의 대표자들이 안디옥교회까지 와서 바울이 이방에 거하는 유대인에게 할례와 모세의 음식법을 요구하지 않은 것에 분노하자(행 15:1, 21:21 참조) 이들과 바울은 이 두 가지 문제로 "다툼과 변론"(행 15:2)이 일어날 만큼 설전이 오갔지만, 이로 인해 바울과 그들 사이가 갈라지지는 않았다. 바울이 예전과는 달리 '사역과 인품'에 있어 균형을 갖춘 선교사임을 주변 사람들에게 각인시켜 주었다. 다만 건강에 있어서는 육체의 가시인 '눈'의 연약함을 통해 하나님에게 더욱 가까이 갈 수 있음을 고백했다(고후 12:7; 갈 4:15). 그는 평생 독신으로 살면서 거룩한 삶을 놓치지 않았고, 개인 전도와 제자 훈련은 선교사로 파송받기 이전 15년 동안 이미 마스터한 사람이었다.

바울은 각 도시를 방문할 때마다 교회 개척(행 16:11-15)의 선구자였고, 그의 섬기는 리더십과 팀워크는 대단했다. 예전에는 사람이 곁에 붙지 않는 냉혈적인 사람이었지만, 이제는 남성 동역자(바나바, 디모데 등)와 함께 여성 동역자(브리스가, 뵈뵈 등)가 무려 18퍼센트를 차지할 만큼 많았고, 재정 후원자(에바브로디도 등) 또한 40명이나 되다 보니 행복한 선교사가 되었다.[76] 더욱이 그는 디아스포라 유대인이어서 히브리어, 아람어, 헬라어, 라틴어, 길리기아 방언에 이르기까지 언어 능력이 탁월했고, 타문화 적응 능력도 우수했다.[77] 무엇보다 선교사는 성령에게 민감해야 하는데, 바울은 하나님보다 앞서지 않는 성령의 사람이었다(행 16:6-10).

이처럼 바울과 같은 선교사 자질을 갖춘 사람을 회당에서는 찾기가 힘들다. 앞의 열 가지 항목을 랍비들에게 적용시켜 본다면 가장 약한 부분은 무엇일까? 열 가지 항목 가운데 무려 여섯 가지 항목인 인격적 성숙, 개인 전도, 교회 개척, 리더십 및 팀워크, 타문화 적응력, 성령께 의지하는 것은 낙제 점수에 가깝다. 한마디로 F학점이다. 랍비들이 율법의 전문가로서 잘 가르치고, 회당이 예배를 민주적으로 운영해 참여한 자들을 동참케 하는 일은 잘할지 몰라도, 하나님 나라를 확장시키는 것은 젬병이었다. 반면에

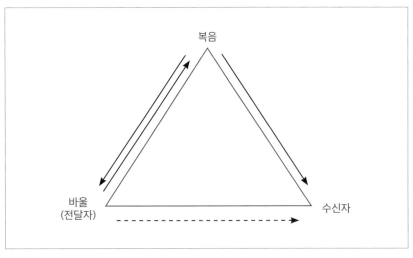

바울-복음-수신자와의 관계

바울은 경쟁력이 뛰어나다 보니 이방인들의 사랑을 듬뿍 받았다.

둘째는, 성경(복음)의 본질을 전하는 데 탁월했기 때문이다. 선교사는 '전달자(선교사) - 복음 - 수신자(현지인)'의 삼각관계를 잘 인지해야 한다. 위의 그림에서 보듯이 바울은 복음의 본질을 전하는 데 뛰어났다. 그렇다면 복음의 본질은 무엇일까? 바로 십자가와 부활의 메시지다. 한 예로 바울이 비시디아 안디옥을 방문해서 복음을 전할 때, 그는 주님이 사망 권세를 깨뜨리고 죽음에서 부활하신 사실과, 누구든지 주를 믿는 자마다 구원함을 받고 참소망을 얻게 됨을 선포했다(행 13:14, 30; 고전 1:23, 2:2, 15:2). 바울이 전한 복음은 간결한 메시지였고, 하나님의 능력에 의지해서 선포하므로 이방인들이 좋아했다.

하지만 회당의 랍비는 달랐다. 아래의 그림을 보면, 랍비의 관심사는 오직 율법(토라)이다. "그러므로 율법의 행위로 그의 앞에 의롭다 하심을 얻을 육체가 없나니 율법으로는 죄를 깨달음이니라"(롬 3:20)라고 했듯이, 율

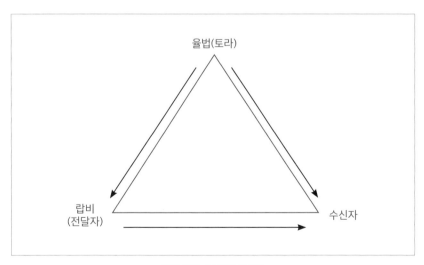

랍비-율법-수신자와의 관계

법을 통해서는 죄를 깨닫게 되지만 구원을 얻을 수는 없다. 이방인들 가운데 회당의 회원이었던 니골라(행 6:5)와 고넬료(행 10:1-2)가 왜 회당에서 떨어져 나왔을까? 그 이유 중의 하나는, 회당에는 정죄함은 가득하되 사랑과 용서가 없기 때문이다. 신앙생활이 건조하다. 반면에 바울이 세운 가정교회(몬 1:1-2)에는 감사와 기쁨이 흘러넘쳤다. 이것이 가정교회의 매력이다.

셋째는, 수신자의 문화를 이해하고 접근하는 데 남달랐기 때문이다. 앞의 그림 '바울 - 복음 - 수신자와의 관계'에서 보듯이, 선교사가 실수하는 것 중의 하나가 자신의 사고와 문화가 마치 복음인 것처럼 수신자에게 접근하는 태도다. 선교사 자신의 사상, 문화, 세계관은 점선(---)처럼 복음을 듣는 수신자에게 간접적으로 영향을 끼쳐야 하고, 복음만이 수신자에게 직선(—)처럼 직접적으로 영향을 끼쳐야 한다. 바울이 그러했다. 바울은 "내가 복음을 부끄러워하지 아니하노니 이 복음은 모든 믿는 자에게 구원을 주시는 하나님의 능력이 됨이라"(롬 1:16)라고 고백한 것처럼, 자신의 관습과 문화가 아닌 복음만을 전달하는 최고의 커뮤니케이터였다.

이와는 달리 랍비는 자신의 생각, 문화, 세계관이 수신자에게 그대로 전달되는 데 앞장섰다. 수신자에게 율법을 지키도록 강압적으로 접근했던 것이다. 한 예로 하나님을 경외하는 자인 디도 유스도(행 18:7)를 보자. 그가 이방인으로서 다신교가 아닌 유일신 사상의 매력에 빠져 유대교에 등록했을 때, 유대교가 강요한 모세의 음식법은 따라할 수 있었지만 무례한 할례까지는 수용할 수 없었다. 회당에 기부금을 낼 만큼 기여했건만 늘 회당의 변두리에 머물던 그에게 바울과의 만남은 새로운 반전이었다. 바울은 할례도, 모세의 음식법도 요구하지 않았다. 그는 오직 예수 그리스도를 구주로 영접할 것만 얘기했다. 그뿐만이 아니다. 자신을 배려하는 태도가 랍비와는 사뭇 달랐다. 이것이 바울의 경쟁력이다.

넷째는, 예수님처럼 성육신적 삶을 몸소 보여 주었기 때문이다. 바울은 회심하기 이전의 삶과 이후의 삶이 180도 달랐다. 과거에는 바리새인으로서 지식이 풍부했지만 삶의 실천이 없는 자였다. 마태복음 23장 27절의 "화 있을진저 외식하는 서기관들과 바리새인들이여 회칠한 무덤 같으니 겉으로는 아름답게 보이나 그 안에는 죽은 사람의 뼈와 모든 더러운 것이 가득하도다"는 바울의 모습이었다. 겉과 속이 다른 위선자의 이미지였다. 하지만 다메섹에서 주님을 만난 이후부터 그의 삶의 모토는 "나는 날마다 죽노라"(고전 15:31)였다. 회심 후 인간의 내면에 가득한 "음행과 더러운 것과 호색과 우상 숭배와 주술과 원수 맺는 것과 분쟁과 시기와 분냄과 당 짓는 것과 분열함과 이단과 투기와 술 취함과 방탕함"(갈 5:19-21)이 제거되기 위해서는 자신이 매일 죽을 수밖에 없다.

예전에는 예수 믿는 자들을 옥(행 8:3)에 가두기 위해 '원수 맺는 것과 분쟁과 분냄'을 자신처럼 생각한 사람이 바울임을 누구보다도 유대인들이 잘 알고 있었는데, 그들은 그의 내려놓음을 보고 혀를 내두를 수밖에 없었을 것이다(행 9:22-25, 14:5-6). 회심 후 바울은 예수로 살고 자신은 죽는 성육신적 삶을 보여 줌으로 이방인들뿐 아니라 유대인들도 회당이 아닌 가정교회 안으로 들어오게 했다. 이런 모습이 바로 신약 교회의 힘이다.

오늘날 한국 교회는 바울이 보여 준 경쟁력 있는 1세기 가정교회의 선교 정신을 보여 주어야 한다. 무엇보다 선교사 자질을 잘 준비해야 하고, 성경의 본질을 지킬 줄 알아야 하고, 수신자 중심의 커뮤니케이터가 되어야 하고, 성육신적 삶을 실천할 수 있어야 한다. 하지만 회당 선교에는 바울의 이러한 선교 정신이 없었다. 그렇다 보니 사람이 떠나고, 회당 수와 기부금도 줄어드는 아픔을 겪었다. 1세기 가정교회는 바울의 선교 정신을 계승한 자들이 사방에서 배출되다 보니 힘을 얻어 제국 전체로 뻗어 나갈 수 있었다. 그래서 바울의 가정교회 선교가 고대 회당의 선교보다 경쟁력에서 앞서갈 수 있었던 것이다.

다함께 생각하기

1. '회당과 세상과의 관계'(p.45 그림)에서 오늘날 한국 교회가 교회로서의 '정체성'을 유지하는 데 있어 가장 힘든 장애물은 무엇이라 생각하는가? 또한 한국 교회가 세상을 향한 '소명'을 감당하는데 방해하는 요소가 있다면 무엇이라 생각하는가?

2. 당신의 신앙생활 중에서 아래의 <선교사 자질 체크리스트 10가지> 가운데 잘하는 것 한 가지와 못하는 것 한 가지를 각각 말하고, 그 이유는 무엇인지 설명해 보라.

   ① 소명과 영성   ② 인격적 성숙   ③ 신체적 건강   ④ 가정생활(부부. 독신)
   ⑤ 전도 및 제자 훈련   ⑥ 교회 개척   ⑦ 리더십 및 팀워크   ⑧ 언어 능력
   ⑨ 타문화 적응 능력   ⑩ 성령께 의지

3

도머스(*domus*),

가정교회
선교의
중심에
서다

예수님이 원하시는 교회는 어디에서 시작했을까? 회당이 아닌 '집'이다. 1세기 로마 제국의 집들은 바다를 낀 해양 도시를 중심으로 형성되어 확대 가족을 이루며 발달했다. 교회는 바로 집에서 시작되었다. '에클레시아'란 속 뜻은 '건물'이 아닌 '모임'을 의미한다.[78] 이 말은, 교회는 본래 '건물'이란 하드웨어보다는 '모임'이란 소프트웨어가 중요하다는 얘기다. 교회는 그리스도의 몸으로서 머리 되신 예수 그리스도를 중심으로 모든 지체들이 서로 연합해서 '덕'을 세워야 했는데, 이 일은 그의 제자들의 '집'에서 시작되었다. 그런데 1세기 집(oikos)은 인슐라가 아닌 도머스에서 시작되었다. 그 이유가 무엇일까?

● 도머스와 인슐라, 거룩함이 승부를 가르다

바울이 선교할 당시의 로마 제국은 '팍스 로마나'(Pax Romana)로 불리는 로마의 평화 시기로 인해 도로 발달, 국제 언어로서 헬라어 통용, 상업 도시의 발달을 가져와 도시에 인구가 집중하던 때이다. 특히 1세기 로마 사회는 좁은 땅에 인구 1백만 명이 거주할 정도로 인구 밀도가 높아 그리스와 함께 집값이 매우 높았다.[79] 그렇다 보니 로마 인구의 약 90퍼센트가 아파트나 빌딩형의 인슐라에서 살게 되었다.[80] 인슐라는 대개 4-5층짜리 건물로 이루어졌는데, 대다수 시민들은 방 한두 개짜리 집에 살든지 아니면 세 평짜리 단칸방에서 살아야 했기 때문에 질병 노출이 심각한 수준이었다.[81] 그래서 2세기 안토니우스 역병과 3세기 키프리아누스 역병이 창궐할 때 가장 많은 사망자가 인슐라 공동 주택에서 발생했다.

아래의 그림을 보면 1층에는 상점, 채광정, 우물, 화장실이 있고, 2층에는 발코니가 있다. 특히 인슐라 1층에 공용 화장실이 있다는 것이 위층의 거주자들에게는 여러 모로 편리했다.[82] 하지만 거주자들은 급한 용무나 밤중에 볼일을 편하게 보기 위해 각 집마다 요강을 사용했는데, 밤에는 요강의 배설물을 창밖으로 비우는 일이 흔했다. 인슐라는 좁은 공간에 많은 사람들이 주거할 수 있다는 장점은 있지만, 한편으로는 부실 공사에 따른 붕괴나 화재 발생 시 재빨리 대처하기 힘든 구조를 지닌 단점도 있었다. 1세기의 집들은 지중해의 변화무쌍한 날씨의 영향을 받아 일반적으로 집이 작고, 어둡

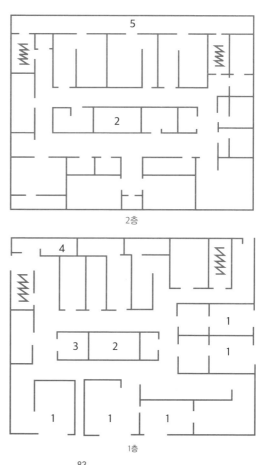

2층

1층

인슐라의 구조[83] (1. 상점, 2. 채광정, 3. 우물, 4. 화장실, 5. 발코니)

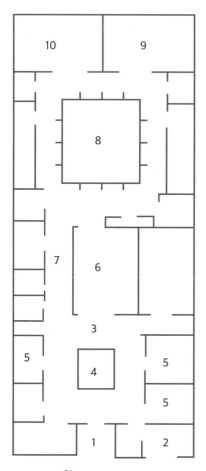

도머스의 구조[86] (1. 현관, 2. 상점, 3. 앞뜰/안마당, 4. 빗물받이 웅덩이, 5. 침실, 6. 거실, 7. 남자 방, 8. 열주랑, 9. 연회실, 10. 식당)

고, 잠자기에 협소한 구조를 지니고 있었다.

반면에 개인 주택형인 도머스는 부유한 자들이 살았다. 로마 인구의 약 10퍼센트만이 살던 도머스는 집주인의 직계 가족과 노예 및 남녀 자유민이 함께 살던 곳으로, 약 20-40명 정도가 살 수 있었다.[84] 옆의 그림을 보면, 도머스는 일반적으로 현관, 상점, 앞뜰, 빗물받이 웅덩이, 침실, 거실, 남자 방, 열주랑, 연회실, 식당으로 구성되어 있다. 폼페이의 대저택인 경우 식당은 2-3개 정도가 있었고, 최대 30-40명을 수용할 수 있을 만큼 컸다.[85] 아마 예루살렘의 가정교회인 마리아의 집(행 12:12)이 여기에 해당되리라 본다. 대개 연회실은 손님 대접 용도로 사용되었는데, 이는 초대 교회의 가정교회에서 매우 유용하게 사용되었다.

그런데 재미있는 사실은, 바울의 선교를 보면 하나같이 교회 개척이 도머스에서 이뤄진 것을 알 수 있다. 가이오의 집(롬 16:23), 스데바나의 집(고전 1:16), 눔바의 집(골 4:15) 같은 경우가 그렇다. 바울이 도머스에서 가정교회를 시작한 것은 공동 식사가 가능하고, 신변의 안전을 지킬 수 있으며, 더욱이 가정교회를 개척한 집주인의 가정이 건강했기에 그들의 신앙을 성도들에게 보여 줄 수 있는 좋은 계기가 되었기 때문이다.

한편 인슐라의 경우는 각 건물마다 공중목욕탕이 있었는데, 문제는 남녀가 함께 사용하는 혼탕이어서 신앙적으로 덕스럽지 못했기 때문에 이곳에서는 예배드리지 않았다.[87] 로마 제국 당시 1-3세기까지는 남자와 여자가 함께 사용하는 누드 목욕이 허용되었고, 4세기가 되어서야 남녀가 따로 목욕했다.[88] 이처럼 인슐라는 성적 타락의 온상과도 같았고, 더욱이 장소가 너무 협소해서 바울은 이곳에서 교회를 개척할 수 없었다.

바울은 주님의 몸 된 교회는 거룩함에서 출발해야 함을 도머스를 통해서 알려 주었다. 바울의 교회관은, 교회란 자고로 그리스도의 신부로서, 하나님의 전으로서 거룩함이 묻어 있어야 함을 일깨워 준 것이다. 교회를 건물이라는 껍데기만 화려하거나 웅장하게 만들 것이 아니라, 속사람의 모임이 경건하고 거룩한 모습을 하나님과 사람 앞에 보여 주라는 얘기다. 초대 가정교회의 집주인이 그랬다. 마리아, 빌레몬, 뵈뵈가 그랬다. 뿐만 아니라 유대인의 협박과 로마 군인들의 박해에도 굴하지 않고 도머스에서 모였던 초대 가정교회는 힘이 넘쳤고, 세상을 변화시켜 나갔다. 이것이 예수 믿는 재미요, 축복이 아닐까!

◆ 도머스, 가정교회 선교의 길을 열다

초기 기독교 시절, 교회는 도머스에서 시작되었다. 로마서 16장 5절의 "저의 집에 있는 교회"나 고린도전서 16장 19절의 "그 집에 있는 교회"나 빌레몬서 1장 2절의 "네 집에 있는 교회"의 집은 모두 인슐라가 아니라 도머스를 말한다. 즉, 집은 주거 공간이란 개념을 뛰어넘어 하나님을 찬양하며 이 방인을 전도하는 교회로서 선교 중심지가 된 것이다. 무엇보다 단독 주택의 도머스에서 시작한 가정교회는 공적 모임의 회당과는 달리 사적 모임의 장소로 시작했지만, 시간이 지날수록 그 영향력은 커져 나갔다.[89]

당시 유대인도, 헬라인도, 종도, 자유인도, 여성도 도머스 모임에 푹 빠져 그야말로 인기 짱이었다. 그렇다면 도머스가 어떻게 가정교회 선교의 길을 열었는지 한번 알아보자. 특별히 도머스가 이방인들에게 가정교회 선교의 길을 열었던 매력은 '세 가지 L'(Three L)이라 할 수 있다. 이것은 가정교회의 세 가지 매력인 예배(Liturgy), 집주인(Landlord), 여성(Lady)의 영문 첫 글자를 따서 만든 것이다. 이 세 가지는 회당과는 다른 길을 보여 주었기에 초기 가정교회 선교는 고난 중에서도 뻗어 갈 수 있었다.

1) '예배'(Liturgy)를 바꿔야 산다

도머스가 가정교회 선교로 이방인의 마음을 끌게 된 것은 '예배'의 차별화 때문이다. 회당 예배는 율법(토라)을 알리는 것에 사활을 걸었지만, 가정교회는 주의 만찬식과 말씀이 함께 있었다.[90] 이 둘의 공통점은 말씀이다. 회당 예배나 가정교회 예배는 모두 말씀이 있었다. 다만 차이점이라면 전자는 율법이, 후자는 십자가에 달리신 예수 그리스도의 부활의 메시지가 선포되었다. 회당 예배와 가정교회 예배의 큰 차이점은 주의 만찬식인데, 1세기 가정교회의 주의 만찬식은 애찬식과 함께 진행되었다.

애찬식에는 사회의 변두리에 속했던 노약자, 환자, 빈자들이 초대되어 기존 신자들과 함께 음식을 먹을 수 있었다. 세상적인 신분, 직위, 성에 관계없이 누구든지 참석할 수 있을 뿐 아니라 식탁 교제까지 할 수 있었으니 그야말로 천국이 따로 없었다. 일반적으로 도머스 식당에는 '디귿자형'(ㄷ)

소파 세 개가 있고, 각 소파에 세 명씩 누워서 총 아홉 명이 음식을 먹었다.[91] 재미있는 사실은, 초기 가정교회 신자들은 모두가 소파에 비스듬히 누워서 함께 음식을 먹다 보니 공간을 많이 차지했다.[92] 하지만 신자가 증가하면서 나중에는 앉든지 혹은 서서 먹는 것으로 바뀌었다.[93]

1세기 가정교회의 만찬(헬라어 데이프논[deipnon], 고전 11:20)은 저녁 식사를 의미한다.[94] 유대인은 떡을 떼면서 식사를 시작했고, 잔을 들어 포도주를 마시면서 식사를 마무리하는 것이 일반적이었다. 따라서 주의 만찬식과 애찬식은 서로 분리되지 않았다. 한편 예수 그리스도의 몸을 상징하는 떡(고전 11:23-24)을 떼고, 예수 그리스도의 언약의 피를 상징하는 포도주(고전 11:25)를 마시는 것은 예수 그리스도의 '죽음'을 가시적으로 선포하는 것이었다. 나아가 예배에 참석한 자들이 주의 만찬식에 동참한 것은 주님이 다시 오시는 그날까지 신앙을 잃지 않고 살겠다는 '재림 신앙'의 표현이기도 했다.

1세기 가정교회 예배는 1부 주의 만찬식이 끝난 이후에 2부 말씀으로 이어졌다.[95] 그리스도의 몸과 피를 기념하는 예식인 주의 만찬식이 열릴 때는 누구나 참여할 수 있었으며, 집주인이든 종이든 누구든지 그리스도 안에서는 차별이 없고 '하나'가 되었다(갈 3:27-28). 한 예로, 골로새교회의 예배에서는 빌레몬과 오네시모가 더 이상 주인과 종의 관계가 아닌 그리스도 안에서 '형제'가 되었다(몬 1:16). 정말 기적 같은 일이었다. 사회적 신분 차이가 분명했던 1세기의 가정교회 예배는 세상 사람들의 상상을 뛰어넘었다. 이처럼 그리스도 안에서의 평등사상을 회당에서는 찾아볼 수 없었다. 도머스 예배는 앞으로 가정교회 선교가 가야 할 길을 분명히 보여 주었다.

이제 1세기 가정교회 예배를 간접 경험하기 위해 로버트 뱅크스(Robert Banks)가 각색해서 쓴 《1세기 교회 예배 이야기》(IVP 역간)를 한번 보자. 책

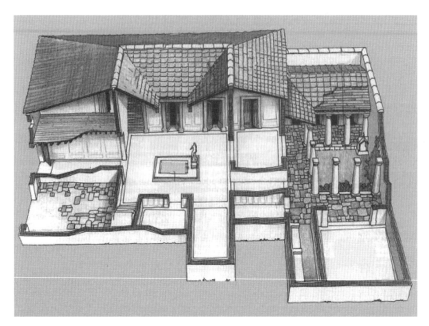

도머스와 인슐라

에 등장하는 푸블리우스가 로마에 잠깐 머무는 중에 어느 날 저녁 가정교회 예배에 참석하게 된다. 그의 생각에 유대인들은 남들과 잘 어울리지 않는 외국인과 같은 느낌을 가졌는데, 이런 편견을 깬 자가 아굴라와 브리스가였다. 그는 이들 부부가 생각이 '자유로운 유대인'이라는 것을 느꼈고, 예배에 참석하는 자가 상류층이든 종이든 차별하지 않고 똑같이 대하는 모습에 감동하게 된다.[96] 1세기 가정교회의 차별 없는 예배를 경험한 것이다. 이것이 1세기 가정교회의 힘이다.

2) 집주인(Landlord)의 사역은 모두를 춤추게 한다

도머스가 가정교회 선교에 성공할 수 있었던 것은 집주인의 섬김에 있다. 초대 교회 당시 자기 집을 오픈해서 가정교회로 사용할 수 있도록 한 사람들은 대다수가 중류층 계급의 신자였다.[97] 이는 예루살렘교회의 마리아(행 12:12), 빌립보교회의 루디아(행 16:15), 고린도교회의 스데바나(고전 1:16, 16:15)와 가이오(롬 16:23), 로마교회의 아굴라와 브리스가(롬 16:3-5), 골로새교회의 빌레몬(몬 1:1-2)에게서 확인할 수 있다. 이들은 모두가 성, 직업, 연령, 신분, 직위에 상관없이 자기 집을 개방해서 가정교회 예배를 드렸다.

집주인은 예수 그리스도를 영접한 이후 새로운 피조물이 되어 세상의 빛과 소금이 되는 데 적극적이었다. 집주인은 자기 집을 오픈해서 모임 장소로 제공했을 뿐 아니라 음식도 함께 제공했으며, 예배를 인도하고, 가정교회 후원자로 든든히 서 있었다.[98] 회당에서는 상상도 못할 일이다. 예수님이 바라시던 교회의 모습이 바로 이것이었다. 자기 의를 앞세우거나 남을 정죄하는 회당과는 달리 초대 교회의 가정교회는 다가올 천국의 모형이 되어 사랑의 공동체, 은혜의 공동체, 하나 되는 공동체를 보여 주었다. 바로 그 중심에 집주인이 있었다. 가정교회에서 집주인의 자발적인 섬김, 낮아

짐, 자기 비움은 참여한 모든 이들을 춤추게 만들었다. 이것이 예수 믿는 기쁨이요, 행복이 아닐 수 없다.

뱅크스가 각색해서 쓴 《1세기 교회 예배 이야기》를 보면, 아굴라와 브리스가가 자기 집을 오픈해서 가정교회 예배를 드릴 때 말씀을 듣기 전 함께 애찬식을 갖는 장면이 나온다. 이때 이들 부부는 평일에 돈을 아꼈다가 예배에 참여한 공동체 식구들에게 평소에 먹기 힘들었던 고기를 푸짐하게 대접한다. 뿐만 아니라 이들 부부의 영향을 받은 로마의 고위 공무원인 아리스도불로(롬 16:10)가 가정교회 모임에 참석해 자기 종의 접시 위에 자기와 똑같은 종류, 똑같은 양의 음식을 덜어 주는 모습이 나오는데, 이는 1세기 로마 사회에서는 보기 힘든 일이다.[99] 이것이 1세기 가정교회 집주인의 섬김이요, 희생이며, 이것이 모든 이들을 춤추게 만들었다.

3) 여성(Lady)의 활동은 하나님 나라 확장을 촉진시킨다

도머스가 가정교회 선교를 잘할 수 있었던 것은 여성의 역할 때문이다. 남성 중심의 문화, 피라미드식 사회 구조, 직위 및 신분 구분이 엄격한 1세기 로마 사회에서 여성이 교회 활동의 중심에 선다는 것은 기적과도 같은 일이다. 가정교회 선교로 하나님 나라 확장에 헌신한 여성으로는 루디아, 브리스가, 눔바, 뵈뵈, 글로에, 유오디아와 순두게 등이 있다. 놀라운 것은, 바울의 사역자 가운데 여성이 차지하는 비율이 무려 18퍼센트나 된다는 것이다.[100] 즉, 바울의 동역자 중에서 다섯 명 중 한 명은 여성이라는 점이다. 당시 사람들의 편견을 깨고 여성이 가정교회 선교에 적극적으로 동참한 것은 회당에서는 상상할 수도 없는 일이었다.

그렇다면 여성은 가정교회에서 어떤 형태로 선교 활동에 적극적이었을까? 첫째로, 그들은 남을 대접하는 일에 탁월했다. 집은 사적인 공간이어서 나그네를 환대하고 음식을 대접하는 일은 여성에게 있어 최고의 장점이었다. 예루살렘교회의 마리아가, 빌립보교회의 루디아가, 로마교회의 브리스가가 그랬기에 여성에게 가정교회는 매력을 끌 수밖에 없었다.

둘째로, 여성에게 가정교회는 교육의 중심지였다.[101] 당시처럼 문맹률이 높은 때에 가정교회의 여성 지도자들이 인도한 성경 읽기, 성경 공부, 제자훈련은 문명 퇴치에도 큰 도움을 주어 세간의 관심을 끌었다.

셋째로, 여성에게 가정교회는 소통의 중심지였다. 바울은 선교 활동을 하면서 편지를 빠른 소통의 무기로 삼았다. 요즘으로 말하면 SNS라 할 수 있겠다. 바울은 한 도시에서 다른 도시로 이동할 때 편지로 빠른 소통을 이뤄 나갔다. 고린도교회가 분쟁으로 어려움을 겪을 때 빠른 대응을 할 수 있었던 것은 평소와 같이 글로에의 집과의 연락이 있었기 때문이다(고전 1:11).

넷째로, 여성에게 가정교회는 사회봉사의 중심 역할을 했다. 특히 젊은 과부와 자녀들이 기근으로 도움의 손길을 받지 못한다면 큰 어려움에 직면하기 때문에, 가정교회의 여성 지도자들은 사회 변두리에 속한 과부들을 돕는 데도 적극적이었다(딤전 5:3-5).

마지막으로, 여성에게 가정교회는 선교의 중심지였다. 이 일의 대표적인 인물이 브리스가다. 브리스가는 남편 아굴라와 함께 고린도교회, 에베소교회, 로마교회를 개척할 만큼 대단한 여성이었다. 브리스가는 머무는 곳마다 교회를 세웠고, 남편과 함께 이 일을 감당했다. 브리스가는 남편 아굴라의 이름보다 성경에서 네 번(행 18:18, 26; 롬 16:3; 딤후 4:19)이나 앞서 기록되었는데, 이것은 그녀가 남편보다 신분 면에서, 교회 활동 면에서 더 앞선다는 것을 말한다.[102] 브리스가는 남자 열 명의 몫을 혼자 감당할 만큼 위대한 여성이었다. 브리스가의 가정교회는 하나님 나라 확장에 귀하게 쓰임 받는 선교 센터가 되었다.

● 도머스, 로마 제국 선교의 중심이 되다

1세기 가정교회 선교가 도머스에서 시작했을 때는 별다른 관심을 받지 못했다. 하지만 예배의 혁신, 집주인의 섬김, 여성의 활동은 점차 이방인들의 마음을 사로잡아 로마 제국 선교의 중심에 우뚝 서게 되었다. 초기 가정교회가 그리스도의 몸으로서의 역할을 충분히 감당했기 때문에 가능했다. 신분, 직위, 성, 연령에 상관없이 서로를 섬기고 희생하며 죽음을 두려워하지 않고 복음을 전하는 영적 공동체는 세상을 변화시키기에 충분했다. 바로 그 중심에 바울, 아굴라와 브리스가, 루디아와 같은 일꾼들이 있었다.

1세기의 열악한 사회적 환경 속에서 가정교회 선교가 열매 맺어 꿈을 이룰 수 있었던 것은, 가정교회가 '하나님의 가정'(*Familia Dei*)임을 몸소 보여 주었기 때문이다.[103] 바울이 꿈꾼 공동체는 '건물'을 중시하는 것이 아니라, 속사람의 '모임'을 중요하게 여겼다. 1세기 가정교회는 다시 올 하나님 나라의 모델하우스처럼 소망을 주는 곳이었다. 회당은 가진 것이 많았지만 그 꿈을 이루지 못했다. 그러나 1세기 가정교회는 도머스라는 '집'에서 출발했지만 차츰 이방인들의 마음을 얻어 로마 제국 선교의 중심에 우뚝 서게 되었다.

다함께 생각하기

1. 1세기 가정교회는 예배의 혁신, 집주인의 섬김, 여성의 활동이 이방인의 마음을 사로잡아 성장했다. 목회데이터연구소의 보고에 따르면, 2017년 '가나안 성도'(교회에 '안 나가'를 거꾸로 뒤집은 말)의 비율이 2012년 11퍼센트에서 23퍼센트로 크게 증가했다고 한다. 한국 교회가 1세기 가정교회처럼 가나안 성도와 다음 세대의 마음을 끌 수 있는 힘은 무엇이라고 생각하는가?

2. 1세기 가정교회의 혁신 중에 하나가 예배다. 예배 순서는 1부 애찬식(주의 만찬식)이 끝난 후에 2부 말씀으로 이어졌는데, 당시 회당에는 1부가 없었다. 이것이 1세기 가정교회의 힘이요, 경쟁력이었다. 2020년 코로나19는 대면 사회를 비대면 사회로 바꿔 현장 예배를 중단시키는 초유의 사태를 발생시켰고, 현장 예배는 온라인 예배와 가정 예배로 대체되었다. 포스트 코로나 시대에 한국 교회는 1세기 가정교회처럼 어떤 예배의 변화가 필요한지 한번 나눠 보라.

4

가정교회 선교,

신약 교회의
정신을
널리
알리다

바울은 가정교회 선교로 로마 제국을 복음화하는 데 성공했다. 그렇다면 바울이 추구한 가정교회 선교의 목적은 무엇일까? 바로 신약 교회의 정신을 널리 알리는 것이었다. 실제적으로 예루살렘의 마리아의 집(행 12:12)이나 빌립보의 루디아의 집(행 16:15, 40), 골로새의 빌레몬의 집(몬 1:1-2), 라오디게아의 눔바의 집(골 4:15) 그리고 로마의 가이오의 집(롬 16:23)에서 시작한 가정교회 선교는 신약 교회의 정신을 뿌리내리는 데 기여했다. 무엇보다 신약 교회의 정신은 바울의 가정교회 선교를 활성화시키는 엔진과도 같았다.

특히 바울은 로마 제국 전 지역에 신약 교회의 네 가지 정신에 따라 가정교회를 세웠다. 신약 교회의 네 가지 정신이란 원형 교회를 세우는 것, 애찬식(주의 만찬식)이 있는 천국 잔치를 여는 것, 평신도에게 사역을 나눠 주는 것 그리고 영혼 구령하여 제자를 만드는 것이다. 바울은 이 네 가지 정신에 따라 가정교회 선교를 실시해 좋은 결과를 얻을 수 있었다.

◆ 예수님이 원하시는 원형 교회를 세운다

바울이 추구한 신약 교회의 첫 번째 정신은 예수님이 바라시던 원형 교회를 세우는 것이다. 그렇다면 원형 교회란 무엇일까? 원형 교회(primitive church, 혹은 원시 교회)란 콘스탄티누스 대제가 주후 313년에 로마 제국 전역에 기독교를 공인하기 이전의 신약 교회를 말한다.[104] 다시 말해, 4세기부터 기독교가 신앙의 자유를 얻고 난 이후 국가 교회가 되어 타락하기 이전, 예수님의 제자들이 초대 교회 시절 세웠던 교회의 본래 모습으로 돌아가는 것을 원형 교회라 부른다. 이를 신약 교회라 부르기도 한다. 바울은 고린도, 에베소, 로마, 어느 곳에 가든지 원형 교회를 세우는 데 앞장섰다.

원형 교회가 왜 그렇게 중요한지는 '말발굽 편자' 이야기를 통해서 확인할 수 있다.[105] 어느 날 한 장인(匠人)이 멀리 떠날 일이 있어 제자에게 말발굽 바닥에 붙이는 쇠붙이인 편자의 '원형'을 건네주며 100개의 편자를 만들어 놓으라고 명했다. 제자는 '원형' 편자를 보고 1호 편자를 만들었다. 그런데 2호 편자는 원형을 따라하지 않고 자기가 만든 1호 편자를 보고 만들었다. 3호 편자 역시 자신이 만든 2호 편자를 보고 만들어 100호 편자까지 그렇게 했다. 문제는 1호 편자는 원형에 가깝지만 2호부터 100호까지는 '원형'과 다른 '짝퉁' 편자가 나와서 장인이 돌아온 이후 확인해 본 결과 놀라지 않을 수 없었다.

바울은 로마 제국 곳곳에 교회를 개척하면서 주님이 원하시던 원형 교회를 세웠다. 바울의 제자들 역시 마찬가지였다. 예를 들면, 빌립보교회의 루디아(행 16:15, 40)가, 고린도교회의 스데바나(고전 1:16)가, 겐그레아교회의 뵈뵈(롬 16:1)가 교회 개척의 명장(名匠)이었던 바울을 따라 '원형'의 모습 그대로 교회를 개척했다. 이들은 자신들의 생각, 문화, 가치관, 세계관을 끼워 넣어 '짝퉁'으로 만들지 않았고, 바울이 보여 준 '원형' 그대로 교회를 개척했다. 이것이 바로 원형 교회의 회복이요, 신약 교회의 회복이다.

그렇다면 성경에 기록된 원형 교회는 어떤 곳인가? 최초의 원형 교회는 예루살렘에서 120명이 함께 모여 기도한 큰 다락방(행 1:13)이다.[106] 그다음으로는 예루살렘에 있는 마리아의 집(행 12:12)이나 예수님의 동생 야고보의 집(행 12:17)이요, 그 외에 빌립보의 루디아의 집(행 16:15, 40), 고린도의 스데바나의 집(고전 1:16), 에베소의 아굴라와 브리스가의 집(고전 16:19), 골로새의 빌레몬의 집(몬 1:1-2), 겐그레아의 뵈뵈의 집(롬 16:1), 라오디게아의 눔바의 집(골 4:15), 로마의 아굴라와 브리스가의 집(롬 16:3-5)과 같은 곳이 원형 교회다.

아래의 그림을 보면, 원형 교회는 가정교회 선교를 한 사람 중심의 교회, 평신도가 사역하는 교회, 신약 교회임을 알 수 있다. 이제 원형 교회가 어떤 기능을 가졌는지 살펴보고자 한다. 사도행전 2장 42절을 보면, 원형 교회는 네 가지 기능인 말씀("사도의 가르침을 받아"), 코이노니아("교제하고"), 주의 만찬식/애찬식("떡을 떼며") 그리고 기도("기도하기를")를 지녔다.[107] 교회가 갖춰야 할 기능을 그대로 갖고 있는 것이다. 바울이 세웠던 원형 교회는 이런 네 가지 기능 때문에 이방인의 마음을 끌기에 충분했다. 하지만 회당은 말씀과 기도의 기능은 가졌으나 코이노니아와 주의 만찬식(애찬식)의 기능은 없어서 경쟁력을 잃었다. 그래서 원형을 고수하는 것이 중요하다.

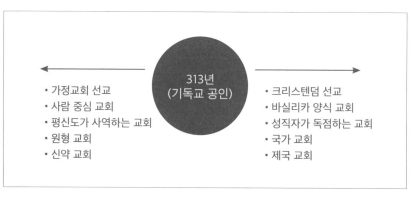

원형 교회와 국가 교회의 비교

● 애찬식(주의 만찬식)이 있는 천국 잔치를 연다

바울이 실시한 신약 교회의 두 번째 정신은 애찬식(agape feast)이 있는 천국 잔치다. 애찬식은 가정교회의 선교가 나날이 성장하는 데 기폭제 역할을 했다. 왜냐하면 회당에는 애찬식 자체가 없었기 때문이다. 유대인들은 회당을 거룩한 곳으로 여겼기 때문에 회당에서 음식 먹는 것 자체를 허용하지 않았다.[108] 반면에 가정교회는 1부 애찬식(주의 만찬식)이 끝난 이후에 2부 말씀이 선포되었다. 1부 애찬식을 회당에서는 경험할 수 없었기 때문에 이방인에게는 놀라움 그 자체였다.

마리아의 집에서도, 빌레몬의 집에서도, 눔바의 집에서도 이방인들은 누구든지 이곳에서 천국 잔치를 경험할 수 있었다. 천국 밥상을 받게 된 것이다. 하지만 유대인의 '식탁 교제'(table fellowship)의 규정에 따르면 유대인은 할례 받지 못한 이방인과는 겸상할 수가 없었다. 베드로의 경우를 보자. 베드로가 안디옥에서 무할례자와 함께 식탁 교제를 하다가 할례자가 오자 황급히 도망한 것을 목격한 바울이 베드로의 이중성을 보고 책망한 적이 있다(갈 2:11-12). 그만큼 유대인 신자가 자신의 관습에서 벗어나기가 어려운 것을 알 수 있다.

유대인 신자들 간에 할례와 모세의 음식법으로 갈등이 심화되자, 초대교회는 예루살렘 총회를 열어 교통정리를 해 줌으로 유대인 신자들은 전통에 얽매이지 않고 이방인들과 함께 '식탁 교제'를 할 수 있었다. 예를 들어, 예수님의 동생 야고보나 천막 만드는 일로 생계를 꾸렸던 아굴라는 모두 유대인이었다. 그런데 이들이 솔선수범해서 이방인들과 함께 음식을 먹으니 감동 그 자체이지 않겠는가! 이처럼 애찬식은 신자들이 그리스도의 몸이라는 사실을 몸소 실천하는 행위였다. 자신을 내려놓고 타인을 배려하는 가정교회의 문화는 회당의 문화와 비교가 안 되었다. 그래서 가정교회 선교는 자연스럽게 성장할 수 있었다.

1세기 가정교회 예배의 참석자들을 보면 노예, 무산 계급, 장사꾼, 제조업자, 교사, 의사, 정치인, 과부, 어린아이 및 노약자에 이르기까지 매우 다양했다. 주로 하류층과 중류층 계급이 함께 모였던 공간이 바로 가정교회였다. 주의 만찬식은 신분, 직위, 성에 상관없이 그리스도 안에서 한 몸이라는 사실을 빵을 떼고 포도주를 마시며 경험할 수 있었다. 바로 천국의 모형이다. 세상에서는 천대받고 무시당하던 사람들이 가정교회 문턱으로 들어오면 사람대접을 받을 수 있을 뿐 아니라 천국 밥상을 대접받고, 나아가 차별 없는 세상을 경험하니 놀랍지 않겠는가! 오늘날 한국 교회는 너무 형식적이고 '의식적인' 만찬이 강하다. 이것에서 벗어나 감동적이고 '실제적인' 만찬을 회복했으면 한다. 주의 만찬을 통해 온 성도들이 '한 몸' 공동체임을 실제적으로 경험했으면 한다. 한편 주후 360-370년 사이 어느 시점에 열린 라오디게아 종교회의는 집에서 열렸던 성만찬을 금지함으로 가정에서의 주의 만찬식은 역사의 뒤안길로 사라지게 되었다.[109]

⬟ 평신도에게 사역을 나눠 준다

바울이 꿈꾸던 신약 교회의 세 번째 정신은 평신도 모두에게 사역을 골고루 나눠 주는 것이다. 앞의 그림 '원형 교회와 국가 교회의 비교'를 보면 신약 교회의 특징 중 하나가 '평신도가 사역하는 교회'다. 4세기 초 기독교가 공인된 이후 성직자가 독점하는 교회의 모습이 아니라, 성도는 그리스도의 몸으로서 함께 연합해서 덕을 세우는 교회, 그 교회가 바로 주님이 원하시는 교회요, 바울이 세운 교회였다. 초기 가정교회의 각 지체들은 자신이 받은 은사대로 사역하다 보니 더 이상 교회에서 '구경꾼'이나 '판단자'가 아니라, 교회 활동에 적극적으로 참여하는 '농사꾼'이나 '운동선수'가 되어서 즐거웠다.

역사적으로 평신도 제자화에 불을 지핀 사람은 마틴 루터(Martin Luther)다. 그는 '이신칭의'(以信稱義) 신학을 통해 만인제사장직을 소개해 천 년 동안 금기시되었던 평신도 사제직을 공론화시켰다.[110] 그런데 루터가 국가 교회를 유지한 채 종교 개혁을 했기 때문에 평신도 사제직은 미완성으로 끝났다. 그가 주장한 만인제사장은 평신도의 "보편적 사제직"을 의미했기 때문이다.[111] 이것은 평신도들이 교회에서 보편적으로 자신의 은사대로 섬기는 것을 말하지, 평신도가 직접 선교하거나 제자 훈련하는 "개인적인 제사장"을 의미하지는 않는다.[112] 국가 교회에서는 평신도가 성경을 읽는 것도 사제의 허락을 받아야 했기 때문이다.

루터가 사제에게 힘과 권력이 집중된 교리를 '개혁'(reformation)한 것은 박수를 보내야 한다.[113] 하지만 그가 미완성으로 남겨 두었던 평신도 사제직의 교리적 '실천'(practice)은 후대의 몫이 되었다. 루터 이후에 많은 이들이 루터가 남겨 둔 평신도 제자화의 과제를 풀기 위해 제2의 종교 개혁을 시도해 왔다. 역사적으로 보면 아나뱁티스트들(Anabaptists)이나 경건주의자들(Pietists), 청교도들(Puritans)이 이런 노력을 해 왔다.[114] 또한 지금까지 각 교단마다 평신도 제자화에 열중해 온 것 역시 사실이다.

한국 교회 역시 평신도 사역자화에 눈을 뜨고 열심히 해 왔다. 교회는 목회자 혼자 모든 것을 다 할 수 없다. 예루살렘교회(행 6:1-6)에서 사도와 집사 간의 '사역 분담'이 이루어져 평신도들이 자신의 은사대로 섬기고 감사했던 것과 같은 일들이 한국 교회에서 많이 일어나길 바란다. 한국 교회는 빌립, 아굴라와 브리스가, 루디아, 빌레몬, 뵈뵈와 같은 평신도 리더를 계속 배출해야 한다. 한국 선교가 꽃을 피우기 위해서는 국가 교회의 관료형 목회자가 아니라, 만인제사장직을 실천하는 가정교회의 정신을 지닌 목회자가 필요하다. 특히 오늘날은 SNS 시대로서, 모두가 자발적 참여를 좋아하는 만인제사장의 정신을 즐기는 시대임을 깨달아야 한다.

● 영혼 구령하여 제자를 만든다

바울이 소망한 신약 교회의 네 번째 정신은 영혼을 구령하여 제자를 만드는 것이다. 교회가 존재하는 목적은 무엇일까? 그 답은 예수님의 유언과도 같은 마태복음 28장 19-20절의 "그러므로 너희는 가서 모든 민족을 제자로 삼아 아버지와 아들과 성령의 이름으로 세례를 베풀고 내가 너희에게 분부한 모든 것을 가르쳐 지키게 하라 볼지어다 내가 세상 끝 날까지 너희와 항상 함께 있으리라 하시니라"에서 찾을 수 있다. 이 구절은 예수님이 지상에서 마지막으로 제자들에게 부탁하신 말씀이다.

그렇다면 누가 제자 만드는 일에 부름을 받았을까? 기독교가 공인된 313년 이후 국가 교회에서는 오직 사제만이 '선교권'을 지니고 있었다.[115] 즉 영혼 구령해서 제자 만드는 일은 사제의 몫이지, 평신도에게는 주어지지 않았다. 하지만 예수님이 열두 제자에게 부탁하신 대위임 명령은 '사제'에게만 주어진 것이 아니라, 예수 그리스도를 구주로 영접한 '모든 신자'에게 주어진 것이다. 제자 만드는 일은 사제든 평신도든, 장사꾼이든 노예든 여성이든 상관없이 구원받은 자는 누구든지 대위임 명령을 수행할 수 있다.

마태복음 28장 19-20절을 자세히 보면 네 개의 동사가 있는데, 한 개는 주동사로서 "제자를 삼아"(make disciples)이고, 나머지 세 개는 분사로서 "가서"(go), "세례를 베풀고"(baptizing), "가르쳐 지키게 하라"(teaching)이다. 그런데 여기의 분사 세 개는 주동사인 "제자를 삼아"를 이루기 위해 존재하는 것이다. 따라서 주님의 대위임 명령이자 교회의 존재 목적은 제자를 만드는 데 초점을 두어야 한다. 교회가 존재 목적을 상실해 버린다면 방향을 잃은 파선된 배와 같다. 교회가 존재 목적의 '방향'을 잃게 되면 아무리 이벤트나 프로그램의 '속도'를 낸다 할지라도 결국 암초를 만나 어려움을 겪게 될 것이다.

그렇다면 어떤 제자를 만들어야 할까? 첫째는, 교회가 '그리스도의 몸'임을 실천하는 제자다.[116] 예수님은 교회의 머리가 되시고 성도들은 몸의 각 지체가 되는데, 각자 독립적으로 분리된 것이라 함께 연합해야 할 것임을 일깨워 주었다(고전 12:26-27; 엡 1:22-23; 골 1:18). 바울은 초대 교회 성도들에게 주님이 원하시는 교회는 뽐내는 곳도 아니고, 분열이 일어나서도 안 되며, 타인을 배려하고 사랑하고 섬기는 공동체가 되어야 함을 일러 주었다. 그렇게 되기 위해서는 자신이 받은 은사를 발견하고 사용해야 하며, 은사의 목적은 교회의 덕을 세우는 데 있음을 가르쳐 주었다(고전 14:12, 26). 이처럼 바울이 교회를 '그리스도의 몸'으로 비유한 것은 교회 내의 다양성과 독특성을 깨닫게 할 뿐 아니라, 섬기는 공동체가 될 때 '하나' 될 수 있음을 각인시키기 위함이었다. 이것이 신약 교회가 추구하는 자세다.

둘째는, 교회가 '하나님의 가족'임을 실천하는 제자다.[117] 바울은 초대 교회를 표현할 때 '가족'이란 용어를 자주 사용하곤 했다. 가까이 지낸 동료 신자들에게는 무려 114번이나 '형제'(롬 15:14; 고전 8:11, 13; 빌 2:25; 골 4:7)란 용어를 사용했고, 여성 동역자에게는 '자매'(롬 16:1, 15; 고전 9:5)란 호칭도

다섯 번이나 사용했다.[118] 이뿐만이 아니다. 바울은 가정교회 신자들이 건강하고 행복하고 유기체적인 교회를 만들 수 있도록 가족의 호칭인 '아버지'(살전 2:11), '어머니'(롬 16:13), '자식'(빌 2:22), '자녀'(갈 4:19), '아들'(몬 1:10)이란 표현을 자주 사용하기도 했다. 바울이 초대 교회 성도들에게 '가족'과 관련된 호칭을 자주 사용한 목적은 무엇일까? 교회는 자고로 가족처럼 사랑이 넘치는 공동체, 유대감이 끈끈한 공동체가 되어야 함을 일깨워 준 것이다(롬 13:8; 고전 16:14). 이것이 신약 교회의 정신이다.

셋째는, 교회가 '하나님의 전'임을 실천하는 제자다.[119] 교회는 하나님의 백성이 모이는 곳이기에 거룩하고 성별된 장소다. 따라서 하나님의 백성 역시 세상과는 분리된 '거룩한 삶'(고전 3:16-17; 고후 6:16-18)을 살아야 세상의 빛과 소금이 될 수 있음을 일깨워 주었다. 이처럼 가정교회 신자들의 거룩한 모습은 회당의 유대인들뿐 아니라 이방인들에게도 놀람 그 자체였다. 모세의 규례를 따르는 유대인들만 정결하다고 생각했는데 가정교회 신자들의 윤리관, 도덕관은 하늘을 찌르듯 대단했다. 이것이 신약 교회의 힘이다.

그래서 오른쪽 그림을 보면 가정교회 신자들의 정체성은 A학점이다. 이들은 세상과 구별된 거룩한 삶, 성별된 삶을 사는 능력 있는 자들이었다. 이들은 회당의 신자들처럼 위선적이지도 않았다. 나아가 이들의 세상을 향한 소명은 감동 그 자체였다. 끊임없는 시련과 박해 속에서도 신앙의 본질을 잃지 않고 세상 속으로 깊이 들어가 자신을 죽이는 소금이 되기를 마다하지 않았다. 자신을 죽여서 타인을 살리는 자들이 바로 가정교회 신자들이었다. 이들의 소명 역시 A학점이다. 이런 정체성과 소명을 지닌 제자들이 영혼 구령에 박차를 가하다 보니 초기 기독교 시기의 가정교회는 영향력이 있었다.

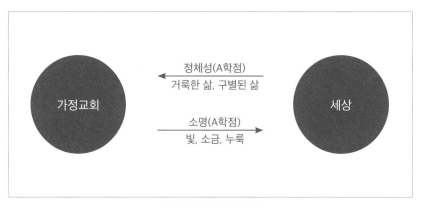

정체성(A학점)
거룩한 삶, 구별된 삶

가정교회

세상

소명(A학점)
빛, 소금, 누룩

가정교회와 세상과의 관계

　바울은 신약 교회의 네 가지 정신인 원형 교회를 세우는 것, 애찬식이 있는 천국 잔치를 여는 것, 평신도에게 사역을 나눠 주는 것, 영혼 구령하여 제자를 만드는 것에 따라 가정교회 선교를 충실히 감당해 나갔다. 그 결과 시작은 미약했지만 3세기 만에 신약 교회의 정신을 로마 제국 전역에 뿌리내려 아름다운 결과를 얻었다. 이제 다음 장부터는 신약 교회 정신을 알리는 데 일등 공신의 역할을 했던 가정교회에는 어떤 교회가 있는지, 그런 교회는 어떻게 가정교회 선교를 감당했는지를 살펴보려 한다. 그들을 직접 만나기 위한 여행을 떠나 보자.

●

다함께 생각하기

1. 아래 신약 교회의 네 가지 정신 중에서 오늘날 한국 교회가 잘하는 것과 못하는 것이 무엇인지를 한 가지씩 말해 보라. 그리고 이 네 가지 정신을 어떻게 하면 한국 교회에서 회복할 수 있을지 나눠 보라.

　　① 원형 교회를 세우는 것　② 애찬식(주의 만찬식)이 있는 천국 잔치를 여는 것
　　③ 평신도에게 사역을 나눠 주는 것　④ 영혼 구령하여 제자를 만드는 것

2. 마틴 루터가 미완성으로 남겨 둔 평신도 사제직을 보편적 사제직이 아닌 개인적인 제사장의 역할로, 감당하기 위해서 한국 교회에 필요한 것은 무엇이라고 생각하는가?

*

바울은 로마 제국 전 지역에
신약 교회의 네 가지 정신에 따라 가정교회를 세웠다.
신약 교회의 네 가지 정신이란 원형 교회를 세우는 것,
애찬식이 있는 천국 잔치를 여는 것, 평신도에게 사역을 나눠 주는 것
그리고 영혼 구령하여 제자를 만드는 것이다.

5

예루살렘교회,

유대인
선교의
터를
닦아 주다

1세기 예루살렘교회는 유대인 선교의 진수를 보여 주었다. 1세기 예루살렘교회의 지도자들이 설득하기 힘들고, 소통이 어렵고, 선교하기 힘든 그룹이 있다면 유대인이다. 유대인들은 개종한 이후에도 자신들의 문화와 전통인 할례와 모세의 음식법을 지키는 자들이었기 때문이다. 할례를 받아야 구원을 받고, 정한 음식과 부정한 음식을 구별해서 식사해야 한다고 생각하는 이들은 이런 개념 자체가 없는 이방인들과는 상종도 하지 않는 폐쇄적인 자들이었다(행 15:1, 19-20). 이처럼 할례와 모세의 음식법은 선교의 '암적 존재'와도 같아서 예루살렘교회가 반드시 풀어야 할 과제였다. 그렇다면 예루살렘교회의 지도자들은 어떻게 할례와 모세의 음식법의 문제를 풀어 유대인 선교의 터를 닦을 수 있었을까?

◆ 예루살렘교회, 신자 간의 문화적 갈등을 풀다

예루살렘교회는 유대인 중심의 가정교회로 출발했다. 예루살렘교회에 오순절 역사가 일어난 후 믿는 사람의 수가 3천 명이나 되었는데, 이들 모두가 유대인이었기 때문이다. 이들 유대인에게 있어서 가장 중요한 것은 할례와 모세의 음식법을 지키는 것이었다. 그런데 1세기 예루살렘은 헬라인, 헬라파 유대인, 로마인들이 살고 있어서 이미 다문화 사회를 형성하고 있었다. 그렇다 보니 예루살렘교회 내에 히브리파 유대인(보수 유대인) 신자와 해외에서 디아스포라의 삶을 살다가 예루살렘에 정착한 헬라파 유대인 신자 간에 할례와 식탁 교제(table fellowship)를 지키는 건으로 갈등이 증폭되어 큰 난관에 봉착했다.

히브리파 유대인 신자와 헬라파 유대인 신자 간의 충돌은 교회에 덕이 되지 않았다. 소위 문화가 충돌하면 신학이 충돌하고, 신학이 충돌하면 선교가 충돌한다. 하나님 나라 확장에 걸림돌이 되는 것은 신학적 문제보다는 문화적 문제에서 발생한다. 예루살렘교회가 그랬다. 이제 교회가 막 시작되다 보니 교회 내에 발생한 문화적 갈등을 꼭 풀어야만 했다. 그래서 예루살렘교회는 우선 보수 유대인 신자와 디아스포라 유대인 신자를 위한 예배 장소를 따로 제공해서 불씨를 급히 제거했다. 이런 문화적 갈등은 훗날 예루살렘 총회(행 15장)에서 '신학적 가이드라인'을 받고 난 이후 풀리기 시작했다.

⬟ 다락방, 유대인 선교를 위한 최초의 장소가 되다

예루살렘에서 유대인 선교를 위한 첫 번째 장소는 다락방(행 1:13)이다.[120] 1세기 다락방은 두 가지 용도로 사용되었는데, 첫 번째는 제자들의 기도처였다. 사도행전 1장 13-14절을 보면, 이들은 다락방에 모여 함께 기도에 힘썼다. 원래 1세기 예루살렘의 다락방은 수면, 요리, 식사와 같은 일상생활의 장소보다는 오히려 휴식이나 모임 장소로 주로 사용되었다. 이 다락방은 예수님이 십자가에 달리시기 전 제자들과 마지막 만찬을 했던 장소이기도 했다(눅 22:12). 바로 이곳에서 예수님의 제자들은 오순절 성령의 역사를 체험했고, 모인 수가 120명이나 되었다(행 1:15).

이곳 다락방에서는 예수님의 열한 제자들뿐 아니라 예수님의 어머니 마리아와 예수님의 형제(마 13:55)인 야고보, 요셉, 시몬, 유다와 예수님을 따라 신앙생활을 했던 여인들도 함께 모여 기도했다. 많은 이들이 1세기 다락방에 120명이 모일 수 있었는지 의문을 제기한다. 하지만 1세기 예루살렘의 건축 기술로는 100명이 모일 수 있는 다락방을 충분히 만들 수 있었다고 하며, 최대 120명까지 가능했다고 한다.[121] 이처럼 다락방이 120명이 모이는 집회 장소였다는 것을 고려한다면, 이곳은 부유한 유대인의 집임을 알 수 있다.

다락방은 유대인 신자를 위한 아람어 예배의 가정교회였다. 왜냐하면 오순절 날에 모인 120명의 제자들이 "다 같이 한곳에"(행 2:1) 모인 곳은 다름 아닌 유대인의 개인 가정집이었기 때문이다. 이들은 모두 성령 강림의 놀라운 현상을 경험했고, 이 현상이 "온 집에 가득"(행 2:2)했다는 내용에서 알 수 있듯이 120명의 제자들은 유대인의 개인 집에서 성령의 놀라운 역사를 체험했다.[122] 이 기도 모임의 지도자는 아람어를 사용했던 베드로였고, 그가 성령의 인도함을 받아 말씀을 선포할 때 믿는 무리의 수가 3천 명이나 더했다고 한다(행 2:41). 이처럼 다락방에서 모인 최초의 예루살렘 가정교회는 성령의 역사로 시작되었다.

오순절 날 이곳에서 회심한 자들은 유대인이었다. 물론 16개국에서 건너온 "경건한 유대인들"(헬라파 유대인들)도 있었다(행 2:5). 이들은 바울과 같은 1.5세로서, 로마 제국 각 지역으로 흩어져 가정교회를 세우는 데 중추적 역할을 했다. 바로 그런 교회 중의 하나가 로마교회로 보인다. 그런데 아이러니하게도 보수 유대인들이 할례와 모세의 음식법으로 디아스포라 유대인들과 문화적 갈등을 빚어 교회가 어려움에 처하게 될 줄은 꿈에도 몰랐을 것이다. 하지만 이들이 모인 예루살렘교회가 교회의 네 가지 기능인 말씀, 교제, 애찬식(주의 만찬식), 기도를 통해 점차 하나님의 백성으로 변하게 된 것은 감사한 일이다(행 2:42).

유대인 출신으로 예루살렘교회에서 유대인 선교에 큰 영향을 끼친 인물로는 예수님의 수제자인 베드로와 예수님의 동생인 야고보가 있다. 베드로는 예루살렘교회의 1대 수장으로서의 역할을 감당하며 로마 제국의 박해도 함께 이겨 내야 했다. 그의 리더십으로 탄생한 인물은 "내 아들"(벧전 5:13)이라고 부른 마가가 있는데, 그는 훗날 하나님 나라를 확장하는 데 큰 기여를 했다. 야고보는 베드로에 이어 예루살렘교회의 2대 수장이 되어 유대인 선교에 박차를 가했고, 이방인 선교의 걸림돌이었던 할례와 모세의 청결법에 관한 규정(행 15:13-20)을 예루살렘 총회에서 제정하는 일에 관여해 예루살렘교회를 세우는 일에 중요한 역할을 했다.

⬟ 마리아의 집, 헬라파 유대인을 위한 가정교회가 되다

예루살렘교회에서 보수 유대인보다 디아스포라 유대인 선교를 위해 자기 집을 오픈해서 가정교회의 지도자가 된 사람은 마가 요한의 어머니인 마리아다. 마리아는 레위족으로 구브로 출신이어서 오늘날 한국계 미국인처럼 1.5세이고, 히브리 핏줄을 지닌 디아스포라여서 헬라파 유대인이라 불린다. 마리아는 바울처럼 1.5세로서 1세기 국제 언어인 '코이네'(koine) 헬라어에 능통했기 때문에 헬라인을 접촉하고 복음을 전하는 데는 누구보다도 용이했다.[123] 1세기 여성은 자신의 이름을 사용하기보다는 남성인 누구의 아내 혹은 누구의 어머니라고 불렸기 때문에 "마가라 하는 요한의 어머

니 마리아의 집"(행 12:12)이라 소개된 것을 보면 마리아가 과부임을 알 수 있다. [124]

마리아는 자신의 집을 교회로 사용할 만큼 믿음이 대단한 여인이었다. 특별히 여성이 단독 주택인 도머스를 소유했다는 점은 대단한 재력가임을 알 수 있다. 더욱이 그녀의 동생인 바나바 역시 자기 자산 중에서 밭을 팔아 예루살렘교회에 기부할 만큼 부자였다(행 4:36-37). 한마디로 재력가 집안의 마리아가 예수님을 영접한 이후 예루살렘교회의 여성 지도자가 된 것은 놀라운 일이다. 왜냐하면 남성 중심의 회당 문화에서는 꿈도 못 꿀 일이었기 때문이다. 이런 가정교회의 문화가 완고한 유대인의 마음을 열게 했다. 마리아의 집은 헬라어 예배를 드리는 가정교회였다. [125] 예루살렘교회 내의 히브리파 유대인들과 헬라파 유대인들 간의 문화적 갈등(할례와 식탁 교제)은 각자의 언어로 예배드릴 수 있는 기회를 제공했는데, 그중에 하나가 마리아의 집이다. 마리아의 집은 예루살렘의 길가에서 곧바로 들어갈 수 있는 "대문"(행 12:13)이 있는 단층집이었기에 아파트형의 인슐라가 아니라 단독 주택형의 도머스임을 알 수 있다. [126] 특히 마리아의 집은 여러 개의 방이 있는 아주 큰 집이었다. [127]

마리아의 집 역시 초기 가정교회처럼 애찬식(주의 만찬식)과 말씀이 제공되었다. 특히 이곳은 헬라어 예배를 드리는 곳이어서, 마리아의 동생 바나바와 아들 마가와 초대 교회의 집사들 중에서도 참석자가 있지 않았나 생각한다. 왜냐하면 이들 모두는 헬라파 유대인이었기 때문이다(행 6:5). 더욱이 마리아의 여종인 로데도 참석했다(행 12:13). 이렇게 볼 때 마리아 집의 가정교회는 남녀 구별과 신분 차별이 없는 헬라어 사용자들의 유대인 모임이었음을 알 수 있다. 더욱 이들이 베드로의 석방을 위해 간절히 기도한 것을 보면, 마리아의 집은 또한 은밀한 기도 모임을 갖는 가정교회였음을 알 수 있다.

베드로가 성령의 인도하심으로 석방되어 제일 먼저 도착한 곳이 마리아의 집이었다(행 12:11-12). 그는 천사의 도움을 받아 지체 없이 마리아의 집에 도착했다. 베드로는 이미 마리아의 집인 가정교회가 어디에 위치해 있었는지를 잘 알고 있었다는 얘기다. 이곳에서 모든 성도들이 베드로의 석방을 위해 기도하고 있었다. 오순절 성령의 역사가 다시 한 번 임하길 기도했는데, 이런 기적이 실제로 일어난 것을 그들은 알지 못했다. 놀랍게도 가장 먼저 기쁜 소식을 접한 자는 다름 아닌 로데라는 여종이었다.

여기서 누가는 왜 굳이 로데의 이름을 밝힌 것일까? 그는 신분이 높은 것도 아니요, 하녀에 불과한 로데의 이름을 소개했다. 특히 베드로가 석방되어 마리아의 집에 도착한 것을 로데가 교인들에게 이야기했지만 아무도 믿지 않았다. 왜냐하면 여종이었기 때문이다. 하나님이 하신 일을 로데를 통해 전했음에도 불구하고 도통 믿지를 않았다. 이것은 신자들에게, 누구든지 신분이나 성을 초월해서 그리스도를 영접하면 기쁨의 복음을 받을 수 있고, 교회 공동체의 회원이 될 수 있음을 알려 준 것이다. 그래서 마리아 집의 가정교회는 모든 사람들이 쉽게 접할 수 있는 복음의 장이 되었다. 이것이 가정교회 선교의 큰 매력이었다.

마리아의 큰 복이라면 아들 마가의 변화다. 부잣집 아들로 편하게 살던 마가가 바울과 함께 선교 여행을 떠나지만 선교지의 불편함을 이기지 못해 버가에서 '무단이탈'(행 13:13)을 한다.[128] 이것으로 인해 바울과 바나바는 서로 갈라서게 되고, 2차 전도 여행부터 마가는 삼촌 바나바와 함께 여행을 떠난다(행 15:37-40). 마가는 바나바를 통해 자신의 약한 부분을 치유받고 새로운 사람으로 거듭나게 된다. 놀라운 것은, 바울이 말년에 마가를 '유익한 자'라 부르며(딤후 4:11) 디모데에게 마가를 데려올 것을 부탁한다.

마가는 예전에 '무익한 자'였으나 이제는 '유익한 자'로 변신했다. 이런 일은 회당에서 기대하기가 힘들다. 하지만 바로 그 일이 마리아 집의 가정교회에서 일어났다. 이것이 가정교회 선교의 힘이다.

◆ 야고보의 집, 보수 유대인을 위한 가정교회가 되다

예루살렘교회에서 할례와 모세의 음식법으로 똘똘 뭉친 보수 유대인 선교를 위해 가정교회 지도자가 된 사람이 야고보다. 사도행전 12장 17절의 야고보는 예수님의 제자 야고보가 아니라, 예수님의 동생인 야고보다. 그는 예수님이 공생애를 시작하실 때 예수님에게 가장 많이 딴죽을 걸었던 사람 중 한 명이었다(마 13:55-58). 그랬던 그가 크게 변하게 된 것은 예수님이 감람 산에서 승천하시는 것을 목격하면서부터였다. 더욱이 그는 다락방에서 예수님의 제자들과 그의 아우들과 함께 성령의 역사를 체험했다(행 1:12-14).

야고보가 가장 큰 변화를 일으킨 계기는 부활하신 주님을 직접 본 것이다(고전 15:7). 아마 부활하신 주님이 의도적으로 당신의 동생인 야고보에게 나타나지 않으셨나 생각한다. 도마처럼 갈팡질팡했던 야고보의 신앙은 부활의 신앙을 체험한 이후 180도로 바뀌었다. 바울이 다메섹에서 부활의 주님을 만난 것처럼, 야고보 역시 부활의 주님을 만나면서 인생 자체가 바뀌었다. 이후 예루살렘에서 보수 유대인 신자를 위한 가정교회의 수장이 되었다.

야고보가 예루살렘에서 한 가정교회의 지도자였음을 알 수 있는 것은 베드로가 자신의 석방 소식을 마리아의 집의 성도들에게 전한 후, 곧바로 예수님의 동생인 야고보와 형제들에게도 전하고 다른 곳으로 간 것에서 알 수 있다(행 12:17).[129] 더욱이 사도행전 12장 17절을 보면 야고보가 히브리파 유대인이다 보니 예루살렘에서 유대인 신자를 중심으로 한 아람어 예배를 인도한 지도자였음을 알 수 있다.[130] 무엇보다 야고보는 유대인 신자들에게 신앙의 좋은 롤 모델이었다. 예전에 예수님을 배척하던 자가 이제는 복음의 파수꾼이 된 것을 누구보다도 유대인 신자들이 잘 알고 있었기 때문이다.

이후 예수님의 제자였던 야고보가 순교(행 12:2)를 당한 후 베드로가 예루살렘을 떠나게 되면서 예수님의 동생인 야고보가 베드로를 이어 예루살렘교회의 두 번째 수장이 되었다.[131] 인생 역전이라 할 수 있다. 야고보는 한때 '세상'에 속한 자였으나, 이제는 '하늘'에 속한 자가 되었다. 이것이 주님이 원하시는 것이다. 누구든지 그리스도 안에 있으면 새로운 피조물이 되는 것이다. 야고보처럼 말이다. 이는 회당에서는 도저히 경험할 수 없는 일이다. 이처럼 야고보의 집은 완고하고, 폐쇄적이고, 자기 문화에 갇힌 보수 유대인을 복음화하는 데 안성맞춤인 가정교회였다.

● 예루살렘의 가정교회는 세 개밖에 없을까

예루살렘의 가정교회는 다락방과 마리아의 집 그리고 야고보의 집, 이렇게 세 개가 있다. 그런데 이것밖에 없을까? 많은 학자들이 예루살렘에는 여러 개의 가정교회가 있었을 거라고 주장한다. 이것을 한번 살펴보도록 하자.

첫째는, 사도행전 6장 1-3절에서 찾을 수 있다. 예루살렘교회 내에 히브리파 유대인 신자와 헬라파 유대인 신자 간의 갈등이 일어나 혼란을 겪었을 때 해결 방법 중에 하나가 각자에게 익숙한 언어로 예배드릴 공간을 제공하는 것이었다. 다문화 사회에서는 반드시 필요한 사항이다. 이처럼 예루살렘교회는 기존의 가정교회 외에 또 다른 아람어 예배와 헬라어 예배를 제공한 가정교회였음을 알 수 있다.[132]

둘째는, 사도행전 8장 3절의 "사울이 [예루살렘]교회를 잔멸할새 각 집 [가정교회]에 들어가 남녀를 끌어다가 옥에 넘기니라"라는 말씀에서 알 수 있다. 회심하기 전의 바울은 교회 박해의 최선봉에 섰는데, 그의 전략은 예루살렘의 집(가정교회)들을 무작위로 들이닥친 것이 아니라, 계획을 가진 '핀셋 전략'으로 쳐들어가 가정교회 신자들을 잡아내는 것이었다.[133] 이 말은, 바울이 예루살렘의 집(가정교회)들을 없애 버리면 예루살렘교회 자체를 박멸할 수 있을 것이라 판단했기 때문에 주도면밀하게 각 집(가정교회)들을 찾아내어 감옥에 집어넣었다는 것이다.[134] 즉 바울이 회심하기 이전에 이미 예루살렘에는 여러 개의 가정교회가 존재했음을 알 수 있다.

셋째는, 사도행전 12장 17절의 "베드로가 그들에게 손짓하여 조용하게 하고 주께서 자기를 이끌어 옥에서 나오게 하던 일을 말하고 또 야고보와 형제들에게 이 말을 전하라 하고 떠나 다른 곳으로 가니라"라는 말씀에서 확인할 수 있다. 베드로가 옥에서 석방된 사실을 야고보에게 알리라는 것은 마리아의 집과는 달리 야고보의 집이 가정교회로 모임을 따로 갖고 있음을 시사하고, 또한 베드로가 다른 곳으로 떠난 것은 예루살렘에 '제3의 가정교회'가 있음을 보여 준 것이다.[135]

넷째는, '종교적-역사적 관점'에서 확인할 수 있다.[136] 예루살렘교회의 대다수가 보수 유대인 신자고, 이들은 과거에 회당 신자였다. 1세기 회당은 예루살렘에서 그 숫자가 폭발적으로 증가했는데, 그 이유 중의 하나가 '가정집형 회당'(house synagogue)이 생겨나 유대인들로 하여금 '집'에서 회당 모임을 가질 수 있도록 편리를 제공했기 때문이다.[137] 이런 이들이 예수님을 영접한 이후부터 자신에게 익숙했던 가정집형 회당을 가정교회로 전환해서 예배드리는 것은 어려운 문제가 아니었다.

유대인들 가운데 가정집형 회당을 제공할 정도면 잘사는 부자여야 한다. 이런 면에서 볼 때 사도행전 12장 12절의 마리아의 집은 가정집형 회당을 개조한 가정교회였을 것이다.[138] 왜냐하면 마리아는 동생 바나바와 함께 예루살렘에서 부유한 집안으로 잘 알려졌기 때문이다(행 4:36-37). 이런 종교적-역사적 관점에서 예루살렘의 가정교회를 본다면, 부유하고 신앙이 좋은 헬라파 유대인이 자신의 가정집형 회당을 가정교회로 전환해서 예배드렸을 가능성이 높다. 하지만 예루살렘에서 가정집형 회당과 같은 가정교회의 숫자는 정확히 파악할 수 없다.

통계적으로 봤을 때 예루살렘의 가정교회는 그 수가 아주 많았을 것이라 생각할 수 있다. 루칸(Lukan)에 의하면, 1세기 예루살렘의 인구는 2만 5천에서 3만 명 정도라 한다.[139] 그런데 예루살렘의 신자 수가 사도행전 2장 41절에서는 3천 명으로, 사도행전 4장 4절에서는 5천 명으로, 사도행전 6장 7절에서는 그 숫자가 더 늘어난 것을 어떻게 이해할지가 논쟁거리다. 통계적으로만 본다면 1세기 예루살렘은 최초의 기독교 도시였을 것이라 판단할 수 있다. 이 통계를 그대로 적용할 경우 예루살렘에는 가정교회가 최소한 125개, 최대한 250개는 있어야 한다는 계산이 나온다. 어마어마한 숫자인데 이것은 추정에 불과할 뿐이다.

그래서 초대 교회 전문가인 스타크의 주장을 소개하려고 한다. 스타크는 그의 저서인 《기독교의 발흥》에서 초기 기독교는 매 10년당 40퍼센트(연 3.42퍼센트)의 속도로 성장했음을 주장한다.[140] 그의 주장에 따르면, 초대 교회는 처음부터 폭발적으로 성장한 것이 아니라, 서서히 성장하다가 250년 이후부터 급성장을 이뤘다. [141] 나 또한 그의 주장에 동의한다. 초대 교회는 '사선형'(/) 성장이 아니라 '나이키형'(✓) 성장이었음을 알 수 있다. 그는 주후 40년 당시의 그리스도인 숫자를 1천 명으로 보았는데, 이것은 로마 제국 전체 인구 중에서 0.0017퍼센트에 지나지 않았다. [142]

이 수치는 누가의 통계와 큰 차이가 있다. 누가는 예루살렘의 신자 수가 3천 명, 5천 명으로 증가했다고 기록했기 때문이다. 하지만 우리는 이 숫자에 16개국에서 예루살렘으로 온 경건한 유대인들(디아스포라 유대인들)도 포함되어 있음을 놓치지 말아야 한다(행 2:9-11). 이들이 오순절 날에 몇 명이 참석했는지는 알 수 없다. 이에 관해 신약학자인 에크하르트 슈나벨(Ekhard J. Schnabel)은, 사도행전의 저자인 누가는 통계에 별로 관심이 없었음을 주장한다. [143] 누가가 정확한 숫자를 소개한 것은 정작 세 군데밖에 없기 때문이다. [144]

한편 스타크는 초대 교회의 통계에 관해 '보수적' 접근을 주장하는데, 그 이유는 고대의 통계가 '수사학적 표현'에 지나지 않는다고 보기 때문이다. [145] 스타크는 좀 과장된 누가의 통계를 문자적으로 그대로 받아들이는 것을 거부한다. [146] 이런 측면에서 본다면 예루살렘의 가정교회 숫자는 최소한 세 개이고, 적어도 여러 개는 된다고 볼 수 있다. 하지만 슈나벨이 지적한 것처럼 통계에 매달릴 것이 아니라, 하나님이 가정교회 선교를 통해 그분의 나라가 어떻게 확장되게 하셨는지에 관심을 갖는 것이 우선임을 깨달아야 한다. [147]

3세기 초 두라-유로포스의 가정집형 회당

◆ 예루살렘교회와 예루살렘의 가정교회는 어떤 차이점이 있는가

초대 교회 당시 바울이 개척한 교회에는 어떤 유형이 있을까? 몇 가지 중에서 우선 두 가지를 살펴보자. 첫 번째 유형은 가정교회다. 바울이 개척한 교회는 하나같이 집에서 시작되었는데, 그 사례를 본다면 "네 집에 있는 교회"(몬 1:2), "그 여자의 집에 있는 교회"(골 4:15), "그 집에 있는 교회"(고전 16:19), "저의 집에 있는 교회"(롬 16:5)와 같은 경우다. 이 네 개의 가정교회가 각각 누구의 집에서 개척되었고, 어떤 교회 이름을 지녔는지를 살펴보면 '빌레몬의 집(골로새교회) → 눔바의 집(라오디게아교회) → 아굴라와 브리스가의 집(에베소교회) → 아굴라와 브리스가의 집(로마교회)' 순이다. 이처럼 가정교회란 어떤 개인의 집에서 모임을 갖는 신자들의 공동체를 말한다.

두 번째 유형은 지역 교회다. 성경에는 바울이 특정 지역 교회를 언급하거나 특정 지역 교회에 편지하는 경우를 종종 볼 수 있는데, 예를 들면, "예루살렘교회"(행 11:22, 8:1), "고린도에 있는 하나님의 교회"(고전 1:2; 고후 1:1), "겐그레아교회"(롬 16:1), "라오디게아인의 교회"(골 4:16), "데살로니가인의 교회"(살전 1:1; 살후 1:1)와 같은 경우다. 이 다섯 개 교회는 각각 한 지역을 대표하는 교회임을 알 수 있다. 그래서 지역 교회란 어떤 특정 지역이나 도시에서 모임을 갖는 모든 신자를 지칭한다.[148]

교회 유형이 가정교회건 지역 교회건 상관없이, 교회란 공통적으로 하나님에게 부름 받은 백성의 정기적이고 지역적인 모임이었음을 알 수 있다. 이 말은, 교회는 '건물'이 아니라 믿는 자들의 '모임'을 의미한다는 것이다. 그렇다면 다시 원점으로 돌아가서, 예루살렘교회와 예루살렘의 가정교회는 어떤 관계가 있는지 살펴보도록 하자.

바울이 세운 교회는 모두 집에서 시작된 가정교회다. 바울이 비록 회당이나 광장이나 서원이나 일터에서 복음을 전했다 할지라도, 교회 개척은 항상 집에서 시작되었다. 예를 들어, 바울은 빌레몬에게 "네 집에 있는 교회"(몬 1:2)에 편지한다고 전했다. 바울은 빌레몬의 집(가정교회)인 골로새교회(지역 교회)에 편지한 것이다. 즉 '네 집에 있는 교회'라는 표현 자체가 지역 교회임을 말하는 것이다. 눔바의 집, 아굴라와 브리스가의 집도 마찬가지다. 초대 교회 시대의 가정교회는 비록 사적 공간인 '집'(도머스)에서 교회 개척이 이뤄졌다 할지라도 오늘날 공적 공간인 지역 교회와 똑같은 기능을 했다.[149] 따라서 1세기 가정교회는 '독자적인 교회'임을 알 수 있다.[150]

1세기 바울이 세운 가정교회는 지역 교회에 부속된 소그룹 모임이 아니었다.[151]

그러므로 초기 기독교에서의 가정교회는 지역 교회 그 자체를 말한다. 한 지역에 가정교회가 하나였다면 그 가정교회가 지역 교회 역할을 했고, 하나의 가정교회가 분가해서 여러 개의 가정교회가 개척될 경우에는 그런 가정교회를 대표하는 것이 또한 지역 교회였다. 예루살렘에는 앞서 살펴본 것처럼 다락방, 마리아의 집, 야고보의 집과 같은 최소한 세 개의 가정교회가 있었다. 이들 가정교회는 각자의 교회 이름을 사용하지 않았다. 그냥 예루살렘교회로 불렸다. 가정교회가 하나든 두 개든 상관없이 지역 교회의 이름을 동일하게 사용했다. 따라서 바울이 인식한 예루살렘의 가정교회는 예루살렘교회처럼 지역 교회로 이해해야 한다.

그런데 흥미로운 점은, 바울이 교회를 표현할 때 어떤 때는 단수를, 어떤 때를 복수를 사용했다는 것이다. 그 이유가 무엇일까? 우선 교회를 단수로 표현할 때를 살펴보자. 앞서 이야기한 것처럼, 바울은 항상 한 특정 지역의 모임을 얘기할 때 교회를 단수로 표현했다. "고린도에 있는 하나님의 교회"(고전 1:2; 고후 1:1)나 "라오디게아인의 교회"(골 4:16)나 "데살로니가인의 교회"(살전 1:1; 살후 1:1)와 같은 경우다. 바울이 교회를 단수로 표현할 때는 그 교회가 한 도시를 대표하는 '지역 교회'(local church)임을 의미한다.

반면에 교회를 복수로 사용할 때가 있다. 예를 들면, "갈라디아 여러 교회들"(갈 1:2; 고전 16:1), "아시아의 교회들"(고전 16:19), "마게도냐 교회들"(고후 8:1), "유대의 교회들"(갈 1:22)과 같은 경우다. 재미있는 것은, 바울이 교회를 단수로 표현할 때는 교회 앞의 지역이 '도시'(city)인 반면, 복수인 경우에는 교회 앞의 지역이 로마가 전쟁에서 쟁취한 이탈리아 밖의 속주(province, 지방)라는 것이다. 1세기 로마 제국은 통치할 땅이 워낙 넓다 보니 로마 제국을 여러 속주로 나누어서 통치했다.[152] 2세기 초 트라야누스(Trajanus) 황제 때 로마 제국은 500만 제곱킬로미터의 영토로 가장 넓었는데, 이것은 한반도 면적의 22배에 달했다.[153]

이런 시대의 바울의 속주(지방) 선교를 알아보기 위해 우선적으로 갈라디아서 1장 2절의 "갈라디아 여러 교회들"을 살펴보았으면 한다. 바울의 갈라디아에서의 선교 활동은 사도행전 13장 14절부터 14장 23절까지 나온다. 갈라디아는 로마의 속주로서, 이곳에는 비시디아 안디옥, 이고니온, 루스드라, 더베, 버가가 있는데, 이는 바울이 1차 선교 때 방문한 도시들이다.

바울이 1차 선교 여행 때 갈라디아 속주 도시들을 방문해서 복음을 전하자 유대인들이나 유대교에 입교한 경건한 사람들이나 이방인들 중에서 예수 그리스도를 구주로 영접하고 회심하는 일들이 많이 일어났다. 예를 들어, 비시디아 안디옥의 경우는 "이방인들이 듣고 기뻐하여 하나님의 말씀을 찬송하며 영생을 주시기로 작정된 자는 다 믿더라"(행 13:48)라는 말씀에서 확인할 수 있다. 더베도 마찬가지인데, "바울이 일어나 그 성에 들어갔다가 이튿날 바나바와 함께 더베로 가서 복음을 그 성에서 전하여 많은 사람을 제자로 삼고 루스드라와 이고니온과 안디옥으로 돌아가서"(행 14:20-21)라는 말씀에서 알 수 있다. 즉 바울이 "갈라디아 여러 교회들"(갈 1:2)에게 편지한 것은 갈라디아 속주에 속한 비시디아 안디옥, 이고니온, 루스드라, 더베, 버가의 교회를 말했기 때문에 교회를 단수가 아닌 복수로 사용한 것이다.

둘째로 "마게도냐 교회들"(고후 8:1)의 경우를 살펴보고자 한다. 바울은 1차적으로 아시아에 먼저 선교하고 싶었지만 성령이 막으시자 마게도냐로 가서 선교 활동을 펼쳤다(행 16:6). 마게도냐 역시 로마의 속주로서 이곳에는 빌립보, 데살로니가, 베뢰아가 있다. 바울은 이곳에서 2차 선교 여행을 시작했는데, 루디아의 집에서 빌립보교회(행 16:14-15)가, 야손의 집에서 데살로니가교회(행 17:7)가 개척된 것을 볼 수 있다. 즉 바울이 "마게도냐 교회들"(고후 8:1)처럼 복수를 사용한 것은, 마게도냐 속주에 속한 여러 교회들을 향해 편지했기 때문이다.

셋째로 바울이 "아시아의 교회들"(고전 16:19)에게 보낸 편지를 살펴보았으면 한다. 바울의 선교 목표는 아시아의 속주를 방문하는 것이었다. 왜냐하면 이곳은 다른 지역에 비해 문명이 발달하고 대도시들이 즐비해 선교하기에 좋은 전략지였기 때문이다. 당시 아시아에 위치한 로마의 속주로는 버가모, 서머나, 에베소, 골로새, 라오디게아, 빌라델비아, 사데, 두라디라 등이 있다. 바울은 마게도냐를 거쳐 아시아를 방문했는데, 이곳에는 아굴라와 브리스길라의 집(고전 16:19)인 에베소교회와 빌레몬의 집(몬 1:1-2)인 골로새교회가 있었다. 이처럼 바울이 "아시아의 교회들"(고전 16:19)에게 편지할 때 교회를 복수로 사용한 것은 아시아 속주에 위치한 여러 교회들이 있었기 때문이다. 이 외에 "유대에 있는 하나님의 교회들"(살전 2:14) 역시 같은 의미로 교회를 복수로 사용했다.

한편 바울이 에클레시아를 사용함에 있어 지역 교회의 의미보다는 단순히 '일반적 의미'를 강조하고 싶을 때는 단수나 복수를 번갈아 사용한 것을 볼 수 있다.[154] 예를 들어, "이방인의 모든 교회"(롬 16:4), "그리스도의 모든 교회"(롬 16:16), "하나님의 교회"(고전 10:32, 11:22), "하나님의 모든 교회"(고전 11:16)와 같은 경우다. 이처럼 바울이 사용한 에클레시아는 지역 교회, 속주(지방) 교회, 일반적 의미에 따라 단수와 복수가 각각 달리 사용된 것을 볼 수 있다.

정리하면, 바울은 한 특정 지역, 정확히 표현하면 한 특정 도시의 교회를 말할 때는 단수를 사용했다. 예루살렘교회, 안디옥교회, 빌립보교회와 같은 경우다. 반면에 로마가 점령한 이탈리아 밖의 속주(지방) 교회를 표현할 때는 항상 복수를 사용했다. 갈라디아 교회들, 아시아의 교회들, 마게도냐의 교회들처럼 말이다. 각 속주(지방)에 속한 도시들은 각자의 교회들이 세워졌기 때문이다. 그래서 신약성경에는 한 개 이상의 '지역 교회'를 표현할 때만 복수를 사용한 것이 아니라, '속주 교회'를 표현할 때 항상 복수를 사용했음을 상기할 필요가 있다. [155]

● 예루살렘교회의 'BIG 3' 선교

이제 예루살렘교회의 가정교회인 다락방, 마리아의 집, 야고보의 집이 어떻게 가정교회 선교에 성공했는지를 알아보도록 하자. 특별히 예루살렘의 가정교회는 '유대인 선교', '예배를 통한 선교', '일반 신자의 선교'에 주력했는데, 이 세 가지 선교를 'BIG 3' 선교라 부른다. 예루살렘교회의 'BIG 3' 선교는 안디옥교회, 빌립보교회, 로마교회 등으로 그대로 흘러 들어가 로마 제국을 서서히 복음화하는 데 성공했다. 그 내용을 살펴보자.

첫째는, '유대인 선교'다. 예루살렘의 가정교회가 가장 힘든 것이 유대인 선교였다. 왜냐하면 유대인은 예수님을 영접한 이후에도 여전히 할례를 행하고, 율법이 정한 정결한 음식만 먹었기 때문이다(행 21:20). 교회 내의 이방인 신자가 이를 지키지 않으면 상종도 하지 않았다. 자문화 우월주의에 빠졌던 유대인 신자에게 있어 신앙의 좋은 모델을 뽑는다면 베드로와 야고보다. 이 둘은 모두 유대인이었지만, 할례와 식탁 교제가 신앙생활에 걸림돌이 되어서는 안 될 것임을 예루살렘 총회를 통해 명확한 길을 제시해 주어, 서로 간의 갈등을 해소시키는 데 일등 공신이었기 때문이다(행 15:1-21).

둘째는, '예배를 통한 선교'다. 예루살렘의 가정교회가 다문화 시대에 빨리 대처를 잘한 것 중의 하나가 복음을 듣는 수신자의 언어로 예배를 오픈했다는 점이다. 예루살렘교회 안에서 구제 사업으로 인해 히브리파 유대인 신자와 헬라파 유대인 신자 간에 대립이 일어났는데, 이것은 지금도 교회 내에서 쉽게 볼 수 있는 장면이다(행 6:1). 이 일로 사도와 집사 간의 '사역 분담'이 조절된 것은 축복이었다(행 6:3-4). 하지만 보수 유대인과 헬라파 유대인 간의 문화적 갈등(할례와 식탁 교제)의 매듭을 풀어야 했는데, 교회는 이를 해결하기 위해 우선적으로 이들이 사용하는 언어로 예배를 제공했다. 보수 유대인 신자는 아람어로, 헬라파 유대인 신자는 헬라어로 예배를 드리게 함으로써 갈등을 완화시켰다.

셋째는, '일반 신자의 선교'다. 예루살렘의 가정교회는 사도 혼자만이 사역하지 않았다. 사도와 평신도는 '사역 분담'을 통해 각자 자신이 받은 은사대로 사역했다. 특히 평신도라 불리던 일반 신자의 사역은 초대 교회 선교의 아이콘이라 부를 수 있다. 예를 들어, 스데반 집사는 예수님처럼 복음을 위해 순교의 피를 흘린 자였고(행 7:59-60), 빌립 집사는 유대교 개종자인 에디오피아 내시를 복음으로 다시 그리스도인으로 회심시킨 자였기 때문이다(행 8:26-36). 예루살렘의 가정교회는 '평신도가 사역하는 교회'를 몸소 보여 주었다. 이것이 신약 교회의 정신이다. 이처럼 예루살렘교회의 'BIG 3' 선교는 향후 가정교회 선교의 착한 정신이 되어 하나님 나라를 확장하는 데 기폭제 역할을 했다.

● 예루살렘 총회, 해외 선교를 위한 신학적 기초를 닦아 주다

예루살렘 총회(48년)는 해외 선교의 길을 열어 주었다. 그렇다면 예루살렘

총회는 왜 열렸을까? 그 이유는 바울과 바나바가 1차 전도 여행을 마친 후 안디옥교회에서 선교 보고를 할 때(행 14:26-27), 이방 땅에서 살고 있던 유대인의 개종을 위해 할례와 모세의 음식법을 요구하지 않은 것이 발단의 계기가 되었다(행 21:17-21 참조).

바울이 1차 여행을 마치고 안디옥교회에서 머물고 있는 동안 안디옥교회의 한 대표가 율법에 열심이었던 예루살렘교회의 유대인 신자들이 안디옥교회에 와서 할례를 받아야 구원받을 수 있음을 가르친 것에 대해 문제 제기를 했다(행 15:1, 21:20). 그러자 예루살렘교회의 보수 유대인 신자들은 바울이 "할례를 행하지 말고 또 관습[모세의 음식법]을 지키지 말라"(행 21:21)고 한 것에 분노했다. 이 사실은 사도행전 15장 5절의 "바리새파 중에 어떤 믿는 사람들이 일어나 말하되 이방인에게 할례를 행하고 모세의 율법을 지키라 명하는 것이 마땅하다 하니라"(행 15:5)라는 말씀에서 확인할 수 있다. 안디옥교회와 예루살렘교회 간의 할례와 모세의 음식법에 관한 서로 다른 견해는 반드시 해결해야 했고, 이것을 풀기 위해 예루살렘 총회가 열렸다.

예루살렘 총회(행 15장)에는 예수님의 열두 제자와 장로들, 보수 유대인 신자들, 바울과 바나바 그리고 예수님의 동생 야고보가 참여했다.[156] 예루살렘과 안디옥에서 교회가 막 시작된 시점에 지도자들 간에 '신학적 합의'를 이끌어 내는 것은 매우 중요했다.[157] 신학적으로 교통정리가 되어야 혼선이 벌어지지 않고 견고하게 선교할 수 있기 때문이다. 예루살렘 총회의 핫이슈는 보수 유대인 신자들의 완고한 자세를 진정시키는 것이었다. 무엇보다 초대 교회 신자들 간에 갈라진 마음을 하나로 묶는 데 큰 역할을 한 사람이 있다면 베드로와 야고보다. 이들이 어떻게 예루살렘 총회를 이끌어 갔는지 한번 살펴보도록 하자.

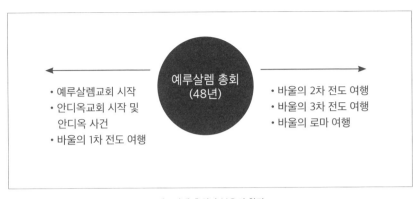

예루살렘 총회와 복음의 확장

1) 할례에 관한 베드로의 교통정리

베드로는 예루살렘 총회에서 골치 아픈 할례 건에 명확한 길을 제시해 주었다. 베드로는 총회가 열리기 전 두 명의 이방인에게 복음을 전했는데, 첫째는, 욥바에 있는 "무두장이 시몬의 집"(행 10:6)에 머물며 복음을 전한 일이다. 제혁 업자로서 죽은 동물 가죽으로 물건을 만드는 무두장이는 모세의 율법에 따르면 부정한 사람인지라 함께 지낼 수 없었지만(레 11:32), 베드로가 관습을 깨고 시몬의 집에 머문 것은 기적 그 자체였다. 둘째는, 베드로가 하나님을 경외한 고넬료에게 복음을 전한 것이다. 베드로의 복음을 들은 후 회당 신자였던 고넬료가 회당을 떠나 그리스도인이 된 과정은 향후 이방인 선교의 좋은 모델이 된다(행 11:12-13).

이것이 복음의 힘이요, 능력임을 경험한 베드로는 총회에 참석한 보수 유대인 신자들에게 '믿음'으로만 구원받을 수 있음을 강력하게 선포했다. 이 사실을 "우리[유대인 신자]는 그들[이방인 신자]이 우리와 동일하게 주 예수의 은혜로 구원받는 줄을 믿노라"(행 15:11)라는 말씀에서 확인할 수 있다. 이러한 베드로의 신학적 가이드라인은 향후 해외 선교의 핵심으로 자리매

김하게 되었다. 누구든지 예수 그리스도를 '믿음'으로 구원받는 것이지, 무할례자에게 '차별'이 없음을 선포했다(행 15:12).[158] 그제야 총회에 참석했던 모든 대표자들이 교회의 어른인 베드로의 연설에 마음이 열려 신앙생활의 방향을 바로잡게 되었다.

2) 모세의 음식법에 관한 야고보의 교통정리

야고보는 예루살렘 총회에서 모세의 음식법을 깔끔하게 정리해 주었다. 그는 베드로에 이어 일어나 아모스의 말씀을 인용해 "그 남은 사람들과 내 이름으로 일컬음을 받는 모든 이방인들로 주를 찾게 하려 함이라"(행 15:17)라고 선포하며 이방인을 더 이상 차별하지 말 것을 부탁했다. 그러고는 이방인 신자에게 최소한 네 가지를 요구했는데, 이는 사도행전 15장 20절의 "다만 우상의 더러운 것과 음행과 목매어 죽인 것과 피를 멀리하라고 편지하는 것이 옳으니"라는 말씀에서 확인이 가능하다. 이방인 신자가 지켜야 할 것은 첫째, 신전 매춘으로 우상 숭배에 빠지지 않고, 둘째, 혈족 간의 성관계로 음행하지 않고(레 18:6-18), 셋째, 목매어 죽인 것을 먹지 않고(레 17:13), 넷째, 음식 성분의 피를 먹지 않는 것이었다(레 17:14).[159]

　야고보의 강력한 메시지는 보수 유대인 신자들에게 설득력이 있었다. 모세의 율법의 수많은 것들 중에 최소한 이 네 가지는 이방인 신자들이 지켜야 하며, 이를 지킬 경우 유대인 신자들도 더 이상 '벽'을 쌓지 말고 주 안에서 품어 '하나' 되는 영적 공동체를 만들 것을 부탁했다. 이처럼 베드로와 야고보가 신학적으로 깔끔하게 교통정리를 해 줌으로 더 이상 분란이 일어나지 않았다. 예루살렘 총회가 끝난 후 초대 교회 신자들은 총회에서 결정된 '신학적 합의'를 모델로 삼아 세상의 문화를 지혜롭게 대처해 나갈 수 있는 '눈'을 갖게 되었다. 이처럼 예루살렘 총회가 앞으로의 개종자들에게 할례와 모세의 음식 규정을 요구하지 않도록 신학적 기초를 제공해 준 것은 이방인 선교의 문을 활짝 열어 준 것이나 다름없었다. [160]

예루살렘 총회는 지역 선교에서 해외 선교로 눈을 돌리게 하는 대사건이었다. [161] 개종자들에게 더 이상 율법과 모세의 청결법을 요구하지 않았기 때문에 앓던 이가 빠지듯 해외 선교의 걸림돌이 제거되었다. 초대 교회 신자들은 자신들의 생각과 가치관이 이방인에게 관심이 될 것인지 고민이었을 것이다. 이런 고민을 한 방에 날려 버린 것이 예루살렘 총회다. 이처럼 예루살렘 총회의 결정은 이방인 선교를 위해서는 '순풍'의 돛을 달아 주었다. 하지만 유대인 선교는 '난항'을 예고했다. 유대인이 할례와 모세의 음식법을 내려놓지 않는 이상은 언제나 충돌하기 때문이다. 복음을 위해서라면 바울처럼 자신이 십자가를 질 때 유대인 선교가 가능해짐을 예루살렘 총회가 일깨워 주었다. 지금도 이 진리는 유효하다.

다함께 생각하기

1. 예루살렘교회는 할례와 모세의 음식법으로 똘똘 뭉친 보수 유대인 신자들이 마음을 열고 생각을 바꿔야 복음을 확장할 수 있었다. 오늘날 한국 교회가 다음 세대 선교를 함에 있어 예루살렘교회의 보수적 유대인 신자처럼 자기 문화 안에 갇혀 복음의 걸림돌이 되는 것은 무엇이라 생각하는가?

2. 한국 교회가 앞으로의 사역에서 예루살렘교회의 'BIG 3' 선교 중 가장 중점을 두어야 하는 것이 있다면 무엇인지 말해 보라.

   ① 유대인 선교: 장년층, 고령층, 노약자를 위한 선교
   ② 예배를 통한 선교: 예배의 변화를 추구하는 선교
   ③ 일반 신자의 선교: 평신도가 사역하는 선교

*

예루살렘의 가정교회는
사도 혼자만이 사역하지 않았다.
사도와 평신도는 '사역 분담'을 통해
각자 자신이 받은 은사대로 사역했다.
특히 평신도라 불리던 일반 신자의 사역은
초대 교회 선교의 아이콘이라 부를 수 있다.

6

안디옥교회,

이방인
선교의
모델을
제시하다

1세기 안디옥교회는 이방인 선교의 모델을 보여 준 교회다. 1세기 안디옥(수리아 안디옥)은 인구 25만 명을 지닌 로마 제국의 세 번째(로마 → 알렉산드리아 → 안디옥)로 큰 속주 도시였다.[162] 이곳은 육상과 해상의 중요한 위치를 차지해서 선교 기지로서의 역할을 감당하기에 충분했다. 지리적 이점을 간파한 바울은 이방인 선교의 열매를 얻기 위해 안디옥에서 제1차, 2차, 3차 전도 여행을 시작했고, 로마 여행도 이곳에서 출발해 선교 중심지로서그 역할을 톡톡히 감당했다.

하지만 초대 교회 당시 안디옥은 로마와는 달리 '살기 싫은 도시' 중 하나였다. 왜냐하면 이곳은 인구 밀도가 높아 주거비가 비쌀 뿐 아니라 홍수, 지진, 전염병, 자연재해가 심했던 곳이기 때문이다.[163] 치안도 불안해서 그리 안전한 도시가 아니었다. 그런데 놀라운 일은, 4세기 말경 안디옥의 그리스도인 숫자가 약 10만 명으로 성장했다는 점이다.[164] 이 장을 통해서 '살기 싫은 도시'였던 안디옥을 바울이 어떻게 '선교하는 도시'로, '이방인 선교'의 모델로 탈바꿈시켰는지를 살펴보았으면 한다.

바울은 회심한 이후 안디옥교회에서 사역하기 전 '다메섹 → 아라비아 → 예루살렘 → 길리기아와 수리아'에서 오랫동안 '독립 선교사'로서 활동했다.[165] 특히 바울은 안디옥에서 사역하기 전 길리기아와 유대인이 많이 살던 수리아 지역에서 약 10년 동안 복음 전도자로서의 사역의 경험을 쌓았다. 이후 바울이 자기 고향인 다소를 떠나 안디옥으로 가게 된 것은 오랫동안 친분이 있었던 바나바의 사역 요청이 있었기 때문이다.

안디옥교회는 이방 땅에 세워진 최초의 교회다. 안디옥교회 역시 예루살렘교회처럼 개인 소유의 집에서 가정교회로 개척되었다. 예루살렘교회는 유대인 신자가 대부분이었다면, 안디옥교회는 헬라인 신자가 대다수였다. 상황이 전혀 달랐다. 무엇보다 바울은 오랫동안 단독 선교사의 경험을 소유한 자였고, 바나바는 누나인 마리아와 함께 예루살렘교회가 건강하게 세워질 수 있도록 사역한 베테랑 일꾼이었다. 각자가 서로 다른 경험을 했지만, 이 둘이 어떻게 '조화'를 이루며 안디옥교회로 하여금 이방인 선교의 모델을 제시하게 했는지 살펴보고자 한다.

안디옥교회는 어떻게 개척되었을까? 그 배경은 스데반의 순교에 있다 (행 8:1-3). 예루살렘교회의 리더 집사였던 스데반이 순교하면서 예루살렘교회에 대한 박해가 더욱 심해지자 경건한 사람들이라 불리던 헬라파 유

1세기 로마 제국의 지도(예루살렘 → 수리아 안디옥 → 빌립보 → 고린도 → 로마)[166]

대인들이 사방으로 뿔뿔이 흩어졌고, 이 가운데 일부가 북쪽의 수리아 안디옥까지 이동해 안디옥교회를 세우게 되었다(행 11:19). 이들은 소위 '스데반 선교 팀'이라 불리며 안디옥과 주변 지역까지 선교에 박차를 가해 하나님 나라 확장에 힘썼다.[167] 이들은 안디옥에 도착한 후 최소한 두 개의 가정교회를 세웠으리라 본다.

● 유대인 가정교회, 먼저 시작했으나 성장이 미약하다

예루살렘교회의 '스데반 선교 팀'이 안디옥으로 이주한 이후 가장 먼저 한 일은 유대인 가정교회를 세우는 것이었다. 왜냐하면 같은 혈족인 유대인에게 복음을 전하는 것은 용이했기 때문이다. 이 사실은 사도행전 11장 19절의 "그때에 스데반의 일로 일어난 환난으로 말미암아 흩어진 자들[스데반 선교 팀]이 베니게와 구브로와 안디옥까지 이르러 유대인에게만 말씀을 전하는데"라는 내용에서 확인할 수 있다. 이들의 1차 전도 대상자는 안디옥에 살던 유대인이었다. 아마 같은 히브리 핏줄이어서 우선적으로 복음을 전한 것 같다.

1세기 유대인 숫자는 안디옥 인구의 10퍼센트에 해당하는 2만에서 3만 5천 명이었다.[168] 굉장히 많은 숫자의 유대인 공동체가 안디옥에 거주했음을 알 수 있다. 이들은 남의 땅에서 사는 외국인으로서 회당에 정기적으로 참석하며 살았는데, '스데반 선교 팀'으로 인해 복음을 접하게 되었다. 그래서 형성된 것이 유대인 가정교회다.

그렇다면 안디옥의 유대인 가정교회 지도자는 누구였을까? 아마 베드로가 유력한 것으로 보인다. 그 이유는, 베드로가 헤롯 아그립바 1세의 교회 박해가 심해지자 예루살렘을 떠났기 때문이다(행 12:1-17). 그 이후 베드로는 헤롯 아그립바 1세의 손이 닿지 않는 북쪽 가이사랴에서 활동하다가 수리아 안디옥까지 방문하게 되었다.[169] 이때 그 유명한 '안디옥 사건'(45년)이 발생하게 된다(갈 2:11-14). 안디옥 사건이 발생할 때는 안디옥교회가 이미 개척된 상태인데, 바로 이때 베드로가 '식탁 교제' 건으로 이미지 손상을 크게 입게 된 것이다.

스데반 선교 팀이 안디옥교회를 개척하게 되자 가이사랴에 있던 베드로가 안디옥까지 이동한 것으로 보인다. 당시에는 예루살렘 총회(48년)가 개최되기 전이어서 어떤 '신학적 가이드라인'도 없었다. 베드로가 안디옥교회에서 이방인 간의 식탁 교제에 이중적인 모습을 잠깐 보여 주었지만, 이것은 도리어 약이 되어 유대인 신자들을 돌보는 데 도움이 되었으리라 본다. 왜냐하면 이후 예루살렘 총회가 열렸을 때 예루살렘교회의 수장인 야고보와 함께 할례와 모세의 음식법에 관해 신학적으로 깔끔하게 교통정리를 해 주었기 때문이다.

여기서 우리는 베드로가 아람어권 사람임에도 불구하고 왜 헬라어권의 안디옥까지 갔는지 생각해 볼 필요가 있다. 이에 대한 답은 주후 44년에 이뤄진 '베드로와 바울 간의 합의'(갈 2:7-9)에서 힌트를 찾을 수 있다. 여기에서 아람어권 지도자인 베드로, 예수님의 동생인 야고보, 요한, 헬라어권 지도자인 바울과 바나바가 서로 '교제'하며 "우리[바울, 바나바]는 이방인에게로, 그들[베드로, 야고보, 요한]은 할례자에게로 가게 하려 함이라"(갈 2:9)라고 합의한 것을 볼 수 있는데, 이것을 문장 그대로 이해해서는 안 된다. 베드로와 바울 간의 합의는 지역적인 '선교지 분할'이 아니라, '협력 선교'를 함께하는 데 합의한 것으로 이해해야 한다.[170] 그 이유는 베드로가 유대인 지도자지만 한때 이방인이었던 고넬료에게 복음을 전해서 예수님을 영접하게 했고(행 10:1-43), 바울 역시 헬라파 유대인이지만 그가 이방인에게만 선교하는 것이 아니라 자기 동족인 유대인에게도 복음을 전하는 자로 부름 받았다고 고백했기 때문이다(고전 9:19-20). 쌍방 간에 선교적 합의가 먼저 이뤄졌기에 베드로가 안디옥까지 갈 수 있었고, 이후 베드로와 바울 간에 어떤 '지역 분쟁'도 일어나지 않은 것을 볼 수 있다. 이것이 초대 교회 선교의 힘이다.

그렇다면 베드로가 안디옥의 유대인 가정교회의 지도자였음을 어떻게 알 수 있을까? 놀랍게도, 그것은 바로 수리아 안디옥에 있는 베드로 동굴 교회를 통해서 확인할 수 있다. 베드로 동굴교회가 있다는 것은 베드로가 안디옥교회에서 사역했다는 것을 증명한다. 베드로는 이곳에서 로마 군대의 박해를 피해 안디옥교회의 성도들과 함께 예배드린 것으로 널리 알려져 있다. 내가 이곳을 방문했을 때는 방문객 중 몇 사람만이 베드로 동굴교회를 방문할 수 있도록 제한할 만큼 안전과 보안에 매우 신경 쓰는 것을 보았다. 이처럼 베드로는 '예루살렘 → 가이사랴 → 안디옥'까지 이르며 주의 몸 된 교회를 세우는 데 힘썼던 자임을 알 수 있다.

그렇다면 안디옥의 유대인 가정교회는 누구의 집에서 개척되었을까? 성경에는 언급되지 않았지만, 역사의 기록에 따르면 당시 안디옥에 거하던 유대인들 중에 약간의 부자가 있었다고 한다.[171] 이들은 당연히 회당의 큰 손이었을 것이다. 어쩌면 신앙 좋은 신자 중에는 자기 집을 '가정집형 회당'으로 오픈한 자도 있었을 것이다. 이들 가운데 일부가 스데반 선교 팀을 통해 예수 그리스도를 영접했고, 이들의 주택이나 가정집형 회당이 가정 교회로 사용되었을 것이라 본다.

그런데 누가는 안디옥의 유대인 가정교회에 대해 자세한 정보를 주지 않는다. 왜 그럴까? 비록 안디옥교회는 유대인 가정교회로 먼저 세워졌지만,

누가는 바울과 바나바를 중심으로 한 헬라인 가정교회를 집중적으로 조명했다. 그래서 안디옥교회라 하면 안디옥의 헬라인 가정교회를 의미한다. 그 이유는, 안디옥을 정치, 경제, 상업의 중심지로서 로마 제국 선교의 중심지로 보았기 때문이다. 무엇보다 하나님이 오래전 이방인의 사도로 택하셨던 바울이 안디옥교회에서 본격적으로 이방인을 위한 선교를 시작했기 때문이다. 이런 점에서 안디옥의 유대인 가정교회는 크게 성장했다는 기록이 없는 점으로 보아 별다른 조명을 받지 못한 것 같다.

수리아 안디옥의 베드로 동굴교회로 올라가는 계단[172]

● 헬라인 가정교회, 나중에 시작했으나 급성장하다

안디옥교회란 안디옥의 헬라인 가정교회를 말한다. 앞서 이야기한 것처럼 1세기 가정교회는 지역 교회의 역할을 동시에 감당했기 때문이다. 안디옥의 헬라인 가정교회를 개척한 사람은 '스데반 선교 팀'의 헬라파 유대인들이다. 이들은 헬라인과 언어적, 문화적으로 거리감이 없다 보니 교회를 개척하는 데 매우 용이했다. 이처럼 안디옥교회는 예수님의 제자나 사도가 개척한 것이 아니라, 일반 평신도에 의해서 교회 개척이 이뤄졌다.

여기서 주목할 것은 안디옥교회 개척 멤버의 특성이다. '스데반 선교 팀'은 예루살렘교회에서 마리아와 함께 이미 교회 개척의 성공을 맛본 자들이었다. 이들은 예루살렘교회의 스데반 집사처럼 헤롯 아그립바 1세의 혹독한 교회 박해를 이겨 낸 자들로서, 하나님 나라 확장에 매우 헌신적이고 순교적인 평신도들이었다. 덤으로 이들은 예루살렘교회에서 희생적이고 세심한 리더십을 갖춘 마리아의 신앙과 삶의 모습(행 12:12-16), 나아가 마리아의 동생인 바나바가 교회를 위해 자산을 포기하기까지 하는 결단력을 지켜본 자들이었다(행 4:36-37).

한마디로 안디옥교회의 개척 멤버인 '스데반 선교 팀'은 그야말로 천하무적이었다. 이들은 예수를 위해 살고, 예수를 위해 죽는 자들이었다. 이들이 전도 대상자를 유대인 신자에서 헬라인으로 바꾼 뒤 복음의 열매가 맺히는 속도는 가히 폭발적이었다. 이는 "그중에 구브로[키프러스]와 구레네[아프리카의 리비아] 몇 사람이 안디옥에 이르러 헬라인에게도 말하여 주 예수를 전파하니 주의 손이 그들과 함께하시매 수많은 사람들이 믿고 주께 돌아오더라"(행 11:20-21)라는 말씀에서 확인이 가능하다. 이 말은, 안디옥의 유대인 가정교회는 신통치 않았던 데 반해 헬라인 가정교회는 놀랍도록 부흥했다는 얘기다. 안디옥의 유대인 가정교회가 빛을 보지 못한 것은 할례와 모세의 음식법이 역시 발목을 잡지 않았나 생각한다. 아직까지 예루살렘 총회가 열리지 않아 신학적 합의가 제공되지 않은 상태인지라 큰 열매가 없었던 것으로 보인다. 반면에 안디옥의 헬라인 가정교회는 달랐다.

우선 안디옥교회의 개척 멤버를 구체적으로 훑어보면 대단하다. 스데반 선교 팀의 헬라파 유대인들과 함께 바울과 바나바가 있고, 예루살렘에서 온 마리아의 아들 마가가 있고(행 12:25), 안디옥에서 사회적 신분이 높은 시므온과 루기오와 마나엔(행 13:1)이 있다. 그렇다면 안디옥의 헬라인 가정교회는 누구의 집에서 모였을까? 유추해 볼 수 있는 것은 '선교사 파송 예배'가 열렸던 사도행전 13장 1절이다. 이 구절에 등장하는 시므온, 루기오, 마나엔은 사회적 직위와 신분이 높은 헬라인이다. 그런데 이들을 부른 호칭이 '선지자들'과 '교사'로 묘사되고 있다. 요즘으로 말하면 신앙심 좋은 사람이 재물에 직위까지 갖췄다는 것이다. 아마 이들이 안디옥교회의 가정교회 예배 장소를 제공했을 것이라 생각한다. 이들은 하나같이 큰 집을 소유한 자들이어서 가정교회 모임을 갖기에 안성맞춤이었기 때문이다. 이런 점에서 안디옥교회는 평신도가 사역하는 교회임을 알 수 있다.

한편 바울과 바나바는 안디옥교회에서 사역하기 이전 오랜 사역의 경험과 노하우를 지닌 베테랑이었다. 안디옥교회는 앞서 살펴본 영적 지도자뿐 아니라 평신도 리더들도 탁월해, 복음 확산을 위한 기초가 매우 튼튼했다. 이들은 유대인 신자들과 같은 '일방적 소통'이 아닌, 상대의 눈높이에 맞는 '맞춤형 소통'의 대가였다. 사실 교회가 전하는 '복음'과 회당이 소개하는 '토라' 사이의 가장 큰 간격은 예수 그리스도다. 예수 그리스도는 복음의 핵심이지만 토라에는 예수 그리스도가 없다. 바울이 회심하기 전 예수 믿는 자들을 잡아 감옥에 집어넣고 박해했던 이유가 여기에 있다(갈 1:13-14).[173]

그렇다면 이방인들이 예수 그리스도란 용어에 거부감을 갖지 않고 쉽게 이해하고 받아들일 수 있도록 고민해야 한다. 복음의 본질은 변함이 없는데 전달하는 과정에서 복음이 왜곡되거나 변질되면 복음의 본질인 예수 그리스도가 손상되기 때문이다. 이런 점에서 헬라파 유대인들은 넘버원이었다. 이들이 예수 그리스도를 어떻게 소개했는지 한번 살펴보자. 입이 떡 벌어질 정도다.

헬라파 유대인들은 헬라인과 제대로 소통하기 위해서 예수 그리스도 앞에 '주'(kurios)라는 말을 넣었다. '주'라는 용어는 헬라인들에게 있어서 신(神)에 대한 경칭(敬稱)으로 사용됐다.[174] 쉽게 말해서, 한국 문화에서 '목사님', '집사님', '선생님'처럼 직위 뒤에 '님'자를 붙여 존칭어를 사용하는 경우와 흡사하다. 교회에서 한 성도가 담임 목사에게 '김 목사'라고 부르는 경우는 거의 없다. '김 목사님'이라고 부른다. 이처럼 헬라 문화권에서도 헬라인들이 쉽게 예수 그리스도를 이해하도록 하기 위해 '주 예수'를 사용했다.

결과는 그야말로 대박이었다. 헬라파 유대인들은 예수 그리스도 앞에 유대인에게 익숙한 '메시아'라는 말 대신 헬라인이 즐겨 사용하는 '주'라는 말을 사용했다. 이것을 선교적인 용어로 "상징 빼앗기"(symbol theft)라 하는데, 이것은 이방인이 즐겨 그대로 사용하던 종교적 용어를 폐기하지 않고 의미만 신앙적인 뜻으로 변화시켜 그대로 사용하는 것을 말한다.[175] 즉 '형식'(form)은 이방적인 요소가 있다 할지라도 '의미'(meaning)는 신앙적인 것으로 바꾼 것이다. 이것이 잘못되면 '혼합주의'(syncretism)에 빠지기에 조심해야 한다.[176]

헬라인에게는 '주 예수'란 용어가 생소하게 들리지 않고 귀에 속속 들어왔다. 이만큼 헬라파 유대인들은 이방인과의 소통 능력이 탁월했음을 알 수 있다. 이처럼 같은 복음이지만 유대인과 이방인의 반응은 사뭇 달랐다.

수리아 안디옥의 실피우스 산 동굴교회

헬라파 유대인들이 상대방의 눈높이에 맞게 소통한 결과는 "수많은 사람들이 믿고 주께 돌아오더라"(행 11:21)라는 말씀에서 증명된다. 안디옥교회는 교세가 점차 확장되면서 내부에만 머물지 않고 선교하는 교회로 나아갔다.

◆ 안디옥교회, 가정교회가 두 개밖에 없을까

일반적으로 안디옥의 가정교회는 두 개라고 하는데 과연 그럴까? 그렇지 않다. 최소한 두 개 이상은 될 것이라 본다. 그 이유를 차근차근 살펴보자. 첫째, 안디옥교회의 교인이 '그리스도인'(행 11:26)이란 별명을 얻을 만큼 신앙에 열정적이었다는 점을 고려한다면 가정교회 숫자도 많았을 것으로 본다.[177] 그 결과로 많은 이방인이 주님에게로 돌아온 흔적을 통해서 확인할 수 있다(행 11:21). 유대인들이 안디옥교회의 성도를 '그리스도인'이라 불렀던 이유는 정치적 음모가 컸는데, 이 말은 "나사렛 이단"이란 뜻을 지니고 있다.[178] 로마 당국에서는 예수님을 메시아라고 부르며 따라다니던 제자들을 경계해야 할 집단으로 인식했다. 그만큼 안디옥교회가 급성장했다는 반증이어서 가정교회도 역시 많았을 것으로 본다.

둘째, 안디옥 사건(갈 2:11-14)을 보면 1세기 안디옥교회는 유대인과 헬라인 간의 갈등이 남아 있어서 각자의 가정교회 예배를 통해 식탁 교제를 했을 가능성이 높다. 따라서 아람어로 예배드리는 유대인 가정교회와 헬라어로 예배드리는 헬라인 가정교회가 제공되었다고 본다. 더욱이 안디옥의 가정교회가 최소한 두 개 이상은 되었을 것이라 보는 또 다른 성경 구절은 안디옥 사건에서 바울이 "모든 자 앞에서"(갈 2:14) 베드로를 책망하는 장면이다. 이것은 안디옥교회의 "한 장소에서 모인 온 교회"(전체 모임)에서 이뤄진 것을 말한다.[179] 즉 여러 개의 가정교회로 흩어진 자들이 안디옥교회의 한 장소에 모였음을 뜻한다.

1세기 가정교회는 20-40명 정도가 모이는 작은 교회인지라 서로 간의 네트워크가 아주 강했다. 요즘으로 말하면 SNS가 발달해서 가정교회 간에 소통이 아주 잘되었고, 이런 네트워크를 통해 '온 교회'(전체 모임)에서 베드로가 견책을 받게 된 것이다. 그렇다면 안디옥교회의 온 교회는 몇 명 정도가 모이는 장소였을까? 1세기 로마 건축은 최대 100명을 수용할 수 있도록 했는데, 안디옥교회가 급성장한 것을 고려해 본다면 100명이 모이는 온 교회는 장소가 협소했을 것이라 생각한다.[180]

셋째, 안디옥교회는 바울과 바나바의 동역을 통해서 지속적으로 성장·발전했는데, 감사한 것은 교회 분열이나 민족 분열이 없었기 때문에 가정교회의 숫자가 증가했을 것으로 보인다.[181] 유대인 신자와 헬라인 신자 간의 심한 갈등이 없었고, 이로 인해 교회 분열도 일어나지 않았다. 그래서 안디옥교회의 성도들은 온 교회(갈 2:14)의 모임이 공고되었을 때 함께 모이는 것이 가능했던 것이다.

이와 같은 세 가지 이유로 안디옥의 가정교회 숫자는 최소한 두 개 이상은 되었을 것으로 여겨진다.

● 안디옥교회, 어떻게 선교의 길을 열었나

안디옥교회는 '선교사 파송 예배'(행 13:1-3)를 통해서 선교에 첫발을 내디뎠다. 안디옥교회의 선교사 파송 예배는 오늘날 선교사 파송 예배의 롤 모델이 되고 있다. 이를 위해서는 세 가지 기본 틀을 갖춰야 하는데, 지역 교회(church)가 건강해야 하고, 선교사(missionary)의 준비가 잘되어야 하고, 선교사를 훈련시키는 선교 단체/선교 팀(society)이 중요하다. 이 세 가지의 영문 첫 글자를 따서 만든 것이 'CMS' 원리다. 이제 안디옥교회가 'CMS' 원리로 어떻게 이방인 선교의 길을 활짝 펼치게 되었는지 살펴보도록 하자.

1) 지역 교회(church)가 건강해야 한다

"교회는 선교의 모판이다!"라는 말이 있다. 그만큼 선교를 위해서는 지역교회가 건강해야 한다는 얘기다. 바로 안디옥교회와 같은 경우다. 그렇다면 안디옥교회는 어떤 건강한 교회상을 지니고 있는지 한번 살펴보자.

첫째, 성공한 개척 교회다. 안디옥교회는 '스데반 선교 팀'을 중심으로 한 헬라파 유대인들이 개척에 성공한 교회다(행 11:19-21). 둘째, 현지인과 소통하는 교회다. 헬라파 유대인들은 헬라인들이 예수 그리스도를 쉽게 이해할 수 있도록, 하지만 복음의 본질을 훼손시키지 않는 범위 안에서 예수 그리스도를 '주 예수'로 소개하면서 예수 그리스도를 구주로 영접시키는 데 성공했다. 셋째, 전도하는 교회다. 헬라파 유대인들은 같은 혈족인 유대인뿐 아니라(행 11:19) 헬라인에게도 복음을 전하는 데 앞장섰다(행 11:20). 넷째, 부흥하는 교회다. 안디옥교회는 수많은 이들이 주님에게로 돌아오는 성장하는 교회였다(행 11:21). 다섯째, 팀워크가 있는 교회다. 안디옥교회는 소위 독불장군식 교회가 아니라, 바울과 바나바가 동역하는 모델을 보여 주었다(행 11:24-26). 여섯째, 성령이 역사하는 교회다. 안디옥교회의 지도자인 바나바는 성령이 충만한 자였고(행 11:24), 바울 역시 성령을 앞서지 않는 자였다(행 16:6-10). 이런 점을 볼 때 안디옥교회는 인간의 힘보다는 성령의 이끌림을 받는 교회임을 알 수 있다. 일곱째, 제자를 만드는 교회다. 바울과 바나바는 1년 동안 안디옥 교인들을 잘 양육하고 가르치는 데 열중했다(행 11:26).

안디옥교회는 선교사를 파송하기 위한 기본 요건을 골고루 잘 갖췄다. 이런 경험을 지닌 바울은 가는 곳마다 안디옥교회의 정신을 뿌리내릴 수 있었다. 이것이 신약 교회의 정신이요, 원형 교회의 정신이다. 이처럼 안디옥교회는 세계 선교를 위해 지역 교회가 갖춰야 할 요소가 무엇인지를 잘 알려 주고 있다.

2) 선교사(missionary)의 준비가 잘되어 있어야 한다

바울과 바나바는 선교사로 파송될 때 어떤 사람이었을까? 바울은 로마의 시민권을 소유한 자로서 헬라어와 여러 언어(히브리어, 아람어, 라틴어, 길리기아 방언)에 능통했고, 가말리엘 문하생으로 공부할 만큼 높은 학식의 소유자였으며, 부모가 바울을 공부시키려 예루살렘으로 보낼 만큼 부유한 집안에서 자란 사람이었다. 한때 예수 믿는 자들을 잡아 감옥에 가둘 만큼 박해의 아이콘이었지만, 다메섹에서 예수님을 만난 이후 이방인의 사도로 훈련을 받았다. 바울은 선교사로서 파송을 받는 데 무려 15년의 세월이 걸렸다.[182] 이 세월 동안 그는 소명, 영성, 언어 능력, 개인 전도, 교회 개척, 제자 훈련, 리더십과 팀워크에 이르기까지 광범위하게 연단과 훈련을 받았다. 바울은 '초짜배기'가 아닌 '베테랑' 선교사로서 파송을 받았다.

바나바 역시 바울처럼 헬라파 유대인이다. 그는 구브로 출신으로 레위 족이며 '위로의 아들'(son of exhortation)이란 애칭을 지녔다(행 4:36). 남들을 위로하고 상담하는 데 일가견이 있는 자였다. 그 사례가 바로 '돌탕'(돌아온 탕자) 마가를 사람 되게 만든 일이다(딤후 4:11). 뿐만 아니라 누나 마리아가 개척한 예루살렘교회를 함께 세우는 데 탁월했고(행 12:12), 자신의 자산을 팔아 교회에 기부할 만큼 결단력이 강한 헌신적인 지도자였다(행 4:37). 이뿐만이 아니다. 그는 성품이 온화하고 성령과 믿음으로 똘똘 뭉친 자였다(행 11:24). 바나바 역시 선교사로 파송받기 전 약 15년의 사역 경험을 가진 '베테랑' 선교사였다.[183]

바울과 바나바는 둘 다 헬라파 유대인으로서 언어 능력, 문화 적응력, 영성, 인성, 지성을 골고루 갖춘 A+선교사다. 더욱이 두 사람은 선교사로 파송받기 전 세 가지를 포기했는데, 첫째는 결혼 포기요, 둘째는 자산 포기요, 셋째는 주거 포기다.[184] 이들을 '3포' 선교사라 부른다. 이는 누구도 흉내 낼 수 없는 희생이라 할 수 있겠다. 앞서 있는 지도자의 내려놓음은 안디옥교회 성도들에게 엄청난 도전과 감동을 주지 않았겠는가! 이것이 가정교회의 힘이다.

3) 선교사를 훈련시키는 선교 단체/선교 팀(society)이 있어야 한다

바울은 현재 선교 단체의 전신이라 할 수 있는 '바울 선교단'을 꾸려 선교 사역을 감당했다.[185] 그는 선교 활동을 '나 홀로' 하지 않고 '팀'을 꾸려서 감당했다. 선교사는 마치 양파 껍질을 벗기듯이 자신을 벗길 줄 알아야 사람을 얻는다. 자신의 내려놓음은 제자를 얻는 첩경이기 때문이다. 예수님이 하신 것처럼 말이다. 1차 전도 여행 때는 바울과 바나바가 한 팀으로, 2차부터는 바울은 실라와 함께, 바나바는 마가와 함께 팀으로 전도 여행을 했다(행 15:37-40). 이후 바울 선교단은 많은 사람들이 동역하면서 사역하는 것이 용이했다.

성경을 보면 바울과 함께 일한 자가 무려 38명이나 언급되어 있다.[186] 자주 언급된 동역자로는 바나바, 디모데, 누가, 아굴라와 브리스길라, 실라, 디도, 두기고, 아볼로 등이 있고, 여성 중에는 뵈뵈, 마리아, 유니아, 드루배나와 드루보사, 버시 등이 있다. 무엇보다 바울 선교 팀은 아버지(빌 2:22), 아들(몬 1:10), 형제(고전 16:12), 자매(롬 16:1)와 같은 가족 용어를 자주 사용했고, 자신이 받은 은사에 따라 사역했으며(갈 1:1; 고후 8:18, 20; 행 28:8-9), 평등(고전 3:9; 고후 8:23; 빌 2:25; 골 4:7) 정신에 따라 함께 사역했다.[187]

흥미로운 사실은, 바울의 1차, 2차, 3차 전도 여행과 로마 여행의 총 거리가 2만 5천 킬로미터라 한다.[188] 바울의 전도 여행 거리는 무려 지구 둘레(약 4만 킬로미터)의 절반 이상이 될 만큼 엄청났다. 바울이 안디옥교회에서 선교사로 파송받기 이전 약 15년 동안 그가 방문했던 다섯 개 도시(다메섹 → 아라비아 → 예루살렘 → 길리기아와 수리아 → 안디옥)의 이동 거리를 모두 합친다면 지구 둘레의 한 바퀴는 될 것이라 생각한다.[189] 바울이 홀로 선교하지 않고 '팀'을 구성해 사역한 것은 오늘날 한국 선교에 좋은 길잡이를 제공해 주고 있다.

◆ 안디옥교회의 착한 선교 네 가지

안디옥교회는 이방인 선교의 모델을 제시해 주었다. 나는 이것을 '착한 선교 네 가지'라 부르고 싶다. 여기서 '착한 선교 네 가지'란 첫째, 안디옥교회가 꿈과 희망을 주었고, 둘째, 집주인의 탁월한 사역이 있었으며, 셋째, 무명인 여성 리더들의 헌신이 있었고, 넷째, 자립 선교를 제시한 것을 말한다. 이 네 가지 항목은 선교사가 어느 지역을 가든지 적용해야 할 사항이다. 안디옥교회가 보여 준 '착한 선교 네 가지'는 점차 로마 제국 전역으로 확산되어 하나님 나라를 확장시키는 데 큰 역할을 감당했다. 이제 그 내용을 하나씩 살펴보자.

1) 꿈과 희망 제공

안디옥교회가 보여 준 첫 번째 착한 선교는 안디옥 주민들에게 '꿈과 희망을 제공'한 것이다.[190] 초대 교회 당시 안디옥은 '살기 싫은 도시' 중 하나로 알려졌다. 그 이유를 살펴보면 첫째, 안디옥의 높은 인구 밀도는 로마만큼 악명 높기로 유명했다. 한 예로, 1세기 안디옥의 인구 밀도는 약 4천 제곱미터(약 1,210평)당 117명으로 오늘날 시카고의 21명, 샌프란시스코의 23명, 뉴욕의 37명보다 훨씬 높은 것에서 알 수 있다.[191] 인구 밀도가 높다는 것은 빈부의 격차가 심하고, 주거비가 비쌌음을 뜻한다. 그만큼 1세기 안디옥 주민들은 살기가 버겁고 힘들었다는 얘기다.

둘째, 안디옥 주민 대다수가 인슐라라는 공동 주택의 열악한 삶에서 벗어나지 못했다. 로마 제국 당시 주민의 약 90퍼센트가 인슐라에서 살았는데, 안디옥도 예외는 아니었다. 하지만 안디옥의 인슐라는 다른 도시에 비해 더욱 위험했다. 그것은 바로 안디옥에 화재, 지진, 전염병, 자연재해가 유독 심했기 때문이다. 한 예로, 6세기 동안 안디옥에는 네 차례의 대화재가 발생했고, 수백 번의 지진 가운데 여덟 번의 지진은 참혹했으며, 세 번의 무시무시한 역병과 다섯 번의 기근은 도시 자체를 삼켜 버렸다.[192] 특별히 다닥다닥 붙어 있는 인슐라는 전염병에 너무 취약해서 치사율이 높아 공포의 도시로 알려졌다.

셋째, 안디옥의 치안이 너무도 열악했다.[193] 인구 밀도가 높을수록 범죄율이 높고 무질서가 성행하는데, 안디옥도 예외는 아니었다. 그만큼 1세기 안디옥의 안전 지수는 매우 낮았다.

이처럼 '위험과 혼돈'의 아이콘이었던 안디옥을 '꿈과 희망'이 넘치는 도시로 재생시키는 데 큰 역할을 한 것이 안디옥교회였다. 그 중심에는 바울과 바나바뿐 아니라 시므온, 루기오, 마나엔과 같은 평신도 리더들이 있었

다메섹의 바울 회심교회 예배 장면

다. 복음은 세상 사람들에게 꿈과 희망을 줘야 한다. 이것은 이 땅에서 유토피아 세계를 구현하는 것이 아니라, 예수 그리스도 안에서 희망을 발견한 뒤 점차 세상을 변화시키는 것을 말한다. 바로 그 교회가 안디옥교회다.

2) 집주인의 탁월한 사역

안디옥교회가 보여 준 두 번째 착한 선교는 '집주인의 탁월한 사역'이다. 예루살렘교회의 마리아와 같은 집주인이 안디옥교회에는 없었을까? 대답은 '있다'이다. 이것의 힌트는 선교사 파송 예배를 소개한 사도행전 13장 1절에서 발견할 수 있다: "안디옥교회에 선지자들과 교사들이 있으니 곧 바나바와 니게르라 하는 시므온과 구레네 사람 루기오와 분봉 왕 헤롯의 젖동생 마나엔과 및 사울이라." 이 구절을 보면 마나엔은 헤롯 왕의 어릴 적 친구거나 상호 신뢰하는 사람으로서 신분이 높고 귀족 가문에서 양육 받은 자임을 알 수 있다.[194]

시므온과 루기오 역시 신분이 높은 자였는데, 놀라운 사실은 시므온, 루기오, 마나엔 앞에 붙은 수식어가 안디옥교회의 선지자와 교사로 묘사되어 있다는 점이다. 다시 말해, 이들 세 사람은 모두 헬라인으로서 사회적 지위와 신분이 높았을 뿐 아니라 교회에서 선지자와 교사로 봉사할 정도로 신앙심이 좋았다는 것이다. 이들은 모두 평신도 지도자였고, 안디옥에서 상류층에 속하는 부자이다 보니 개인 집 또한 대저택을 소유했을 것이다. 따라서 안디옥교회에서 마나엔, 시므온, 루기오와 같은 신앙심 좋은 집주인이 자신의 집을 오픈해서 가정교회 예배를 드리는 것은 당연한 일이라 여겨진다.

한편 고위층 신자가 증가할 경우 교회의 박해도 그만큼 약하게 만드는 데 도움이 되었으리라 본다. 아마 바울과 바나바의 절대적인 희생과 내려놓음의 삶은 이들에게 큰 영향을 끼쳤을 것이다. 안디옥교회에는 마나엔, 시므온, 루기오와 같은 집주인이 있었기 때문에, 예루살렘교회가 기근으로 어려움을 겪었을 때 구제 헌금을 보내는 것은 당연한 일이었을 것이다 (행 11:27-30).

3) 무명인 여성 리더들의 헌신

안디옥교회가 보여 준 세 번째 착한 선교는 '무명인 여성 리더들의 헌신'이다. 안디옥교회는 예루살렘교회의 마리아처럼 여성 리더의 이름을 소개하지 않았다. 그렇다면 안디옥교회에는 여성 리더가 없었을까? 대답은 '있다'이다. 이에 대한 힌트 또한 사도행전 13장 1절에 소개된 시므온, 루기오, 마나엔에서 찾을 수 있다.

1세기 로마 제국 당시 여성은 자기 이름을 사용하지 않고 주로 남편인 누구의 아내나 누구의 어머니로 소개되는 경우가 많아서 사도행전 13장 1절에서는 여성의 이름을 찾아볼 수가 없다.[195] 그런데 시므온, 루기오, 마나엔이 안디옥교회에서 선지자와 교사로 봉사할 만큼 헌신적인 사람이었다는 점을 고려해 본다면, 당연히 이들의 아내들도 교회 활동에 열심이었을 것이라 생각한다. 그뿐만이 아니다. 마나엔의 경우는 헤롯 왕의 친구이자 그리스에서 교육을 받은 평민 귀족 계급이다 보니 공주도 가까이했으리라 본다.[196] 따라서 시므온과 루기오는 신분이 높은 자였고, 마나엔은 높은 정치적 배경으로 인해 만남의 폭이 누구보다도 높았던 자임을 고려한다면 안디옥교회에는 분명 여성 리더들 또한 많았을 것이라 본다.

무엇보다 안디옥교회의 제자 수가 증가했다는 것은 여성의 도움이 절대적으로 필요하다는 얘기다. 가정교회 예배의 특성상 애찬식을 진행하기 위해서는 여성의 헌신이 있어야 했기 때문이다. 회당에서는 볼 수 없는 일이다. 가정교회 예배에서 여성들은 참석한 자들을 위해 손수 음식을 장만하고, 아이들과 노약자들을 돌보는 것이 그들의 몫이었다. 이런 점을 고려한다면 시므온과 루기오와 마나엔의 아내들은 성경에 그 이름이 기록되진 않았지만 무명의 여성 리더로서 안디옥교회를 성장시키는 데 일조했을 것이라 생각한다.

4) 자립 선교 제시

안디옥교회가 보여 준 네 번째 착한 선교는 '자립 선교'다(행 11:29). 이것은 안디옥교회가 개척한 지 얼마 안 되는 새내기 가정교회였지만 '독립적 운영'을 통해 '재정적 자립'을 구축하는 것을 말한다.[197] 모교회인 예루살렘교회가 재정적으로 힘들었을 때 안디옥교회는 예루살렘교회를 과감하게 도왔다. 앞서 살펴본 것처럼, 안디옥교회는 초창기부터 시므온, 루기오, 마나엔과 같은 사회적 신분이 높고 헌신적인 평신도 지도자들이 있었기 때문에 자립 운영을 하는 데는 큰 어려움이 없었을 것이라 여겨진다. 이것이 안디옥교회의 경쟁력이었다.

자립 선교는 가정교회 선교에 있어서 매우 중요한 정신이다. 1세기 가정교회는 20-40명 정도 모이는 소규모 교회였고, 온갖 박해가 난무한 때라 자립 경영은 절대적으로 필요했다. 그래서 안디옥교회의 자립 선교의 정신은 이후 빌립보교회를 세운 루디아부터 그대로 적용된다. 회당과는 달리 가정교회는 성에 차별을 두지 않고 누구든지 예수님의 자녀가 되면 자기 집을 개방해서 교회로 사용하는 데 헌신적이었다. 이것이 가정교회 선교의 힘이다. 이처럼 자립 선교의 정신은 훗날 가정교회 선교를 확산시키는 좋은 촉매제가 되었다. 안디옥교회는 이런 착한 선교 네 가지로 인해서 이방인 선교의 모델을 제시할 수 있었다.

다함께 생각하기

1. 오늘날 한국 교회가 어린이 선교와 청소년 선교, 중년 선교와 실버 선교를 위해 안디옥교회와 같은 '상징 빼앗기'가 필요하다고 생각하는 부분이 있다면 무엇인가? 한편 상징 빼앗기를 할 때 주의할 점은 무엇인가?

2. 아래 안디옥교회의 '착한 선교 네 가지' 중에서 당신이 출석하는 교회에 꼭 필요한 것 두 가지만 말해 보라.

   ① 꿈과 희망 제공   ② 탁월한 집주인의 사역
   ③ 무명인 여성 리더들의 헌신   ④ 자립 선교 제시

*

안디옥교회의 개척 멤버인 '스데반 선교 팀'은
그야말로 천하무적이었다.
이들은 예수를 위해 살고, 예수를 위해 죽는 자들이었다.
이들이 전도 대상자를 유대인 신자에서 헬라인으로 바꾼 뒤
복음의 열매가 맺히는 속도는 가히 폭발적이었다.

7

마게도냐 교회들,

가정교회의
선교로
유럽의
문을 열다

1세기 바울은 현 터키의 아시아에서 복음을 전하려고 했지만, 하나님은 오히려 현 유럽의 마게도냐에 더 관심을 가지셨다. 바울은 자신의 생각을 내려놓고 성령님이 지시하신 마게도냐로 떠났다(행 16:6-10). 바울의 2차 전도 여행은 마게도냐 지방을 중심으로 이뤄졌는데, 이곳에서 바울은 빌립보, 데살로니가, 베뢰아를 들러 복음을 전했다. 이곳은 현재 그리스에 속한 유럽 땅이다. 바울은 이곳의 가정교회를 통해 유럽 선교의 문을 열게 되었다. 이제 1세기 로마 황제 숭배로 물든 유럽의 문이 바울 선교로 어떻게 열렸는지를 살펴보도록 하자.

◆ 마게도냐 교회들이란 무엇인가

고린도후서 8장 1절의 "마게도냐 교회들"을 보면 교회가 복수로 사용되고 있다. 왜 바울은 마게도냐교회를 복수로 사용했을까? 앞서 살펴본 것처럼 마도게냐는 '도시'가 아니라 '속주'(지방)를 말하기 때문이다. 이를 사도행전 16장 12절의 "이는 마게도냐 지방[속주]의 첫 성이요"라는 말씀에서 확인할 수 있다. 마게도냐 지방(속주)에 속한 약 50개의 도시 중에서 바울이 2차 전도 여행 때 방문한 도시가 빌립보, 데살로니가, 베뢰아다.

바울은 마게도냐 교회들(빌립보교회, 데살로니가교회, 베뢰아교회)을 생각할 때마다 늘 감사의 뜻을 전했는데, 그 이유는 마게도냐의 교회들이 수많은 박해와 가난 중에서도 바울을 위해 잊지 않고 선교 헌금을 보냈기 때문이다(고후 8:1-2). 이를 보면 마게도냐의 교인들은 신앙생활하기가 녹록치 않았음을 알 수 있다. 바울은 환상에 이끌려 아시아(현 터키)의 드로아에서 배를 타고 마게도냐(현 유럽) 해변 항구인 네압볼리에 도착했다(행 16:11). 이후 빌립보로 이동해 바울과 실라가 함께 복음을 전함으로 유럽 선교가 시작된 것이다.

바울이 마게도냐 지방의 도시를 방문한 것은 '빌립보 → 데살로니가 → 베뢰아' 순으로 진행되었다. 재미있는 것은, 바울이 빌립보, 데살로니가, 베뢰아의 각 회당을 방문한 후 이곳에서 회심한 자들이 회당에서 떨어져 나와 자기 집을 가정교회로 개척했다는 점이다(행 16:13, 17:1, 10). 그런데 마게도냐 지방에 개척된 가정교회는 빌립보와 데살로니가에서만 알 수 있다.[198] 베뢰아에서는 명확히 나와 있지 않다. 따라서 빌립보와 데살로니가를 중심으로 어떻게 가정교회가 개척되었는지, 어떻게 유럽을 복음화하는 데 기초를 닦았는지를 살펴볼 것이다.

◆ 빌립보교회, 유럽 최초의 가정교회가 되다

1세기 빌립보는 인구 5천에서 1만 명 정도 되는 소도시다. 무엇보다 빌립보는 다른 도시에 비해 로마 황제 숭배가 강한 도시였다. 그 이유 중 하나는 빌립보가 군사 도시였기 때문이다. 주전 31년에 고대 로마의 초대 황제인 아우구스투스(Augustus)는 악티움(Actium) 해전에서 승리한 뒤 로마군, 퇴역 군인들, 그 식솔들과 노예들을 대거 빌립보에 정착시켜 로마 식민지로 만들었다.[199] 그래서 빌립보는 바울이 선교하기 이전에 이미 로마 문화가 뿌리 깊게 박혀 있던 곳이다.

바로 이곳이 바울의 첫 유럽 선교지다. 바울은 안디옥교회처럼 빌립보에서도 가정교회를 통해 복음을 전했는데, 그렇다면 빌립보에서는 어떤 가정교회가 이 일을 감당했을까? 바울이 2차 전도 여행 때 빌립보에서 개척한 가정교회는 두 개였는데, 첫째는 루디아 집의 가정교회고, 둘째는 빌립보 간수장 집의 가정교회다. 이런 가정교회가 유럽 선교의 문을 여는 데 중요한 역할을 감당했다.

1) 루디아 집의 가정교회

루디아는 유럽 최초의 신자다. 루디아의 이름에는 두 가지 설이 있는데, 첫째는 '노예 해방설'로 루디아가 노예 신분이었다가 자유인이 되었다는 것이고, 둘째는 '지명 이름설'로 루디아는 인명이 아닌 지명의 별칭을 따서 만든 것으로 실제 이름이 아니라는 것이다.[200] 루디아가 성공한 여성 사업가로 왕성한 활동을 한 것을 보면 '노예 해방설'에 무게가 실린다. 그렇다면 노예에서 해방된 루디아는 어떤 신분으로 빌립보교회를 세운 것일까? 첫째, 그녀는 빌립보의 자색 옷감 장사꾼이자 여러 손님들이 묵을 방을 제공할 만큼 부자이고, 둘째, 헬라어를 사용하는 장사꾼이며, 셋째, 이방인으로서 유대인 회당 지지자이고, 넷째, 한 가정의 여성 수장이었다.[201] 이제 이네 가지 특징을 하나씩 살펴보았으면 한다.

루디아는 두아디라 출신으로 빌립보까지 이주해서 비즈니스에 성공한 여성이다. 당시에는 노예였다가 자유인이 된 경우 출세할 수 있는 기회가 많았지만, 이런 일은 소수의 사람에게만 가능했다. 그 사람이 루디아다. 특히 루디아는 '자색 옷감'(행 16:14) 장사꾼이었는데, 자색 옷감은 만드는 공정이 힘들고 시간이 오래 걸려 그 자체로 매우 비쌌다. 그래서 '자색'은 부의 상징으로 널리 알려졌다.[202] 당시 잘나가는 옷감 제조업 사장은 100명 이상의 노예 일꾼을 거느릴 만큼 사업장이 컸다고 한다.[203] 루디아의 옷감 사업장이 어느 정도 규모인지는 알 수 없지만, 그녀는 진취적이고 독립적이며 부유한 '커리어 우먼'임을 알 수 있다.

하지만 루디아 인생의 가장 큰 축복은 노예에서 해방된 자유인이나 성공한 사업가가 된 것이 아니라, 예수님을 영접한 후 교회의 리더가 되었다는 점이다. 루디아의 이름 앞에 남편이나 아들 이름이 없는 것을 보면 그녀는 과부이거나 독신 여성으로 보인다.[204] 혼자 사는 루디아는 옷감 사업으로 많은 돈을 벌었지만 세상에 소망을 두지 않았고, 유일신 사상을 강조하는 유대교에 심취해 회당에 참석할 만큼 신앙심이 높은 여인이었다. 그랬던 그녀가 빌립보에서 바울을 만난 것은 축복 그 자체였다.

루디아는 이방 여인으로서 하나님을 경외하는 자였다(행 16:14). 하나님을 경외하는 자는 개종자와는 달리 회당의 준회원으로서 회당에 상당한 기부금을 내는 것에 비해 제대로 대접받지 못했다. 즉 회당의 변방에 머물렀다. 그 당시 루디아처럼 하나님을 경외하는 자가 유대교에 입교하지 않고 회당의 준회원으로 머문 이유는, 주로 재력이 있거나 사회적 신분이 높은 자가 자신의 지위나 가족에 피해가 갈까 봐 유대교로의 완전 개종은 하지 않은 것으로 볼 수 있다.[205]

이런 점에서 볼 때 루디아는 성공한 여성 사업가로서 회당에 기부금을 낼 만큼 재력이 있는 회당의 준회원이었지만, 자기 집을 회당의 예배 처소로 사용하는 것은 허락을 받지 못했다. 유대인 신자들이 이를 허락할 리가 만무했다. 루디아는 사회적, 성적 불평등을 감내하고 이겨 내야만 했다. 그래서 그녀는 안식일에 자기 집이 아닌 강가(간지테스, Gangites)에 세워진 회당에 기도하러 갔다가 이곳에서 바울을 만난 것이다. 그리고 이것이 그녀의 인생을 송두리째 바꿔 놓았다(행 16:13-14).[206]

루디아는 바울을 통해 예수님의 구속과 부활의 메시지를 듣고 난 후 회심했고, 자신과 집안 식구 모두가 개종했다(행 16:15). 무엇보다 루디아와 그녀의 집이 세례(침례)를 받은 것은 루디아가 자기 집을 가정교회로 만들었음을 의미한다.[207] 회당에서는 상상할 수도 없는 일이다. 루디아가 개종할 때 그녀의 집안에 속한 식구들과 일하는 노예까지 모두 예수님을 영접했다.[208] 루디아 한 사람의 개종이 주변에 있는 자들에게 엄청난 영향을 끼친 것이다. 이렇게 루디아의 집은 '빌립보 선교의 중심지'가 되었고, '유럽 최초의 가정교회'가 되었다.[209]

회당의 변두리에 있던 루디아는 이제 가정교회의 리더로 우뚝 서게 되었다. 루디아가 너무 감사해서 바울과 일행들에게 자기 집에 숙박하도록 간청한 것을 보면 그녀의 집은 대저택임을 알 수 있다(행 16:15). 바울은 유럽의 첫 선교지인 빌립보에 도착한 뒤 아는 사람이 없었기 때문에 지방 여인숙에서 실라와 함께 머물렀을 가능성이 높다.[210] 당시 여인숙은 청결치 못했고 좋지 않은 일들이 왕왕 벌어져서 평판이 좋지 않았기에 루디아의 환대는 바울을 평온하게 만들었을 것이다.[211] 이런 점을 보면 루디아는 활동적이며 사교성이 높은 여성이었음을 알 수 있다. 이런 여성이 가정교회의 리더가 된 것은 축복 그 자체이다.

루디아의 회심 후 바울은 빌립보에서 귀신 들린 여종의 주인들의 고발로 감옥에 갇혔지만, 큰 지진이 일어나 옥문이 저절로 열려 빠져나오게 된다(행 16:16-26). 이후 바울은 루디아의 집을 재차 방문해서 형제들을 위로하는데, 이것을 보면 가정교회가 이미 존재했음을 알 수 있다. 아마 루디아 집의 가정교회는 그녀의 식구들과 일하는 노예들 및 형제들이 함께 예

빌립보의 루디아 기념 교회

배드리는 헬라어 예배 모임의 장소였을 것이다. 무엇보다 집안의 수장인 루디아에 대한 그녀의 식구들과 식솔들의 절대적인 충성심과 순종은 교회 공동체에 있어서 '공동 연대'의 중요성을 일깨워 주었다.[212] 혼자 하는 사역은 힘들다는 얘기다. 팀으로, 공동으로 사역하는 루디아의 집은 향후 가정교회 선교의 길잡이가 되었다.

2) 빌립보 간수장 집의 가정교회

바울이 빌립보에서 두 번째로 세운 가정교회는 빌립보 간수장의 집이다. 빌립보 간수장의 신분에 관해서는 두 가지 설이 있는데, 첫째는 '노예설'이다.[213] 둘째는 '군인설'로, 로마 제국 당시에는 주로 로마 군대의 소속이나 퇴역 군인들에게 간수장의 직책이 주어졌기 때문이다.[214] 나는 후자에 한 표를 던진다. 누가는 간수장의 이름과 신분을 밝히지 않고 있는데, 1세기 빌립보의 시대적 배경을 고려해 본다면 간수장은 '군인'이었던 것으로 보인다.[215]

간수장은 큰 지진이 일어난 후 옥문이 저절로 열리자 자결하려고 했지만, 바울의 만류로 미수에 그치고 말았다(행 16:26-29).[216] 이어 그는 바울의 메시지를 듣고 회심하게 되며, 자신과 온 식구가 세례를 받는 역사가 일어난다(행 16:31-32). 간수장이 세례를 받은 것은 루디아의 경우처럼 자기 집을 예배 장소로 오픈해서 가정교회가 시작되었음을 보여 준다. 간수장과 온 식구가 회심한 것을 보면, 바울은 영혼 구령뿐 아니라 '가족 복음화'에도 앞장선 것을 알 수 있다. 특히 간수장이 회심한 후 바울을 데리고 자기 집에서 식탁 교제한 것을 보면, 그의 집은 큰 주택이며, 그는 사회적 신분이 있는 자임을 알 수 있다.[217] 이처럼 바울은 루디아 집과 간수장 집의 가정교회를 통해 유럽 선교의 첫 발을 내디뎠다.

3) 빌립보의 가정교회는 두 개밖에 없을까

일반적으로는 빌립보의 가정교회가 두 개라고 하는데, 과연 그럴까? 그렇지 않다. 빌립보서 1장 1절의 "감독들과 집사들에게" 편지한 바울의 글은 빌립보교회에 여러 명의 감독들, 곧 여러 개의 가정교회가 있었음을 시사한다. 즉 루디아 집과 간수장 집의 가정교회 외에 다른 가정교회가 존재했음을 말하는 것이다. 감독은 가정교회의 리더로 예배를 인도하는 자였고, 집사는 감독의 보조 역할을 감당하는 자였다.[218] 특히 여성 집사는 예배 후 성도들이 함께 먹을 음식을 준비하거나, 사회 구제 사업에 동참해서 교회와 지역 사회에 봉사하는 자였다. 이처럼 감독들과 집사들이 복수로 사용된 것을 고려해 본다면, 빌립보교회에는 가정교회가 최소한 두 개 이상은 된다는 것이다.

하지만 누가는 루디아와 간수장 외에 빌립보교회의 리더가 누구인지를 정확히 알려 주지 않는다. 그런데 바울이 빌립보교회를 개척한 지 12년이 지난 후 빌립보교회에 편지할 때 디모데와 에바브로디도를 함께 파송한 것을 볼 수 있다(빌 2:19-20, 25). 그만큼 빌립보교회가 성장했다는 얘기다. 또한 편지에는 유오디아와 순두게가 서로 갈등을 빚지 말고 한 마음을 지닐 것을 부탁한다(빌 4:2). 그러면서 둘을 빌립보교회를 위해 "함께 힘쓰던"(빌 4:3) '동역자'로 묘사한 것을 보면, 유오디아와 순두게가 단순한 조력자가 아니라 빌립보교회의 리더였음을 엿볼 수 있다.[219] 이처럼 빌립보교회는 여러 개의 가정교회가 하나님 나라 확장에 힘쓴 것을 알 수 있다.

◆ 데살로니가교회, 유럽 선교를 확산시키다

바울이 마게도냐 지방에서 두 번째로 방문한 곳이 데살로니가다. 1세기 데살로니가는 인구 2만에서 6만 5천 명의 중소 도시다.[220] 바울은 이곳에서 세 번의 안식일에 회당에서 복음을 전했는데, 하나님을 경외하는 헬라인들이 예수님을 영접하게 되었다(행 17:2-4). 그의 말씀은 역시 예수 그리스도의 구속과 부활의 메시지였다(행 17:3). 회당의 율법과는 전혀 다른 복음의 메시지가 이방인의 마음을 사로잡았다. 그 결과 바울이 교회를 개척한 지 몇 개월이 지난 후 예수 그리스도를 영접한 이방인 개종자들이 우상을 버리고 하나님께로 돌아온 것을 보면, 데살로니가에는 이미 '교회 공동체'가 형성되었음을 알 수 있다(살전 1:7).[221]

그렇다면 데살로니가에는 몇 개의 가정교회가 있었을까? 그 답은 우선 데살로니가전서 5장 12절에서 유추할 수 있다: "형제들아 우리가 너희에게 구하노니 너희 가운데서 수고하고 주 안에서 너희를 다스리며 권하는 자들을 너희가 알고." 여기서 '너희를 다스리며 권하는 자들'은 데살로니가교회의 지도자를 말하는데 복수로 사용되어 있다. 그다음으로 데살로니가전서 5장 27절의 "내가 주를 힘입어 너희를 명하노니 모든 형제에게 이 편지를 읽어 주라"라는 말씀을 보면, 데살로니가교회에는 믿는 형제들이 많이 있음을 알 수 있다. 따라서 데살로니가교회에는 적어도 한 개 이상의 가정교회가 존재했음을 짐작할 수 있다.[222]

그러면 데살로니가교회의 지도자는 누구일까? 바로 야손이다. 야손은 자기 집을 회심자들을 위한 모임 장소로 제공한 데살로니가교회의 리더였다(행 17:5-6). 야손의 집은 데살로니가의 가정교회로 제공되었고, 나아가 바울과 그의 동역자들이 머물 수 있도록 환대까지 베풀었으며, 바울의 복음에 화가 난 유대인 폭도들이 야손의 집에서 바울을 찾지 못하자 소동까지 벌어지게 되었다. 이처럼 야손은 데살로니가교회의 '선교 후원자'로 섬겼음을 알 수 있다.[223] 유대인의 소요가 심해지자 보석금을 주고 해결한 것을 보면 야손은 재력과 함께 사회적 신분이 있는 자였다. 이처럼 데살로니가교회는 야손과 무명 리더들의 가정교회 선교를 통해 유럽 선교를 확산시키는 데 일조했음을 알 수 있다.

◆ 마게도냐 지방의 가정교회는 몇 개일까

마게도냐 지방의 가정교회는 최소한 세 개임을 알 수 있다. 빌립보교회의 루디아의 집과 간수장의 집 그리고 데살로니가교회의 야손의 집이다. 그리고 앞서 살펴본 것처럼 빌립보교회의 경우에는 빌립보서 1장 1절에서 "감독자들"이 복수로 사용된 것과, 데살로니가교회의 경우에는 데살로니가전서 5장 27절의 "모든 형제에게 이 편지를 읽어 주라"는 말씀을 통해 각 도시마다 여러 개의 가정교회가 존재했음을 짐작할 수 있다.

더욱이 마게도냐 지방의 베뢰아에서는 가정교회에 대한 명확한 단어나 구절을 찾기 힘들지만, 사도행전 17장 12절의 "그중에 믿는 사람[유대인]이 많고 또 헬라의 귀부인과 남자가 적지 아니하나"라는 말씀을 보면 유대인과 헬라인들이 바울의 복음을 듣고 예수 그리스도를 영접한 것을 볼 수 있다. 아마도 유대인은 아람어 예배로, 헬라인은 헬라어 예배로 각자의 장소에서 예배드렸을 것으로 본다. 바울은 첫 선교지로 방문한 빌립보와 데살로니가에서 가정교회를 세웠고, 이곳을 통해 유럽 선교의 문이 점차 열렸음을 알 수 있다.

다함께 생각하기

1. 당신이 현재 루디아라면, 아래의 보기 중 가장 하고 싶은 것은 무엇인가?

    ① 선교사(혹은 방문객)를 위해 자기 집의 방을 제공하는 것
    ② 선교사(혹은 방문객)를 위해 자기 집을 오픈해서 음식을 준비하는 것
    ③ 개인 사업(혹은 직장 생활)을 하면서 교회에 필요한 기부금을 내는 것
    ④ 일터에서 일하는 자들을 팀으로 생각하고 함께 일하는 것

2. 당신이 빌립보 간수장이라면, 왜 바울과 일행들을 당신의 집에 초대해서 함께
   식탁 교제를 했는지를 아래 보기에서 골라 당신의 입장에서 설명해 보라.

    ① 큰 지진이 생겨 빌립보 감옥의 문이 저절로 열리게 된 신기한 현상 때문에
    ② 자결하려고 했던 자신을 돌보고 회복시켜 주었기 때문에
    ③ 바울의 선교적 메시지(예수 그리스도의 구속과 부활)에 감동받아서
    ④ 가족 복음화를 이뤄 준 바울에 감사해서

*

바울이 2차 전도 여행 때
빌립보에서 개척한 가정교회는 두 개였는데,
첫째는 루디아 집의 가정교회고,
둘째는 빌립보 간수장 집의 가정교회다.
이런 가정교회가 유럽 선교의 문을 여는 데
중요한 역할을 감당했다.

8

고린도교회,

가정교회
선교 정신으로
한 몸을
추구하다

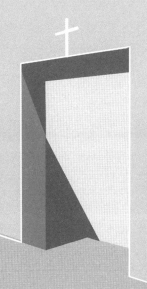

고린도교회는 인종적, 계층적, 성적으로 다양한 사람들로 구성되어 있어 서로 '분열'하지 않고 '한 몸'을 이뤄야 하는 과제를 안은 교회다. 1세기 고린도는 인구 8만 명을 지닌 로마의 속주 도시로서, 항구에 위치해 있어 상업, 무역, 은행, 공예가 발달한 부자 도시였다. 그러다 보니 인구가 증가해 집값이 로마처럼 비싸기로 유명했다. 무엇보다 고린도는 소수의 상류층과 약간의 중산층과 대다수의 하류층으로 구성되어 있는(고전 1:26-28),[224] 전체 인구의 3분의 2가 노예여서 하류층이 많은 도시였다.[225] 소수의 부자가 많은 노예를 거느려 빈부 격차뿐 아니라 계층 간의 갈등도 심한 도시였다.

이뿐만이 아니다. 고린도는 물질 만능의 도시, 우상 숭배의 도시, 도덕적으로 타락한 도시의 아이콘이기도 했다. 이런 세속 도시의 상징이었던 고린도에 바울이 주후 50년경 도착해서 복음을 전했다. 바울은 이곳에서 18개월간 머물며 복음을 전했고, 교회를 세웠다(행 18:11). 그렇다면 바울 당시 고린도에는 몇 개의 가정교회가 세워졌을까? 이 가운데는 바울이 직접 세운 교회도 있고 그의 제자들이 세운 교회도 있는데, 고린도에서 남동쪽으로 약간 떨어진 겐그레아를 포함해 일곱 개의 가정교회가 있었다. 이들 교회의 리더는 인종적, 계층적으로 다양했는데, 어떻게 선교하며 한 몸을 추구했는지 한번 살펴보도록 하자.

● 아굴라와 브리스길라의 집, 작업장을 겸비한 가정교회가 되다

고린도 최초의 가정교회는 아굴라와 브리스길라의 집이다(행 18:1-4). 아굴라 부부가 고린도에 도착한 것은 주후 49년 가을이나 겨울 즈음이었는데, 이곳으로 이주한 이유는 글라우디오(클라우디우스, Claudius) 황제가 같은 해 칙령을 발표해서 로마에 거주하던 유대인 신자들을 모두 추방했기 때문이다(행 18:1-2).[226] 아굴라 부부가 바울에 의해 개종한 것은 아니지만, 바울을 만나면서 예수로 살고 예수로 죽는 신자가 되었다. 바울이 주후 50년 가을에 고린도에 도착했으니, 아굴라 부부는 바울보다 고린도에 1년 일찍 도착했던 것이다.[227]

그렇다면 최초의 고린도교회는 어떤 모습이었을까? 아굴라와 브리스길라는 유대인 신자로서 천막 만드는 직업을 가지고 있었다(행 18:3).[228] 아굴라 부부는 고린도에 도착한 후 곧바로 가죽 세공업을 오픈할 만큼 재정적 여력이 있었던 것을 알 수 있다.[229] 이렇게 볼 때 아굴라와 브리스길라의 집은 '작업장을 겸비한 가정교회'로 보인다.[230] 아굴라와 브리스길라는 바로 이곳에서 작업장에서 일하는 동료들과 손님들을 대상으로 가정교회를 세운 것이다. 아굴라 부부의 가정교회는 대략 20명 정도의 신자들이 모임을 가진 것으로 추정한다.[231]

아굴라와 브리스길라가 얼마나 충성된 일꾼인지는 바울이 로마교회에게 이들 부부를 가리켜 "내 목숨을 위하여 자기들의 목까지도 내놓았나니"(롬 16:4)라고 칭찬한 것에서 알 수 있다. 아마 이들 부부는 바울이 에베소 감옥에 있을 때 도움을 주는 데 힘쓴 것으로 보인다.[232] 바울은 아굴라와 브리스길라의 집에 1년간 머물면서 고린도 선교에 힘쓸 수 있었다. 아굴라와 브리스길라는 가정교회 리더로서 고린도의 비즈니스맨이나 무역업 종사자나 노예들이나 하류층에 이르기까지 복음을 확장시키는 데 중요한 역할을 했다.

● 디도 유스도의 집, 바울이 머문 가정교회가 되다

고린도 유대교 회당의 유물, 회당 옆의 디도 유스도의 집

고린도의 두 번째 가정교회는 디도 유스도의 집이다(행 18:7). 디도 유스도는 하나님을 경외하는 자로 회당의 준회원이었다. 할례를 받지 않은 그는 완전한 개종자가 아닌 회당에 반쯤 발을 걸친 자였다. 그럼에도 불구하고 회당에 기부금을 낼 만큼 물질에 여유가 있는 자로서 개인 집을 소유했으며, 교육을 잘 받은 신분이 높은 자임을 알 수 있다.[233] 바로 이런 디도 유스도의 집에 가정교회가 세워졌다. 사회적 신분이 있던 디도 유스도가 회당을 이탈해서 초대 교회의 신자가 된 것은 그의

결단력이 대단했음을 엿볼 수 있는 대목이다.[234]

바울은 2차 전도 여행 때 아굴라 부부의 집에서 머물다가 회당 바로 옆에 위치한 디도 유스도의 집으로 옮겼다. 아마도 마게도냐 지방의 빌립보교회와 데살로니가교회에서 선교 보조금이 오면서 더 이상 생계에 얽매이지 않고 전도하는 일에 집중할 수 있었던 것으로 보인다(행 18:5).[235] 그렇다면 왜 바울은 아굴라와 브리스길라의 집에 있다가 디도 유스도의 집으로 옮겼을까? 여기에는 두 가지 이유를 추정할 수 있는데, 첫째는, 유스도의 집이 아굴라의 집보다 규모가 컸기 때문일 것이고, 둘째는, 유스도의 집이 회당 바로 옆에 있어서 아굴라 부부의 집에 비해 유대인이나 하나님을 경외하는 자들을 접촉할 수 있는 기회가 많았기 때문일 것이라고 본다. 하나님을 경외하는 디도 유스도는 고린도의 헬라인 선교에 한 몫을 담당했다.[236]

⬟ 그리스보의 집, 회당장이 개종한 가정교회가 되다

그리스보는 바울로부터 세례를 받은 후 자기 집을 오픈해서 가정교회를 세운 자다. 그리스보는 라틴어 이름인데, 그는 회당장의 신분이었다가 초대교회로 등록을 했다. 아마 회당 옆에 사는 디도 유스도의 영향이 어느 정도 있지 않았나 생각한다. 유대인들이 이 사실을 알고 얼마나 가슴을 치며 바울을 미워했을지 상상이 간다. 그리스보는 고린도의 유대인 공동체에서 널리 알려진 인물인데 예수님을 영접한 이후 회당을 떠나 주님의 제자가 되었기 때문이다.[237] 회당장이었던 그리스보는 어느 정도 재산이 있고 자기 집을 소유한 인물이라 볼 수 있다. 그가 바울로부터 세례를 받고 그와 온 집안 식구들이 예수님을 영접한 것은 가정교회가 세워졌음을 짐작할 수

있는 대목이다(행 18:8).[238]

회당장 그리스보의 회심은 한마디로 고린도에서 큰 화제를 불러일으켰다. 하나님을 경외하는 이방인도 아닌 회당장이 스스로 회당을 박차고 나와 교회에 등록했다는 것은 놀라움 그 자체였다. 그의 개종은 수많은 고린도 사람들을 예수 믿게 하는 불씨가 되었는데, 복음의 파급 효과가 대단했다(행 18:8). 그리스보의 회심은 고린도에 있는 엘리트층과 특권층의 개종을 가속화시키는 단추 역할을 했다. 즉 회당장 그리스보의 회심이 주변에 영향을 끼친 만큼 바울의 박해는 이에 비례해서 높아졌음을 의미한다. 회당장 그리스보 집의 가정교회는 고린도에서 사회적으로 신분이 높은 부유한 자의 선교를 가속화시키는 촉매제 역할을 했다.

● 스데바나의 집,
   고린도의 첫 개종자가 세운 가정교회가 되다

스데바나는 바울에 의해 세례를 받은 후 자기 집을 가정교회로 세운 자다. 스데바나는 '고린도의 첫 개종자'여서 그의 존재감은 독보적인 위치를 차지했을 것이다(고전 16:15). 스데바나가 복음을 듣고 난 후 그의 가족 모두가 바울로부터 세례를 받은 것은 가정교회가 형성되었음을 시사한다.[239] 무엇보다 바울이 에베소에 있을 때 스데바나와 동행한 브드나도와 아가이고의 이름을 언급하며 이들의 방문을 기뻐했는데, 이들 세 사람이 고린도교회의 부족한 부분을 채운 자들이라고 격려한 모습이 놀랍다(고전 16:17). 이들이 고린도교회의 어떤 약한 부분을 해결해 줬는지 누가는 정확히 알려 주지 않는다.

브드나도와 아가이고는 스데바나 집의 가정교회 신자라 볼 수 있다. 이들의 이름은 둘 다 라틴어로 되어 있어 노예였다가 해방된 자유인임을 알 수 있다. 즉 사회적으로 출세할 가능성이 높은 자임을 알 수 있는 것으로 보아, 이 둘은 스데바나의 노예가 아니라 가족이나 친구로 보인다.[240] 스데바나는 고린도를 떠나 먼 에베소까지 두 명의 동행자와 여행할 만큼 시간적·물질적 여유가 있는 자일 뿐 아니라, 대외적으로도 활발한 활동가임을 알 수 있다.[241] 고린도의 첫 신자였던 스데바나는 자긍심이 높았을 뿐 아니라, 브드나도와 아가이고처럼 자유인이 된 중산층 선교에 박차를 가했을 것이라 본다.

● 가이오의 집, 온 교회 모임의 가정교회가 되다

가이오는 바울로부터 세례를 받은 후 가정교회를 세운 자다. 바울은 가이오에게 세례를 베푼 것에 대해 기뻐했다(고전 1:14). 가이오는 로마식 이름인데, 그의 이름 앞에 붙은 "나와 온 교회를 돌보아 주는"(롬 16:23)이라는 표현을 눈여겨봐야 한다. 이 말은 가이오의 집이 고린도의 가정교회로 사용되었음을 암시한다.[242] 그렇다면 가이오 집의 가정교회 구성원은 누구일까? 힌트는 바울이 고린도에서 로마교회로 보냈던 편지인 로마서 16장 21-23절에서 찾을 수 있다. 바울과 디모데를 제외하면 바울의 친척(인척이 아닌 동족)인 누기오와 야손과 소시바더가 있고(롬 16:21), 바울의 대필자인 더디오가 있고(롬 16:22), 재무관인 에라스도와 형제 구아도(롬 16:23)로 구성되었을 것이라 본다. 최소한 열 명은 모이지 않았을까 생각한다.

때로 가이오의 집은 가정교회들이 필요할 때 전체 모임을 갖는 온 교회

(연합 모임)의 정기 집회 장소로 사용되었음을 짐작할 수 있다(롬 16:23).[243] 고린도교회의 전체 신자가 모임을 가졌다는 것은 가이오 집의 주방, 거실, 안마당이 매우 컸음을 알 수 있는 대목이다.[244] 또한 가이오의 집이 고린도교회의 온 교회로 모였다는 것은 고린도에 여러 개의 가정교회가 존재했다는 것을 시사한다.

무엇보다 가이오는 3차 전도 여행 때 고린도를 잠시 방문한 바울로 하여금 자기 집에 머물게 하며 사역에 집중할 수 있도록 도움을 주었는데, 바울은 이곳에서 로마서를 기술했다.[245] 가이오는 바울의 숙박을 도울 수 있을 만큼 여유의 방을 지니고 있던 자다. 또한 가이오가 바울의 비서로서 바울의 편지를 대필하는 더디오를 고용했는데(롬 16:22), 바울이 대필자를 고용한 것은 아마 그의 눈의 '가시' 때문에 편지 쓰는 것이 불편했기 때문이라 생각한다(고후 12:7; 갈 4:15). 이처럼 가이오가 세상이 아닌 하나님 나라를 먼저 구하는 자였기에 바울은 행복했을 것이다.

⬟ 에라스도의 집, 공무원이 개척한 가정교회가 되다

에라스도가 라틴어 이름이란 점을 고려할 때, 그는 노예였다가 해방되어 로마 시민권을 소유한 자유인임을 알 수 있다.[246] 무엇보다 에라스도 이름 앞에 붙어 있는 '재무관'(롬 16:23)은 그의 직책과 함께 그가 고린도교회에 어떤 영향을 끼쳤는지를 유추할 수 있게 해 준다. 1세기 고린도의 재무관에는 두 부류가 있었는데, 첫째는 고린도의 재무 관련 부서에서 일하는 노예이고, 둘째는 훗날 조영관(造營官, 오늘날 한국의 국토교통부 공무원)으로 고린도 시 정부에서 일하는 엘리트 일꾼이다.[247] 전자는 단순직으로서 집이 없는 하층민이고, 후자는 유능한 관료직으로서 집을 소유했을 뿐 아니라 사회적으로 신분이 높은 인사임을 알 수 있다.

놀라운 사실은, 1929년에 에라스도의 비문이 발견되어 에라스도가 고린도의 조영관으로 복무했음이 밝혀졌다. 즉 에라스도는 시 행정에 영향력 있는 인사일 뿐 아니라 큰 주택을 소유한 자임을 알 수 있다. 무엇보다 바울이 에라스도의 이름을 빌려 로마교회에 안부를 전한 것을 보면, 에라스도가 고린도의 가정교회에서 리더로 섬기던, 고린도교회의 영향력 있는 인물임을 알 수 있다(롬 16:23). 더욱이 에라스도는 마게도냐 지방까지 파송받을 정도로 교회 사역에 열정적인 자였다(행 19:22). 이처럼 고린도교회에서 에라스도의 개종은 사회적으로 신분이 높고 부유한 자의 전도를 확대시키는 계기였음을 짐작할 수 있다.

재무관 에라스도의 비문. 비문에는 "조영관 직책의 보답으로 에라스도가 자신의 비용으로 이것을 포장하다"라고 기록되어 있다.

● 뵈뵈의 집, 겐그레아의 가정교회가 되다

뵈뵈의 집은 어디에 있을까? 그녀의 집은 아가야 속주(지방)에 속한 겐그레아로 고린도와는 지척에 있는 거리다. 뵈뵈라는 이름이 노예에게 주어졌다는 점으로 미루어 볼 때, 그녀는 노예였다가 자유인이 되었음을 알 수 있다.[248] 뵈뵈라는 이름이 남편 이름 없이 홀로 사용된 것으로 보아 그녀는 과부거나 독립 여성으로 보인다. 뵈뵈는 혼자 사는 여성이었지만 겐그레아에서 사회적 신분이 높은 자였고, 개인 집을 소유한 부유한 자이기도 했다. 한마디로 겐그레아의 유명 인사라 할 수 있다. 이런 여성이 예수님을 만난 이후부터는 자신을 위해 살지 않고 주님을 위해 사는 귀한 여성 지도자로 변신했다.

겐그레아교회는 바울이 세운 교회가 아니라 뵈뵈가 자기 집을 오픈해서 세운 교회다. 뵈뵈는 바울이 고린도에서 복음을 전할 때 회심한 것으로 보인다. 데살로니가와 베뢰아에서 헬라의 귀부인이 예수님을 영접한 것처럼, 뵈뵈 역시 고린도에서 회심할 때는 헬라의 귀부인으로서 개종했다(행 17:4, 12). 그만큼 뵈뵈는 재산이 있고 신분이 높은 자였다. 이를 확인할 수 있는 길은 바울이 로마교회에 편지를 보낼 때 뵈뵈를 통해서 전달했는데, 그때 뵈뵈를 가리켜 '나의 보호자'라고 칭하며 겐그레아에서 로마까지 약 1,287킬로미터를 마다하지 않고 떠나온 그녀를 따뜻하게 영접하며 필요한 모든 것을 도와줄 것을 요청했다(롬 16:1-2).[249]

여기서 '보호자'란 '후견인'(patron)으로서, 자신의 휘하에 있는 자들의 법적인 문제와 경제적인 후원을 책임지는 자를 말한다.[250] 뵈뵈는 바울의 든든한 재정적 후견자였다. 이런 그녀가 예수님을 영접한 이후 고린도에서 남동쪽으로 약 7킬로미터 떨어진 곳에 겐그레아교회를 세운 것이다.[251] 뵈뵈는 자기 집을 오픈해 가정교회를 세운 뒤 섬김과 희생의 아이콘으로 봉사했다. 한 예로, 바울이 겐그레아에서 머리를 깎았을 때 뵈뵈의 집에 머물렀을 가능성이 높다(행 18:18).[252] 왜냐하면 뵈뵈는 바울과 다른 선교사들이 겐그레아를 방문할 때 머물 수 있도록 숙박과 음식을 제공할 만큼 재력이 있는, 신앙 좋은 여성이었기 때문이다.

이처럼 뵈뵈는 겐그레아의 가정교회 지도자였음을 알 수 있다. 그런데 개역개정 성경은 뵈뵈를 가리킨 헬라어 '디아코노스'(διάκονος)를 "일꾼"(롬 16:1)으로 묘사했는데, 이것은 킹제임스 성경(KJV)이 'servant'(봉사자)로 번역한 영향의 탓이기도 하다.[253] 왜 그럴까? 이것은 킹제임스 성경이 출판된 (1611년) 17세기의 잘못된 '성차별적 관행'으로, 뵈뵈의 역할을 축소시키려는 의도가 강했기 때문이다.[254] 하지만 개정표준역 성경(RSV)은 'deaconess' (여 집사)로, 신개역표준역 성경(NRSV)은 'deacon'(집사)으로 다양하게 번역하고 있다.

뵈뵈는 겐그레아에서 로마까지 바울의 편지를 들고 여행할 만큼 강단이 있고, 재정적 여유가 있으며, 결단력이 강한 여성으로 바울의 숨은 봉사자였다. 뵈뵈는 독립 여성으로 자산가였지만, 세상을 위해 살지 않고 주를 위해 사는 겐그레아교회의 여 집사요, 가정교회의 여성 리더였다.

⬠ 온 교회, 교회 분쟁을 막고 한 몸을 추구하다

1세기 고린도의 가정교회는 최소 일곱 개다. 그러다 보니 자연스럽게 고린도의 가정교회 전체 모임이 필요했는데, 그곳이 바로 가이오의 집이다 (롬 16:23). 온 교회는 고린도교회 내의 문제를 조율하고 협력하기 위해 필요한 전체 모임이었다. 그렇다면 온 교회와 지역 교회는 어떤 관계가 있었는지를 먼저 살펴보자.

1세기 가정교회는 소그룹 형태가 아닌 '독립적인 교회'였고, 이들 가정교회의 연합 모임이 '온 교회'였다.[255] 즉 온 교회의 모임 안에는 여러 가정교회들이 속해 있었다. 그래서 바울은 고린도교회가 방언 문제로 어려움을 겪고 있을 때 각 가정교회에 따로 편지를 보내지 않고 온 교회에만 하나의 편지를 보냈다(고전 14:23).[256] 이처럼 바울은 '온 교회'를 오늘날의 '지역 교회'로 보았다.[257]

그렇다면 바울은 가정교회와 지역 교회를 어떻게 이해했을까? 1세기 가정교회는 각각 독립적인 교회였지만 각자의 이름을 사용하지 않았다. 한 예로, 아굴라와 브리스길라 집의 가정교회도 고린도교회요, 디도 유스도 집의 가정교회도 고린도교회다. 바울이 3차 전도 여행 시 에베소에서 고린도전서를 기술할 때, 그는 분쟁이 발생한 가정교회별로 편지하지 않고 지역 교회인 고린도교회 한 곳에만 편지를 보냈다. 바울이 "고린도에 있는 하나님의 교회"(고전 1:2)라고 교회를 단수로 표현한 것은 고린도의 모든 가정교회에게 편지하는 것과 같았다. 바울은 당시 가정교회를 오늘날 지역 교회와 동일한 개념으로 보았다.[258]

고린도교회는 자체적으로 많은 갈등과 분쟁이 있었다. 하지만 바울은 고린도의 어느 가정교회가 어떤 갈등을 겪고 있었는지 상세히 밝혀 주지는 않는다. 고린도교회가 분열을 겪게 된 배경을 보면, 교인 대다수가 하류층인 교회 안에 엘리트층 인사들이 유입되면서 이들 가운데 일부가 교회 내에서 적절치 못한 행동(예를 들면, 애찬식 때 좋은 음식을 먼저 먹거나 우상의 제물을 먹는 것)을 하거나, 혹은 교인 중에서 자신의 신앙(예를 들면, 방언)을 자랑하고 떠벌리는 행위가 성도들 간의 갈등과 분열을 초래했기 때문이다. 고린도교회가 하나 되지 못하고 분열된 모습을 그대로 볼 수 있다.

그래서 고린도의 가정교회가 겪는 문제들을 해결하기 위해서는 전체 모임인 '온 교회'가 필요했다. 그곳이 바로 가이오의 집이었다(롬 16:23). 가이오의 집에서 전체 모임이 열렸을 때 고린도의 가정교회 모두가 온 교회에서 방언을 말하면 이를 알아듣지 못하는 자들이 불편하기 때문에, 바울은 각 성도들이 자신의 은사(예를 들면, 방언)를 사용할 때 교회의 '덕'을 세우는 데 우선할 것을 권면했다(고전 14:26). 이처럼 '온 교회'란 고린도에 살고 있는 가정교회 신자들이 모이는 전체 모임을 말한다.[259]

그렇다면 온 교회의 모임 숫자는 얼마 정도였을까? 1세기 로마 제국의 건축 기술로는 100명까지 가능한 점에 비춰봤을 때 최고 100명까지는 모이지 않았을까 생각한다.[260] 그렇기 위해서는 식당, 거실, 안마당이 무척 커야 했는데, 안디옥교회의 마리아의 집이나 고린도교회의 가이오의 집 같은 경우가 이에 해당되지 않을까 생각한다.

그렇다면 온 교회는 얼마나 자주 모였을까? 고린도전서 14장 23절의 "온 교회가 함께 모여 다 방언으로 말하면 알지 못하는 자들이나 믿지 아니하는 자들이 들어와서 너희를 미쳤다 하지 아니하겠느냐"라는 말씀을 고려해 볼 때 온 교회가 매주 한 번씩 모이지는 않은 것 같다.[261] 바울은 온 교회의 모임 횟수에 관해 정확한 정보를 주지 않고 있다. 하지만 당시 이교도의 모임이 한 달에 한 번씩 이뤄진 것으로 미루어 볼 때 가정교회의 전체 모임인 '온 교회'도 이에 따라 한 달에 한 번씩 모이지 않았을까 생각한다.

정리하자면, 고린도교회라는 지역 교회 안에는 여러 개의 가정교회가 있었고, 이런 가정교회들이 약 한 달에 한 번꼴로 전체 모임인 온 교회를 형성한 것 같다.[262] 한편 교회 개념에 있어서 바울은 1세기 가정교회를 지역 교회로 이해했고, 온 교회 역시 지역 교회로 이해한 것으로 보이며, 고린도교회가 처한 내적인 분쟁을 막고 더 이상 분열함이 없이 한 몸을 추구하기 위해 온 교회의 모임을 가진 것이다.

◆ 고린도교회의 '세 가지 C' 선교

1세기 고린도의 가정교회 지도자를 인종별, 계층별, 성별로 구분해 보면 흥미로운 사실을 발견할 수 있다. 첫째, 가정교회 지도자를 인종별로 구분해 보면, 아굴라와 브리스길라는 유대인이고, 그 외는 모두 이방인이다. 유대인보다는 이방인 리더의 교회 개척자가 훨씬 많다.

둘째, 사회적 신분에 따라 가정교회 지도자를 구분해 보면, 대다수가 신분이 있고 부유한 자다. 정부 기관, 종교 지도자, 엘리트 계급에 속한 인사로는 그리스보(회당장), 가이오(온 교회의 책임자), 에라스도(재무관)가 있다. 이들을 포함한 고린도교회의 리더는 모두가 중산층에 속했는데, 실제로 재산이나 사회적 영향력을 보면 신분이 있고 부유한 자였다. 이처럼 고린도교회는 중산층 리더들이 교회 개척에 앞장섰다는 얘기다.

셋째, 성별에 따라 가정교회 지도자를 구분해 보면, 브리스길라와 뵈뵈는 여성이고, 그 외는 모두 남성이다. 여성이 주목을 받지 못하던 때에 가정교회 여성 지도자들이 활동한 것은 이방인들에게 큰 매력으로 다가갔다.

이제 고린도의 가정교회들이 중점을 둔 '세 가지 C' 선교를 살펴보려 한다. '세 가지 C' 선교란 중산층 선교(craftsman mission), 타문화 선교(cross-cultural mission), 돌봄 선교(caring mission)의 영문 첫 글자를 따서 만든 것이다. 이 세 가지는 고린도의 가정교회들로 하여금 내부의 갈등과 분열을 극복하게 하는 데 중요한 역할을 했다. 오늘날 한국 교회가 겪는 갈등을 고린도교회에서 그대로 엿볼 수 있는데, 한국 교회가 고린도교회를 반면교사로 삼아 내부적 갈등을 이겨 내고 선교하는 교회로 도약할 수 있으면 좋겠다.

1) 중산층 선교(craftsman mission)

고린도교회의 첫 번째 선교는 '중산층 선교'다. 중산층 선교란, 가죽 세공의 장인(craftsman)이었던 아굴라 부부처럼 중산층을 대상으로 집중적으로 복음을 전하는 것을 말한다. 1세기 고린도교회는 대다수가 하류층이고, 상류층은 소수에 불과하며, 중산층이 약간 있었다. 흥미로운 사실은, 고린도의 가정교회 개척자들은 대다수가 중산층이었다. 당시 중산층은 주로 장인, 장사꾼, 자유민, 지주, 교사들이었는데, 이들은 고린도의 도시화, 산업화로 인해 신흥 세력으로 급부상한 자들이었다.[263] 소위 부르주아라 불리는 중산층의 리더들은 개인 집을 소유했지만 부를 위해 살지 않고 주를 위해 헌신한 자들이었다.

이들이 바로 아굴라와 브리스길라, 디도 유스도, 스데바나와 뵈뵈 같은 자들이다. 고린도의 신흥 강자로 등장한 중산층의 리더들은 사회 개혁에 보다 적극적인 자세를 취한 자들이어서 바울이 꿈꾼 교회 공동체 사상에 매료되었다. 한 예로, 바울 공동체가 이방인과 여성들에게 교회 사역의 기회를 제공한다든가, 애찬식에 이방인들을 동참시켜 함께 식탁 교제를 하는 모습은 충격 그 자체였다. 중산층 리더들은 고린도교회에서 높은 비율을 차지하지는 않았지만 복음에 매우 열정적이었다. 그 대표적인 사례가 아굴라와 브리스길라다.

아굴라 부부는 가죽 세공업자로서 바울과 함께 자기 집에서 1년을 같이 살았다.[264] 아굴라 부부는 바울과 함께 살면서 바울의 성격을 다 엿볼 수 있었을 것이다. 그러면서 그들은 "나는 날마다 죽노라"(고전 15:31)라고 얘기하는 바울의 모습을 그대로 보았을 것이다. 바울의 내려놓음과 겸손, 그의 변함없는 소명은 아굴라 부부로 하여금 에베소까지 함께 떠나게 하는 원동력이 되지 않았을까 생각한다. 바울이 자기 곁에서 도왔던 아굴라 부부(롬 16:3-4)에게 감사하는 모습은 리더가 본받아야 할 자세다.

2) 타문화 선교(cross-cultural mission)

고린도교회의 두 번째 선교는 '타문화 선교'다. 타문화 선교란 소위 유사 언어와 유사 문화권(E2 선교) 또는 다른 언어와 다른 문화권(E3 선교)에 복음을 전하는 것을 말한다.[265] 고린도교회의 경우에는 아굴라와 브리스길라, 에라스도, 뵈뵈가 해당되는데, 이들은 E2 선교를 경험한 자들이다. 1세기 로마 제국은 각 나라의 언어가 있지만 코이네 헬라어가 공통어로 통용되던 시기였는데, 각 국가별로 세계관, 사회관, 종교, 문화 등에 있어서 차이점이 있었기에 바울과 아굴라 부부의 경우는 E2 선교사로 부를 수 있다.

우선 아굴라와 브리스길라를 살펴보고자 한다. 아굴라와 브리스길라는 고린도교회의 유일한 부부 선교사로, 순회 선교사로 활동한 가정교회 지도자다. 이들 부부가 개척한 가정교회는 '고린도 → 에베소 → 로마'에서 발견할 수 있는데, 이들 부부는 성공한 사업가로서 교회 개척에 힘썼다. 아굴라 부부는 무보수의 자비량 선교사로서 좋은 모델이 된다. 이들 부부는 유대인이어서 헬라인들이 보기에 할례와 모세의 음식법을 고집하는 자로 오해받을 수 있었지만, 이런 편견에서 벗어나 교회를 세운 것을 보면 위대한 평신도 선교사였다.

다음으로 에라스도와 뵈뵈를 살펴보자. 두 사람의 공통점은 고린도에 뿌리를 두면서 잠깐 다른 지역으로 건너가 선교 활동에 협조했다는 것이다. 아굴라 부부를 장기 선교사로 본다면, 에라스도와 뵈뵈는 단기 선교사로 칭할 수 있다. 에라스도는 고린도를 떠나 잠깐 마게도냐로 파송을 받았고(행 19:22), 뵈뵈는 바울의 요청에 따라 겐그레아에서 로마까지 먼 길을 마다하지 않고 바울의 편지를 로마교회에 전달했다(롬 16:1-4). 고린도교회가 내부적으로 홍역을 치르는 상황에서 아굴라와 브리스길라, 에라스도, 뵈뵈가 어떤 모양으로든 선교에 동참했다는 것은 대단하지 않을 수 없다. 이들의 헌신으로 타문화권 선교가 빛을 발할 수 있었다.

3) 돌봄 선교(caring mission)

고린도교회의 세 번째 선교는 '돌봄 선교'다. 돌봄 선교란, 고린도교회의 경우 신자들 간에 갈등과 분열이 생겨 어려움을 겪고 있을 때 이를 자체적으로 해결하기 위해 성도들을 돌보며 하나 되게 하는 것을 말한다. "가지 많은 나무에 바람 잘 날 없다"고 했는데, 고린도교회가 그랬다. 1세기 고린도교회는 다른 지역에 비해 가정교회가 많았는데, 성도들의 대다수가 하류층이고 극소수만이 엘리트층이었다. 문제는 고린도의 엘리트층 일부가 교회에 유입되면서 이들의 현명치 못한 행동으로 인해 교회가 분란에 빠졌다.

그렇다면 고린도교회를 혼란하게 만든 엘리트층은 어떤 사람들일까? 이들 엘리트층 개종자에는 일곱 가지 유형이 있었는데, 첫째는 지혜롭고 능한 자(고전 1:26, 3:18), 둘째는 화려한 수사학을 사용하는 자(고전 2:1-5), 셋째는 법적 소송에 탁월한 자(고전 6:1-11), 넷째는 창녀(신전 여 사제)를 방문한 자(고전 6:12-18), 다섯째는 신전에서 우상의 제물을 먹는 자(고전 8:10), 여섯째는 사회적 신분을 뽐내기 위해 예배드릴 때 자기 머리를 가리는 자(고전 11:4) 그리고 일곱째는 오후에 자신만의 식사 시간을 갖는 자(고전 11:21-22)였다.[266]

엘리트층 인사들이 교회에 등록한 것은 감사한 일이지만, 앞서 언급한 엘리트층 개종자들의 지혜롭지 못한 처사는 고린도교회를 더욱 악화시키고 말았다. 아마 고린도교회의 엘리트층 개종자들을 변화시키는 데 앞장 선 인물은 그리스보, 가이오, 에라스도였을 것으로 생각한다. 바울은 엘리트층 개종자들의 온전치 못한 행동(고전 1:26-11:22)에 관해 일일이 답변하면서, 신자로서의 정체성을 잃지 말고 거룩한 삶을 살며, 세상의 소금과 누룩이 되어 더 이상 교회를 분열시키지 말고 '한 몸'을 이루는 자가 될 것을 부탁했다.

그런데 바울이 글로에의 집안 식구들을 통해 전달받은 고린도교회의 상황은 심각했다(고전 1:11). 고린도교회 안에 분쟁이 생겨 바울파, 아볼로파, 베드로파, 그리스도파로 쪼개졌기 때문이다(고전 1:12). 고린도의 가정교회 중에서 어느 쪽이 바울파인지, 아볼로파인지, 베드로파인지, 그리스도파인지 알 수는 없다. 특히 네 개의 파 중에서 바울의 후임자로 고린도교회를 인도한 아볼로는 바울과는 달리 언변이 좋고 성경 지식이 풍부해 따르는 자들이 많았다. 이에 바울은 "나는 심었고 아볼로는 물을 주었으되 오직 하나님께서 자라나게 하셨나니"(고전 3:6)라며 둘 사이를 더 이상 비교하지 말고 그리스도 안에서 '하나' 될 것을 부탁했다.

설상가상으로 고린도교회는 방언 건으로 또 한 번 홍역을 치르게 되었다. 방언을 사용하는 자는 '일류 신자'이고 그렇지 못한 자는 마치 '삼류 신자'로 취급되어 교회는 걷잡을 수 없는 소용돌이에 빠지게 되었다. 이때 바울은 교회를 '그리스도의 몸'에 비유하면서 머리 되시는 예수 그리스도 안에서 모든 지체들은 서로 미워하거나 무시하지 말고, 서로 사랑하고 배려해서 '하나' 되는 공동체로 만들 것을 주문했다(고전 12:12-27). 그리고 모든 성도들이 더욱 좋은 은사를 사모하되(고전 12:31), 은사를 사용하는 목적은 '개인의 덕'이 아닌 '교회의 덕'을 세우는 것임을 잊지 말도록 부탁했다(고전 14:4, 12, 26).

이처럼 고린도교회는 엘리트층 개종자들의 지혜롭지 못한 행동과 자신의 은사(특히 방언)를 자랑하는 신자들로 인해 큰 홍역을 치렀다. 하지만 고린도의 가정교회 리더들의 섬김은 감동 그 자체였다. 바로 그 샘플이 아굴라와 브리스길라다. 이방 땅에서 유대인이라는 한계점은 있었지만 자기 집을 오픈해서 가정교회로 만들어 이방인들과 함께 예배드리고, 신자들 간의 식탁 교제를 위해 음식 준비하는 것을 아까워하지 않고, 나아가 바울처럼 자비량 선교로 모범을 보인 것은 신자들에게 큰 감흥을 주었을 것이다. 고린도 교인들은 인종별, 계층별로 '다양'했지만, 그리스도 안에서 서로 사랑하며 모범을 보였던 아굴라와 브리스길라 및 여러 가정교회 리더들의 정신을 본받아 분쟁을 멈추고 '한 몸'을 이루는 데 힘썼다.

다함께 생각하기

1. 당신은 아래의 인물들 가운데 어떤 유형을 신앙의 모델로 삼고 싶은지 말해
   보라.

   ① 아굴라와 브리스길라형: 성공한 사업가로서 교회 봉사를 하는 자
   ② 그리스보형: 종교 지도자로서 교회 활동을 하는 자
   ③ 가이오형: 자기 집을 교회 공동체 모임을 위해 기꺼이 제공하는 자
   ④ 에라스도형: 국가 공무원으로서 신앙생활을 하는 자
   ⑤ 뵈뵈형: 독립 여성으로서 왕성하게 교회 봉사를 하는 자

2. 고린도교회가 보여 준 아래의 세 가지 선교 중에서 당신이 출석하는 교회에 가
   장 우선적으로 필요한 것이 있다면 무엇이라 생각하는가?

   ① 중산층 선교
   ② 타문화 선교
   ③ 돌봄 선교

＊

고린도 교인들은 인종별, 계층별로 '다양'했지만,
그리스도 안에서 서로 사랑하며 모범을 보였던
아굴라와 브리스길라 및 여러 가정교회 리더들의 정신을 본받아
분쟁을 멈추고 '한 몸'을 이루는 데 힘썼다.

9

아시아의 교회들,

여성 리더십을
가정교회
선교에서
증명하다

아시아(터키 서쪽) 선교는 바울의 꿈이었다. 바울이 1차 전도 여행을 마치고 2차 여행 때 아시아로 가려 했지만, 하나님은 그를 마게도냐로 먼저 보내셨다(행 16:8-10). 바울이 '아시아 선교 프로젝트'를 시행할 수 있었던 것은 2차 전도 여행 후 약 3년이 지났을 때 가능했다. 로마 제국의 통치하에 있던 아시아 속주(지방)는 동쪽으로 아모리온과 서쪽으로 지중해 해안에 이르기까지 넓은 영토를 차지했다.[267] 이곳의 주요 도시는 에베소, 서머나, 버가모, 두아디라, 사데, 빌라델비아, 골로새, 라오디게아, 히에라볼리 등이었는데, 각 도시는 주로 상업, 무역, 금융, 교육, 문화의 중심지였고, 에베소가 아시아 속주의 수도였다.

바울은 에베소에서 3년간 머물며 복음 전도에 앞장서 아시아 선교에 큰 영향을 끼쳤다(행 20:31). 아시아에는 여러 교회들이 개척되었는데, 이 장에서는 바울의 가정교회 선교와 관련된 에베소교회, 골로새교회, 라오디게아교회를 살펴보려고 한다. 특히 아시아 교회들의 특징을 뽑는다면 여성 리더십이다. 따라서 에베소교회의 브리스가, 골로새교회의 압비아, 라오디게아교회의 눔바가 자신의 여성 리더십을 가정교회 선교를 통해서 어떻게 보여 주었는지, 어떻게 하나님 나라를 확장시켜 나갔는지 살펴볼 것이다.

● 아시아의 교회들이란 무엇인가

아시아의 교회들이란 무엇일까? 이는 고린도전서 16장 19절의 "아시아의 교회들이 너희에게 문안하고"라는 말씀에서 확인할 수 있다. 바울이 고린도 성도들에게 편지를 쓸 때 아시아의 교회들이 고린도교회에게 문안 인사한 것을 전했다. 그가 말한 아시아의 교회들이란 에베소교회, 골로새교회, 라오디게아교회를 말한다. 아시아 속주(지방)의 몇 도시에 교회가 세워졌음을 알 수 있다. 그래서 바울은 아시아의 교회들을 표현할 때 단수가 아닌 복수를 사용했다. 앞서 언급했지만, 바울은 로마가 점령한 이탈리아 밖의 속주(지방)에 있는 교회를 말할 때는 복수로, 서울, 부산, 인천과 같은 도시 교회를 언급할 때는 단수로 사용했다.

그렇다면 사도 요한이 예언한 소아시아의 일곱 교회는 바울이 편지를 쓸 때 포함되었을까? 일곱 교회 중 에베소교회와 라오디게아교회는 바울이 언급한 아시아의 교회들 속에 포함되어 있다. 나머지 교회들은 바울이 에베소 선교를 마친 이후 그의 제자들로 인해 아시아 지방에 많은 교회들이 개척되었는데 이때 세워진 것으로 보인다. 그런데 소아시아의 일곱 교회도 바울이 개척한 '가정교회 스타일'로 개척되었을 것이라 판단한다. 왜냐하면 1세기 교회 개척은 가정교회로 세워졌기 때문이다. 그렇다면 이제 바울이 언급한 아시아의 교회들이 어떻게 선교했는지를 한번 살펴보도록 하자.

● 아시아의 교회들, 여성 리더십을 보여 주다

아시아의 교회들의 가장 큰 특징이라면 여성 리더십이 강하다는 것이다.

브리스가는 고린도에서 이미 남편 아굴라와 함께 교회 개척을 한 경험으로 에베소에서도 가정교회 리더로 섬겼고, 압비아 역시 남편 빌레몬과 함께 골로새의 가정교회 리더로 활동했으며, 눔바는 골로새와 지척의 거리에 있는 라오디게아에서 가정교회를 세울 만큼 활동이 왕성한 여성이었다. 이처럼 바울 당시 아시아의 교회들을 보면 여성의 활동이 남성 못지않게 활발한 것을 알 수 있다.

그렇다면 바울의 여성 동역자들은 얼마나 될까? 바울의 동역자 중에서 여성이 차지하는 비율은 약 18퍼센트에 이른다. 대략 다섯 명 중 한 명이 여성 동역자라는 사실이다. 그런데 바울 서신에서는 여성 동역자의 비율이 25퍼센트로 증가한 것을 볼 수 있다.[268] 오늘날의 관점에서 보면 여성의 비율이 높지 않지만, 고대의 관점에서 보면 대단히 높은 비율이다. 이들을 소개하면, 아시아 교회에서는 브리스가와 압비아와 눔바가 있고, 그 외에는 루디아, 뵈뵈, 버시 및 유오디아와 순두게 등이 있다.

이제 초대 교회 당시 여성이 자기 집을 가정교회로 제공했을 때의 특징을 살펴보고자 한다. 첫째, 여성은 교회를 방문한 자들에게 환대를 아주 잘해 주었다. 예배는 애찬식(주의 만찬식)과 설교로 이어졌는데, 애찬식 때 음식을 준비하는 일에 있어서는 누구보다도 뛰어났다. 이런 사례는 브리스가, 압비아, 눔바에서 찾아볼 수 있다.

둘째, 여성의 집은 신앙을 훈련시키는 일에 안성맞춤이었다.[269] 차후에 다루겠지만, 유대인 학자인 아볼로가 성경을 제대로 알지 못했을 때 브리스길라가 아볼로를 자기 집으로 초대해서 성경을 자세히 가르쳐 준 것을 보면 알 수 있다(행 18:26).

셋째, 여성은 가정교회들 간의 소통을 원활하게 하는 데 뛰어났다. 예를 들어, 글로에는 고린도교회가 분쟁으로 어려움을 겪었을 때 자기 집안

식구들을 바울에게 보내어 교회의 상황을 상세히 전했고(고전 1:11), 뵈뵈는 바울의 편지를 1,287킬로미터나 떨어진 로마교회까지 직접 전달했다(롬 16:1-2).[270]

넷째, 여성의 집은 선교 센터의 역할을 톡톡히 감당했다. 뵈뵈는 겐그레아의 독립 여성으로서 지역의 유명 인사였다. 특히 로마 제국 당시 겐그레아에서 고린도까지 이어지는 7킬로미터의 도로는 포장이 잘되어 있어 뵈뵈가 아가야 지방(속주)을 복음화하는 데 큰 도움을 주었다.[271]

이런 네 가지 특징들을 아시아 교회의 여성 리더에게도 찾아볼 수 있다.

⬟ 에베소교회, 브리스가의 가르치는 리더십이 빛을 보다

1세기 에베소는 인구 20만 명의 대도시로 아시아 속주(지방)의 수도였고, 아시아의 주 총독이 거주했다.[272] 에베소에는 고대 7대 불가사의 중의 하나인 아데미 신전이 있을 뿐 아니라 풍요의 신이라 불리는 아데미 여신상이 있었다. 바로 이곳에 바울이 2차 전도 여행 끝자락에 잠시 체류했다가, 3차 전도 여행 때 방문해서 3년(52-55년)간 사역을 펼쳤다(행 20:31).

1) 아굴라와 브리스가집의 가정교회

아굴라와 브리스가가 에베소에서 가정교회를 개척한 것은 고린도전서 16장 19절의 "아굴라와 브리스가와 그 집에 있는 교회"라는 말씀에서 확인이 가능하다. 이것은 바울이 에베소에서 고린도교회에 보낸 편지의 내용이다. 아굴라 부부가 에베소에 가게 된 것은 바울이 2차 전도 여행 끝 무렵에 에베소로 갈 때 함께 갔기 때문이다(행 18:18). 바울은 잠깐 에베소에 머문 뒤

에베소의 사도 요한 기념 교회

아굴라 부부를 에베소에 남겨 둔 채 수리아 안디옥으로 돌아가 2차 전도 여행을 마무리했다(행 18:21-22).

앞서 언급한 것처럼, 아굴라 부부는 가죽 세공업으로 사업에 성공한 이들이라 에베소에도 자기 사업장이 있었던 것으로 보인다.[273] 이곳에서도 고린도처럼 곧바로 자기 사업을 하면서 가정교회를 이끌어 간 것이다. 아굴라 부부가 에베소교회에서 세운 업적이라면 유대인 학자인 아볼로를 말씀으로 재양육했다는 점이다. 아볼로는 알렉산드리아 출신의 유대인 신자로서 언변이 탁월한 수사학자(sophist, 소피스트)이자 성경에 능통한 자였다(행 18:24).[274]

아볼로와 같은 알렉산드리아 출신 중에는 수사학자(웅변가)가 많았는데,

수사학자 중에서 예수 그리스도를 영접한 자들 가운데 일부는 선교사들을 자기 집에 초대해 개인 자랑을 떠벌리는 것을 좋아한 자도 있었다.[275] 당시 수사학자들은 타인과의 경쟁의식을 조장하고 자기 제자를 만드는 특징이 있어서 집단 성향이 매우 강했다.[276] 그랬기에 에베소에 있던 아볼로가 고린도교회에 가서 잠깐 사역할 때 그의 언변에 녹아든 자들로 인해 교회 분열이라는 최악의 상황을 맞지 않았을까 생각한다.

놀라운 사실은, 유명한 수사학자였던 아볼로가 회당에서 세례 요한의 물세례만 가르치는 것을 본 아굴라 부부가 그를 자신들 집으로 데리고 가서 성령 세례에 관해서도 자세히 설명해 주어 기독교 교리를 재교육시켰다는 점이다(행 18:26-19:4). 이처럼 유대인 출신의 아굴라 부부가 유대인 학자인 아볼로의 잘못된 성경 지식을 바로잡아 주는 데 중요한 역할을 한 것으로 보아 아굴라 부부의 집은 유대인 중심의 가정교회로 모이지 않았을까 생각한다.[277]

여기서 주목할 점은 사도행전 18장 26절의 "그[아볼로]가 회당에서 담대히 말하기 시작하거늘 브리스길라와 아굴라가 듣고 데려다가 하나님의 도를 더 정확하게 풀어 이르더라"라는 말씀이다. 이 구절을 보면 아굴라 부부가 아볼로를 재교육시킬 때 부인 브리스가의 이름이 남편의 이름보다 먼저 소개되어 있다. 이 말은 브리스가가 남편보다 주도적으로 성경을 가르쳤다는 얘기다. 이는 브리스가가 '핵심 교사'였음을 시사한다. 이처럼 남성 중심의 문화에서 브리스가의 가르치는 리더십이 빛을 보여 준 것이다.

한편 아굴라와 브리스가의 이름이 성경에는 여섯 번 등장하는데, 이 가운데 브리스가의 이름이 남편보다 앞선 것이 네 번이나 된다. 흥미로운 점은, 말도 많고 탈도 많았던 고린도교회와 관련한 글에서는 남편 아볼로의 이름이 브리스가보다 앞서 있다는 것이다. 이것을 확인해 보면, 첫째는 고린도교회에서 아굴라와 브리스가의 사역을 언급할 때고(행 18:1-2), 둘째는 에베소에 있는 아굴라와 브리스가의 가정교회가 고린도교회에 문안 인사를 할 때다(고전 16:19). 이 두 경우를 제외한 나머지 구절(행 18:18, 26; 롬 16:3; 딤후 4:19)에서는 아내 브리스가의 이름이 앞서 있다.

그렇다면 왜 바울은 아굴라 부부가 아볼로를 자신들 집에 데려가 재양육을 할 때 아내 브리스가의 이름을 먼저 등장시켰을까? 여기에는 두 가지 이유가 있다. 첫째는, 사회적 신분설이다. 아내 브리스가가 남편보다 사회적 신분이 높지 않았을까 하는 점이다.[278] 둘째는, 교회 봉사설이다.[279] 남편은 개인 사업에 바쁘다 보니 부인 브리스가가 남편에 비해 교회 활동이 왕성해서 먼저 기록되지 않았을까 하는 점이다. 이처럼 브리스가는 바울의 선교 파트너이자 가정교회 리더이며 가르치는 지도자였음을 알 수 있다.

2) 에베소의 가정교회는 아굴라와 브리스가의 집밖에 없을까

에베소의 가정교회는 아굴라와 브리스가의 집밖에 없었을까? 그렇지 않다. 그 이유는 첫째, 에베소에는 여러 유형의 제자들이 생겼기 때문이다. 바울이 2차 전도 여행을 마칠 즈음 에베소를 방문한 이후부터 바울의 유대인 제자들이 생겼을 가능성이 있다(행 18:19). 또한 에베소교회에는 아굴라 부부와 아볼로의 유대인 제자들(행 18:26-27)이 생겼음을 알 수 있다.

둘째, 바울의 에베소 선교 프로젝트를 보면, 바울의 동역자들이 꽤 있다는 것은 교회가 적어도 하나 이상은 된다는 것을 의미한다. 바울의 에베소 동역자들을 살펴보면, 아굴라와 브리스길라(행 18:1-2), 고린도에서 온 가이오(행 19:29; 고전 1:14), 아리스다고(행 19:29, 20:4, 27:2), 두기고와 드로비모(행 20:4), 디모데(고전 16:10), 스데바나, 브드나도, 아가이고(고전 16:17), 에바브라(골 1:3-8; 4:12) 등이 있다. 바울이 에베소 선교를 진행할 때 고린도전서 16장 9절을 보면 두 가지 사실을 알리는데, 첫째는 에베소에 "광대하고 유효한 문"이 열렸다는 사실이고, 둘째는 "대적하는 자"가 무척 많았다는 것이다. 즉 에베소의 선교의 문은 활짝 열렸는데 박해하는 자가 많았다는 얘기다.

이를 정리해 보면, 에베소에는 여러 개의 가정교회가 있었음을 짐작할 수 있다. 특히 바울이 에베소에서 고린도 성도들에게 "모든 형제도 너희에게 문안하니"(고전 16:20)라고 기록한 말씀에서 유추할 수 있다. 고린도전서 16장 19절을 보면 아굴라 부부 집의 성도들이 1차적으로 고린도교회에 문안 인사를 하고, 그다음 20절을 보면 아굴라 부부와 만나지 않았던 다른 형제들이 고린도교회에 문안 인사하는 장면이 나온다. 이는 아굴라 부부의 가정교회 외에 다른 가정교회가 에베소에 있었음을 보여 준다. 즉 에베소에는 여러 개의 가정교회가 있었다는 얘기다.

● 골로새교회, 압비아의 함께하는 리더십을 보여 주다

골로새교회는 바울의 에베소 동역자 중의 한 명인 에바브라에 의해 개척되었다. 에바브라가 개척한 곳은 골로새, 라오디게아, 히에라볼리다(골 1:7, 4:12-13). 그는 바울의 3차 전도 여행 당시 에베소 선교 팀에 합류해서 동역한 자였다. 그가 에베소에서 훈련을 받고 난 후 골로새까지 가서 교회를 직접 세운 것이다. 따라서 골로새교회는 바울이 직접 개척하지 않았다. 바울이 로마 옥중에 있을 때 골로새서를 기록한 뒤 '순회 동역자'인 두기고 편으로 골로새교회에 편지를 전달토록 한 것이다(골 4:7).[280] 그렇다면 골로새의 가정교회가 어떻게 세워지고 선교했는지를 살펴보도록 하자.

1) 빌레몬 집의 가정교회

빌레몬의 집이 가정교회로 사용된 것은 빌레몬서 1장 1-2절의 "우리의 사랑을 받는 자요 동역자인 빌레몬과 자매 압비아와 우리와 함께 병사 된 아킵보와 네 집에 있는 교회에 편지하노니"라는 말씀에서 확인할 수 있다. 그렇다면 빌레몬의 집이 골로새에 있는 것을 어떻게 알 수 있을까? 이것은 빌레몬 집의 가정교회를 구성했던 오네시모(골 4:9)와 아킵보(골 4:17)가 골로새서에 언급되어 있기 때문에 빌레몬의 집이 골로새에 있음을 추정할 수 있다.

그런데 바울의 편지를 보면 가족 용어가 자주 등장하고 있다. 예를 들면, '형제'(디모데), '자매'(압비아), '아들'(오네시모)과 같은 표현이다. 왜 바울은 빌레몬 집의 가정교회에 편지를 보낼 때 가족 용어를 많이 사용했을까? 바울이 빌레몬에게 보낸 편지가 사적인 편지가 아닌 공적인 편지임에도 불구하고 가족 용어를 자주 쓴 것은, 우선 두 사람 간의 '친밀감'을 표현하기 위한 것이었다.[281] 나아가 도망자 오네시모 건을 해결하기 위해 가장 중요한 것은 '처벌'보다는 가족 같은 '사랑'임을 전달하기 위함이었다.

도망친 노예였던 오네시모는 엄한 처벌 대상이었다. 1세기 로마 제국 당시 노예의 주인은 노예의 도주를 막기 위해 철제 목걸이를 착용시키는 것이 흔한 일이었다.[282] 이것은 도망간 노예가 잡히더라도 되돌려 받을 수 있었기 때문이다. 당시에는 도망간 노예를 잡아들이는 전문적인 '노예잡이꾼'(fugitivarii)들이 있었다고 한다.[283] 아마 바울이 도주한 오네시모를 빌레몬에게 되돌려 보낼 때 두기고를 함께 보낸 것은 '노예잡이꾼'들에게 잡히지 않도록 하기 위한 방도였던 것으로 보인다(골 4:7-8).[284]

그런데 가정교회의 힘이 여기에 나타난다. 회당에서는 도저히 상상할 수 없는 일이 빌레몬 집의 가정교회에서 생겨났다. 바울은 빌레몬에게 자신을 통해 회심한 오네시모를 더 이상 '종'으로 생각지 말고 '형제'로 받아 줄 것을 요청했기 때문이다(몬 1:16). 상식으로는 이해할 수 없는 일이 발생한 것이다. 가정교회의 힘은 집주인의 권위나 처벌이 아니라 형제·자매간의 사랑이 우선이고, 성도 간의 사랑과 용서가 우선순위임을 일깨워 주었다. 더욱이 가정교회의 리더는 누구든지 예수를 믿고 구원받은 자는 과거의 신분, 계층, 성에 상관없이 동일하게 예수 그리스도의 '종'임을 잊지 말고 '섬김'의 본을 보여 주라는 얘기다. 바로 그 일을 빌레몬이 감당했다. 이것이 가정교회의 힘이다!

2) 빌레몬 집의 압비아의 리더십

빌레몬 집의 가정교회는 오네시모 건에 관해 '함께하는 리더십'의 모델을 보여 준다. '함께하는 리더십'이란 최고 리더가 혼자서 결정하는 것이 아니라, 책임 있는 리더들과의 소통을 통해 함께 결정하는 것을 말한다. 그 사실을 빌레몬서 1장 1-2절에서 확인할 수 있다. 여기에 보면 공동 발신인으로는 바울과 디모데가 있고, 공동 수신인으로는 빌레몬과 압비아와 아킵보 및 가정교회까지 포함된 것을 알 수 있다.[285] 공동 수신인이 명기된 것은 빌레몬 혼자 결정하지 말고 세 사람과 가정교회가 책임을 지고 공평하게 해결하라는 얘기다.

공동 수신인을 한 명씩 살펴보자. 먼저 바울은 빌레몬에 관해 "우리의 사랑을 받는 자요 동역자"(몬 1:1)라고 표현했다. 그만큼 둘 사이에는 신뢰가 있음을 알 수 있다. 빌레몬은 젊고 부유한 자로서 큰 집을 소유했고, 노예를 최소 한 명 이상 거느리는 자였다.

그다음으로는 아킵보에 관해 '병사'로 표현했는데, 이 말은 '전우'의 뜻으로서 역경을 함께 이겨 낸 자에게 주어지는 표현이다.[286] 그렇다면 아킵보는 누구일까? 아킵보에 관해서는 두 가지 설이 있는데, 첫째는 '아들설'로 빌레몬의 아들이라는 것이고,[287] 둘째는 '친구설'로 빌레몬의 친구라는 것이다.[288] 나는 후자에 한 표를 던진다. 왜냐하면 바울이 골로새교회의 공동 수신인으로 명기한 아킵보는 교회가 힘들고 어려울 때 마치 전우처럼 헌신한 자였을 뿐 아니라, 바울이 로마의 감옥에서 아킵보에게 "주 안에서 받은 직분을 삼가 이루라"(골 4:17)라고 권면한 내용을 고려할 때 그가 빌레몬의 친구라고 판단했기 때문이다. 이처럼 아킵보도 오네시모 건에 관해 책임을 지고 함께 결정해 줄 것을 바울이 부탁한 것이다.

또한 바울이 빌레몬의 아내인 압비아를 공동 수신자로 표기하고 그녀를 '자매'로 표현한 것은 그녀가 가정교회의 영향력 있는 리더였음을 암시한다.[289] 왜냐하면 바울이 겐그레아교회의 지도자인 뵈뵈를 표현할 때도 "자매"(롬 16:1)라는 공적 칭호를 사용했기 때문이다. 바울이 오네시모 건을 해결할 때 압비아의 적극적인 협력을 부탁한 것이다.

로마 감옥에서의 바울과 오네시모

이처럼 빌레몬 집의 가정교회는 '독불장군식'이 아닌 '함께하는' 리더십을 보여 주었다. 이런 모습이 성도들의 마음을 '하나'로 묶을 수 있었다. 무엇보다 압비아는 '함께하는 리더십'의 좋은 모델을 보여 주었다.

3) 골로새의 가정교회는 빌레몬의 집밖에 없을까

골로새에는 빌레몬의 집만 언급되어 있는데, 이곳에는 가정교회가 하나밖에 없는 것일까? 그렇지 않다. 빌레몬의 집은 골로새의 첫 번째 가정교회다(몬 1:1-2). 이곳의 목회자는 에바브라요(골 1:7), 개인의 집을 가정교회로 제공한 자는 빌레몬이요(몬 1:1-2), 신자로는 아내 압비아와 빌레몬의 친구인 아킵보와 바울을 통해 회심한 종 오네시모(몬 1:10, 16)가 있다. 오늘날의 관점에서 보면 빌레몬 집의 가정교회는 작은 교회로 출발했지만, 그 영향력은 대단한 것 같다. 앞서 살펴본 것처럼, 회당에서는 볼 수 없는 사랑과 용서의 장이 바로 빌레몬의 가정교회였기 때문이다. 오네시모의 개종은 골로새 지역에서 큰 화두가 되었을 것이라 본다. 그러면서 좋은 소문이 골로새에 퍼지지 않았을까!

골로새에 또 다른 가정교회가 있다는 것은 골로새서 1장 2절의 "골로새에 있는 성도들 곧 그리스도 안에서 신실한 형제들에게 편지하노니 우리 아버지 하나님으로부터 은혜와 평강이 너희에게 있을지어다"라는 말씀에서 확인할 수 있다.[290] 바울이 옥중에서 골로새교회에 보낸 편지의 수신자는 '골로새에 있는 성도들'과 '신실한 형제들'이란 사실이다. 이들은 빌레몬 집의 가정교회와는 관련 없는 자들이기에 골로새의 가정교회는 최소한 하나 이상임을 알 수 있다.

● 라오디게아교회, 눔바의 가정적 리더십을 증명하다

라오디게아는 골로새 서쪽으로 15킬로미터 떨어진 곳에 위치한 교통과 무역과 금융의 도시였다. 이곳에 교회 개척을 처음 시작한 사람은 에바브라인데, 그는 골로새뿐 아니라 라오디게아와 히에라볼리에서도 처음으로 복음을 전했다(골 1:7, 4:12-13). 거리를 본다면 골로새에서 라오디게아까지는 약 15킬로미터이고, 라오디게아에서 히에라볼리까지는 약 10킬로미터여서 이 세 곳은 모두 가까운 거리에 있었다.[291] 그렇다면 라오디게아의 가정교회는 어떻게 세워졌으며, 어떻게 복음을 전했는지를 살펴보도록 하자.

1) 눔바 집의 가정교회

라오디게아에서 개척된 가정교회 사례로는 눔바의 집이 있다. 이 사실은 골로새서 4장 15절의 "라오디게아에 있는 형제들과 눔바와 그 여자의 집에 있는 교회에 문안하고"라는 말씀에서 확인할 수 있다. 눔바는 개인 집을 소유한 과부거나 독신 여성인 것으로 보인다. 눔바는 골로새교회의 빌레몬과 압비아처럼 자기 집을 가정교회로 제공해서 예배를 드린 자다. 비록 바울이 라오디게아교회를 방문하진 않았지만, 눔바 집의 가정교회에 옥중에서 안부 편지를 보내 격려한 모습은 감동적이다(골 4:15).

중요한 것은, 바울이 눔바의 가정교회에 '가정 지침'(골 3:18-4:1)에 관한 편지를 보냈다는 점이다. 바울은 어떤 이유로 '가정 지침'을 보냈을까? 바울이 '가정 지침'에 등장하는 아내와 남편, 자녀와 아버지, 종과 주인의 관계를 예수 그리스도와 교회 간의 관계로 설명한 것은 '가정교회의 당위성'을 일러 주기 위한 것이었다.[292] 바울이 골로새교회뿐 아니라 라오디게아교회에 아내와 남편처럼 비교 구조의 '가정 지침'을 보낸 것은 교회 생활이

라오디게아의 신전 터

가정생활과 멀리 동떨어져 있지 않음을 각인시켜 준 것이다.[293] 눔바는 바울이 부탁한 '가정 지침'을 성실히 준행한 가정교회의 여성 지도자라 할 수 있다. 즉 눔바는 가정이 바로 서고 하나 되게 하는 '가정적 리더십'의 좋은 모델을 보여 주어 라오디게아 선교를 성공적으로 이끌었다.

2) 라오디게아의 가정교회는 눔바의 집밖에 없을까

라오디게아의 가정교회는 눔바의 집만 소개되어 있는데, 과연 하나밖에 없을까? 그렇지 않다. 바울이 "라오디게아에 있는 형제들과 눔바와 그 여자의 집에 있는 교회"(골 4:15)에 문안한 편지를 보면 라오디게아에는 최소한 두 개의 가정교회가 있음을 알 수 있다.[294] 이 구절은 눔바의 집이 복음의 거점 장소가 되어 라오디게아교회가 확장된 것임을 알 수 있다. 왜냐하면 "그 여자[눔바]의 집"이 "교회"로 언급되어 있기 때문이다. 따라서 눔바의 집에서 확장된 또 다른 가정교회는 "라오디게아에 있는 형제들"의 모임일 수 있다.

더욱이 "이 편지를 너희에게서 읽은 후에 라오디게아인의 교회에서도 읽게 하고 또 라오디게아로부터 오는 편지를 너희도 읽으라"(골 4:16)라고 한 내용을 보면, "라오디게아인의 교회"(골 4:16)와 "라오디게아에 있는 형제들과 눔바와 그 여자의 집에 있는 교회"(골 4:15)는 별개임을 알 수 있다. 그래서 골로새서 4장 16절의 "라오디게아인의 교회"는 이 지역에 있는 '온 교회'(연합 모임)로 여겨진다.[295] 따라서 라오디게아에는 가정교회가 하나 이상 존재했음을 짐작할 수 있다.

에베소, 골로새, 라오디게아교회가 속한 아시아의 교회들은 유독 여성 리더십에 빛을 보였다. 당시 남성 중심의 문화에서 브리스가, 압비아, 눔바와 같은 여성이 활발한 사회 활동을 펼쳤을 뿐 아니라 교회 생활에서도 영향력을 끼친 것을 보면 대단하지 않을 수 없다. 이들은 하나같이 교회의 정식 회원이었고, 교회 사역의 파트너였으며, 가르치는 사역에 뛰어났고, 여성만의 은사를 활용하는 데 탁월했다. 이런 여성 리더십이 빛을 보였기 때문에 바울의 아시아 선교는 더욱 큰 열매를 거둘 수 있었다. 한국 교회도 이런 모습이 회복되었으면 한다.

❂ 초대 교회 당시 기독교 여성의 특징은 무엇일까

초기 기독교가 성장하는 데 결정적인 역할을 한 그룹이 여성이다. 1세기 바울의 여성 동역자는 그의 동역자 가운데 18퍼센트를 차지할 만큼 적지 않았는데, 이후 지속적으로 증가해 기독교 공동체에서 무려 60퍼센트를 차지할 만큼 높았다.[296] 그 대표적인 인물이 바로 마리아, 루디아, 브리스가, 눔바, 뵈뵈 등이다. 앞서 살펴본 것처럼, 이들은 교회 개척자로, 예배 인도자로, 애찬식 준비자로 그리고 손님 대접의 아이콘으로 활동했다. 하지만 이것 외에 초기 기독교 여성이 어떤 특징과 경쟁력을 지녔기에 세상 사람들이 좋아했는지 한번 살펴보고자 한다.

첫째, 기독교 공동체 내의 엘리트층 여성 개종자들의 증가는 교회 성장에 도움이 되었다. 초대 교회의 고민거리 중 하나는 엘리트층 여성들의 짝을 찾아 주는 것이었다. 그래서 이들이 개종한 후에는 이교도 남성을 만나거나 자신보다 낮은 계층의 남성과 결혼하는 것에 매우 적극적이었다. 왜냐하면 초기 기독교는 이교도와의 결혼을 허용했을 뿐 아니라 권장했기 때문이다(고전 7:12-16).[297] 일반적으로 결혼 후의 남편들은 아내와는 달리 '소극적인' 개종을 했지만, 엘리트층 여성들의 열린 결혼관은 가정교회의 성장에 큰 몫을 담당했다.

둘째, 기독교 여성의 높은 지위는 세상의 부러움을 샀다. 고대 사회에서 여성의 지위가 가장 높았던 곳이 그리스의 스파르타였는데, 스파르타 여성의 경우 스파르타의 전체 재산 중 40퍼센트 이상을 소유했다고 한다.[298] 기독교 여성의 경우도 스파르타 여성처럼 높은 지위를 지녔는데, 한 예로, 그들은 과부가 되더라도 남편의 재산을 그대로 상속받았다.[299] 이런 사례는 가정교회의 집주인이자 과부였던 마가 요한의 어머니 마리아에게서 확인할 수 있다(행 12:12). 한편 이교도 여성이 과부가 될 경우에는 재혼의 압박을 받았는데, 재혼하지 않으면 벌금을 내야 하고 재혼할 경우에는 상속받은 모든 재산을 잃게 되어서 기독교로 개종하는 사례가 증가했다고 한다.[300]

셋째, 기독교 여성은 이교도 여성에 비해 늦은 나이에 결혼을 했는데, 이는 배우자 선택의 폭을 넓혀 주었다.[301] 로마법에 따르면 여성은 12세가 되면 결혼할 수 있었는데, 이교도 여성의 경우 만 14세 미만의 결혼이 44퍼센트로 가장 높은 비율을 차지했다.[302] 또한 로마의 상류층 여성의 경우에는 16세까지 대다수가 결혼했다. 하지만 기독교 여성의 경우에는 14세 이하의 결혼 비율이 20퍼센트에 지나지 않았고, 18세 이상의 결혼이 무려 48퍼센트나 되어서 가장 높은 비율을 차지했다.[303] 이처럼 기독교 여성이 이교도 여성에 비해 결혼 연령대가 높았음을 알 수 있다.

무엇보다 이교도 여성의 조혼 문화는 빠른 이혼과 재혼을 부추기는 문화를 낳기도 했다. 하지만 초기 기독교 공동체에서 바울의 결혼관을 보면, 이혼은 반대하는 입장이었고, 자신처럼 독신을 권장하기도 했다. 다만 가난한 기독교 여성이 과부가 되었을 때는 교회가 과부에게 재정적 지원을 아끼지 않았으며, 자산이 있는 과부의 경우에는 재혼을 권장하지 않는 분위기였다고 한다.[304] 누가가 기독교 커플 중에서 아굴라와 브리스가처럼 '성공한 부부'(행 18:1-4)와 아나니아와 삽비라 같은 '실패한 부부'(행 5:1-11)를 함께 소개한 것은 부부 간의 영성과 사명의 일치가 얼마나 중요한지를 다시 한 번 일깨워 주기 위함이었다고 생각한다.

넷째, 기독교 여성의 높은 출산율은 교회 성장에 밑거름이 되었다. 고대 로마 인구는 남성이 135명이라면 여성은 100명에 지나지 않아 성 비율이 맞지 않다.[305] 그 이유는 이교도 문화에 깔려 있는 영아 살해와 낙태가 성행했기 때문이다. 하지만 초대 교회는 영아 살해와 낙태를 금지시켰기 때문에 높은 윤리관을 보여 주었다.[306] 그래서 이교도 여성이 저출산을 보였다면, 기독교 여성은 고출산을 유지해 교회의 자연스러운 성장을 이뤘다.

특히 1세기 유아 사망률이 30퍼센트에 이를 정도로 높았기 때문에 가정교회의 여성의 역할이 매우 중요했다.[307] 가정교회의 여성들은 산모를 돌봐 주는 데 최선을 다했을 뿐 아니라 산파로서의 역할 또한 잘 감당했다. 의료 기술이 발달하지 않은 고대 사회에서 기독교 공동체의 산파들은 자녀 출산에 큰 도움을 주었고, 이것은 이교도의 마음을 끄는 데도 한 몫을 담당했다. 흥미로운 사실은, 출산 축하의 몫은 대개 남성에게 주어졌는데, 남성은 자신의 친구들과 함께 자녀 출산 파티를 준비했다고 한다.[308] 이교도 문화와는 달랐던 1세기 가정교회 문화는 경쟁력이 있어서, 교회의 이미지는 점차 좋아지면서 성장할 수밖에 없었다.

특히 아시아 교회에서 활동했던 브리스가와 압비아와 눔바는 사회적으로 부러움을 사는 신분이면서 가정교회의 여성 지도자로서 큰 역할을 감당했다. 브리스가와 압비아는 기혼 여성 지도자로서, 눔바는 독신 여성 지도자로서 좋은 모델을 제시해 주었다. 이들 세 명은 하나같이 세상의 욕망에 삶의 목적을 두지 않고 하나님 나라를 확장하는 일에 자신의 삶을 바친 귀한 여성 지도자들이었다.

다함께 생각하기

1. 바울의 여성 동역자는 전체 동역자의 약 18퍼센트로서 1세기 고대 사회에서는 높은 비율을 차지했다. 최근 보고에 따르면 한국의 여성 리더 비중은 12.3퍼센트로 OECD 국가 평균 27.0퍼센트의 절반에도 못 미친다고 한다. 여성의 활발한 사회 활동의 플랫폼을 열어 주기 위해 한국 사회가 해야 할 일은 무엇이라 생각하는가?

2. 당신은 아래 세 가지 유형 중에서 어떤 여성 모델이 가장 필요하다고 느끼는가?

　　① 브리스가형: 교육·섬김의 은사
　　② 압비아형: 사랑·용서의 은사
　　③ 눔바형: 전도의 은사

*

아시아 교회에서 활동했던 브리스가, 압비아, 눔바는
사회적으로 부러움을 사는 신분이면서
가정교회의 여성 지도자로서 큰 역할을 감당했다.
이들 세 명은 하나같이 세상의 욕망에 삶의 목적을 두지 않고
하나님 나라를 확장하는 일에 자신의 삶을 바친
귀한 여성 지도자들이었다.

10

로마교회,

다양한 인종을
가정교회
선교 정신으로
감동시키다

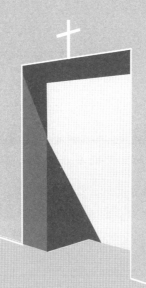

1세기 로마에는 인종, 신분, 계급, 언어, 성별로 다양한 사람들이 모였는데, 이들을 감동시킨 곳이 바로 로마교회다. 이런 사실은 로마서 16장 3-15절에서 확인할 수 있는데, 여기에는 총 스물여섯 명의 신자가 소개되어 있다. 이들은 로마교회의 개척 멤버라 할 수 있다. 인종별로는 유대인, 헬라인, 로마인이 등장하는데 헬라인이 가장 많고, 신분별로는 극소수의 상류층과 대다수의 하류층이 소개되어 있으며, 계급별로는 노예 출신이 열한 명으로 42퍼센트를 차지하고, 성별로는 남성이 열일곱 명, 여성이 아홉 명으로 35퍼센트가 여성임을 알 수 있다.[309]

그렇다면 이들 중에서 몇 개의 가정교회가 선교에 앞장섰을까? 로마의 가정교회 역시 인종별, 언어별로 모임 장소를 따로 가졌는데 최소한 세 개 정도였다. 첫째는 유대인 중심의 가정교회고, 둘째는 형제를 대상으로 하는 헬라인 중심의 가정교회고, 셋째는 모든 신자를 대상으로 하는 헬라인 중심의 가정교회다. 1세기 로마의 가정교회는 세 개로 출발했지만, 황제 숭배의 핵심에 서 있던 로마 중심부로부터 수많은 박해가 가해졌음에도 불구하고 이를 극복해, 주후 200년에는 로마의 교인 수가 로마 인구의 20퍼센트인 22만 명을 넘어서서 로마 제국의 신자 수보다 증가하는 기적이 일어났다.[310] 이제 로마교회가 어떻게 다양한 인종을 감동시켜 교회 성장의 기틀을 마련할 수 있었는지, 그 역사의 현장 속으로 들어가 보자.

◆ 1세기 로마는 어떤 사회였나

1세기 로마는 세계의 중심지로서 '살고 싶은 도시'였다. 로마는 정치, 경제, 사회, 문화, 군사, 교육, 예술 등 모든 분야에서 최고였다. 그렇다 보니 전 세계의 사람들이 로마로 몰렸다. 선교도 마찬가지였다. 무엇보다 로마의 가정교회는 로마의 주택, 가족, 여성, 노예의 특성을 잘 고려해 접근함으로 로마를 복음화하는 데 큰 역할을 담당했다.

1) 로마의 주택

1세기 로마의 주택은 가정교회의 장소를 결정하는 데 중요한 역할을 했다. 앞서 언급했듯이, 고대 로마 사회는 인구 밀도가 높아서 로마 시민의 90퍼센트 이상이 단독 주택의 '도머스'보다는 아파트 형식의 '인슐라'에 거주했다. 실제로 1세기 로마의 높은 인구 밀도를 보면 땅 3천 평당 750명이 거주했는데, 이는 캘커타의 2.5배, 맨해튼의 3배로 높은 수치였다.[311] 통계를 보면, 4세기 로마의 인슐라는 4만 6천 개인 반면, 도머스는 1,790개밖에 안 되었기에 인슐라가 훨씬 많았음을 알 수 있다.[312]

무엇보다 인슐라 거주자에게 큰 위협 요소는 화재였다. 1세기 로마는 소방 시스템이 발달되지 않아서 화재가 발생하면 인슐라와 같은 아파트는 큰 피해를 입었고, 이후 2차 피해로 질병과 굶주림이 뒤따랐다. 실제로 주후 64년에 발생한 로마의 대화재는 로마의 3분의 2를 삼켜 버릴 만큼 엄청났다.[313] 무엇보다 화재 시 인슐라의 꼭대기 층에 사는 사람들이 가장 큰 피해를 입었다.

로마의 가정교회는 인슐라에서 모임을 갖지 않았는데, 공간이 좁은 탓도 있겠지만, 무엇보다 건물마다 혼탕 목욕탕이 있어 덕스럽지 못했기 때

로마의 단독 주택 형식의 노버스

로마의 아파트 형식의 인슐라

문이다. 바울이 인슐라가 아닌 도머스를 가정교회의 장소로 고집함으로써 예배 장소에 '거룩함'이 묻어나야 함을 일깨워 주었다.

2) 로마의 가족

1세기 로마의 가족을 알면 가정교회의 선교가 보인다. 1세기 로마의 결혼 연령대는 조선 시대처럼 아주 빨랐는데, 상류층 여성은 대개 16세까지 결혼했고, 하류층 여성은 대개 10대 후반까지 결혼했다.[314] 당시에는 의료 기술이 발달하지 않았기 때문에 젊은 여성의 수명이 오래갈 것인지 말 것인지는 자녀 출산을 통해 알 수 있었다. 그만큼 자녀 출산은 젊은 여성에게 큰 위협 요소였다. 뿐만 아니라 고대 사회에서는 유아 사망률이 30퍼센트에 이를 정도로 높았기 때문에 갓난아기를 살리는 것이 매우 중요했다.[315] 그래서 자녀 출산은 가정교회에서 여성이 담당해야 할 중요한 몫이기도 했다.

한편 고대 로마는 여성의 재혼이 흔한 편이었다. 젊은 사춘기 시절 결혼했다가 남편을 일찍 잃고 미망인이 되었을 경우 재혼하는 것은 흔한 일이었다. 한 여성이 이혼이나 사별의 이유로 재혼할 경우에는 이전 남편이나 그의 가족의 집에 살고 있는 자녀와 연락을 유지해야 했다. 자녀는 이혼 후에도 가장의 법적 권위 아래 놓여 있었다.[316] 그래서 1세기 로마의 가족 관계는 단순히 한 집에서 사는 것으로만 봐서는 안 되고, 부모, 형제자매, 이복 형제자매, 이부 형제자매 간의 복잡한 관계가 얽혀 있음을 알아야 한다. 이처럼 복잡한 가족 관계에서 건강한 자아를 발견하고 예수 그리스도에게 헌신토록 하는 것이 가정교회의 몫이었다.

3) 로마의 여성

바울이 로마교회에 보낸 편지를 보면 여성이 아홉 명으로 높은 비율을 차지한다. 따라서 1세기 로마의 여성에 대해 살펴보는 것이 중요하다. 1세기 로마 사회에서 남성이 정치나 무역과 같은 공적인 업무를 담당했다면, 여성은 집안 문제를 도맡았다. 이는 어느 사회에서나 볼 수 있는 모습인데, 중요한 것은, 로마 제국 당시 여성은 정치나 종교 활동 및 사업과 관련된 공적인 일에도 적극적으로 참여할 수 있었다는 것이다. 그 대표적인 사례가 로마교회의 브리스가와 유니아다. 브리스가(롬 16:3-4)는 남편과 함께 사업가로, 가정교회의 지도자로 섬겼고, 유니아(롬 16:7)는 '사도'로 칭할 만큼 복음 전도자로 헌신한 여성이었다.

고대 로마에서 여성은 재정이나 결혼 문제에 있어서 남성의 보호 아래 지내는 것이 보통이었다. 그런데 1세기 로마의 하류층 여성의 경우에는 법적 자유를 얻는 것이 쉬울 때도 있었다. 예를 들어, 아우구스투스 법에 따라 자유인으로 태어난 여성의 경우는 세 명의 자녀를, 노예에서 해방된 여성 자유인의 경우는 네 명의 자녀를 낳으면 자율성을 얻을 수 있었다.[317] 후자의 사례가 겐그레아에서 로마교회까지 바울의 편지를 전달한 뵈뵈의 경우다(롬 16:1-2). 뵈뵈는 노예에서 자유인이 된 여성으로서 교회의 리더가 되었다. 뵈뵈가 로마교회까지 바울의 편지를 전달했을 때, 이는 그녀와 같은 처지에 있던 여 성도들에게 주는 메시지가 컸을 것으로 본다.

1세기 로마 사회에서 성 역할의 변화는 로마의 가정교회에도 신선한 변화를 가져다준 것으로 보인다. 당시 여성들은 광장이나 아고라 같은 시장에서 연설하는 것보다는 가정교회 내에서 연설하는 것이 훨씬 자유로웠다. 이런 문화적 풍토에서 성장한 로마 가정교회의 인물로는 브리스가(롬 16:3), 유니아(롬 16:7), 루포의 어머니(롬 16:13) 등이 있다. 신분과 계급 사회의 아이콘이었던 로마 사회를 향해 바울은 남자나 여자나, 종이나 자유인이나, 유대인이나 헬라인이나 그리스도 안에서 '차별'이 없고 '하나'임을 일깨워 주었다(갈 3:28).

4) 로마의 노예

바울이 로마교회에 보낸 편지(롬 16장)를 보면 노예 출신이 열한 명으로 42퍼센트를 차지하는데, 그 이유는 무엇일까? 이들을 살펴보면 에배네도(5절), 암블리아(8절), 스다구(9절), 버시(12절), 바드로바(14절), 허마(14절), 빌롤로고(15절), 율리아(15절), 네레오(15절), 네레오의 누이(15절) 그리고 올름바(15절)다. 초기 기독교 시절 로마의 노예 수는 로마 인구의 약 20-30퍼센트를 차지해서 노예 시장이 무척 발달했다.[318]

로마의 노예는 주인의 소유물에 불과했기 때문에 노예의 미덕은 주인에게 '충성'과 '복종'하는 것이었다. 노예가 주인의 말을 잘 따르면 혜택을 볼수 있었지만, 그렇지 않으면 언제든지 처벌이 가능했다. 예를 들어, 일반 시민이 노예를 처벌코자 한다면 어느 정도 요금을 지불할 경우 십자가형이나 고문용 칼이나 몽둥이로 고문할 수 있었다.[319] 그런데 정부 관리는 요금을 지불하지 않고도 처벌할 수 있었다. 노예가 죄를 저질렀을 경우에는 화형이나 십자가형이나 원형경기장의 야수에게 던지기도 했다.[320]

한편 노예 주인은 노예와의 갈등을 해소하기 위해 다양한 보상을 내놓기도 했는데, 노예 휴일은 좋은 반응을 얻었다.[321] 특히 일을 잘하는 뛰어난 노예는 몇 년 동안 충성한다면 자유라는 최고의 보상을 받기도 했다. 로마의 노예 유형을 살펴보면 도시 노예, 농촌 노예, 광산 노예, 황실 노예가 있었다. 이 가운데 가장 비참한 부류는 광산 노예였는데, 이들이 일하던 곳의 복지가 잘되어 있지 않고 노동이 힘들었기 때문이다.[322] 황실 노예는 규율이 까다롭기로 유명한데, 조금만 실수하거나 잘못해도 죽음을 면치 못하는 경우가 종종 있었다. 1세기 로마교회 중 하나가 바로 황실 노예들에 의해 개척되었는데(롬 16:15), 이에 관한 것은 다음에 다룰 것이다.

노예 매각에 있어서 여성 노예의 전성기는 14세부터 35세까지였는데, 여성의 월경이 14세부터 시작되는 것으로 보았기 때문이다.[323] 남성 노예의 전성기는 여성 노예와 비슷한데, 주로 14세부터 40세까지였다.[324] 1세기 로마 사회에서 노예는 주인에게 팔린 몸이기 때문에 빚을 진 상태다. 그래서 주인이 노예와 성관계를 갖는 것은 일반적이었다. 당시 여성 노예는 주인에게 팔린 몸이었기 때문에 남성 노예처럼 똑같은 부채를 껴안고 있어서 주인으로부터 착취나 고문이나 학대를 당하는 것은 흔한 일이었다.

하지만 가정교회에서는 이것을 허용하지 않았다. 바울은 종들에게 주인에게 대할 자세를 가르쳐 주었다(엡 6:5-8; 골 3:22-25). 눈가림으로 하지 말고 진심으로 주인을 섬길 것을 부탁했다(엡 6:6-7). 물론 주인에게도 종들을 어떻게 대할지 일러 주었다(엡 6:9; 골 4:1). 높은 신분으로 위협하지 말고 종들을 공평하게 대할 것을 부탁했다(엡 6:9). 핵심은 종이든지 상전이든지 예수 그리스도 안에서는 '하나'라는 사실을 발견하라는 것이었다(갈 3:28). 이를 위해서는 주인의 '내려놓음'이 선행되어야 했다. 나중에 다루겠지만, 이와 같은 사례는 주인 아굴라 부부(롬 16:3)와 종 에배네도(롬 16:5)의 관계가 아닐까 생각한다.

신약성경에서 종의 신분이었다가 하나님의 큰 은혜를 경험한 두 사람을 뽑으라 한다면 남자 노예는 오네시모(몬 1:10)고, 여자 노예는 로데(행 12:13)다. 로마서 16장에는 많은 노예들의 이름이 소개되어 있다. 어떤 이는 노예 상태일 수 있고, 혹은 노예에서 해방된 자유인도 있을 것이다. 바울이 로마교회에 주고자 하는 메시지는, 노예라는 낮은 신분으로 인해 복음의 은혜에서 배제되지 않아야 한다는 것이다. 복음의 기쁜 소식은 신분이나 계급과 상관없이 누구든지 예수 그리스도를 믿으면 받을 수 있음을 알려 준 것이다. 이런 사랑을 경험한 노예들의 입소문은 로마 구석구석까지 퍼져 나갔다. 이것이 로마 가정교회의 힘이다.

● 로마교회, 몇 개의 가정교회가 존재했을까

바울은 로마를 방문하지 않고 고린도에서 가이오의 집에 머물며 로마서를 기록했다.[325] 그렇다면 바울은 로마를 방문한 적이 없었는데 어떻게 스물여섯 명의 신자의 이름을 상세히 소개할 수 있었을까? 일반적으로 두 가지 근거를 제시하는데, 첫째는, '개인 친분설'이다.[326] 로마서 16장에 소개된 각 성도는 바울과 개인적으로 친분이 있었다는 얘기다. 둘째는, '에베소 선교 팀설'이다.[327] 로마서 16장에 등장한 신자들 가운데 일부는 바울이 에베소에서 3년(52-55년)간 사역할 때 동역했다가 로마로 이주한 뒤 바울과 꾸준히 연락했을 것이라는 견해다. 여하튼 바울은 이들과의 왕래를 통해 로마서를 썼을 것으로 본다.

바울이 로마서를 기록할 당시에는 로마에 최소한 세 개의 가정교회가 있었던 것으로 보인다.[328] 첫째는 브리스가와 아굴라를 중심으로 한 유대인 가정교회고(롬 16:3-4), 둘째는 형제를 중심으로 한 헬라인 가정교회고(롬 16:14), 셋째는 성(性)의 구별 없이 로마의 모든 신자를 대상으로 한 헬라인 가정교회다(롬 16:15). 첫 번째 가정교회는 아람어 예배를 드렸을 것이고, 두 번째와 세 번째는 헬라어 예배를 드렸을 것으로 본다. 그렇다면 각 가정교회는 어떻게 세워지고 복음을 전했는지 한번 살펴보도록 하자.

● 브리스가와 아굴라의 집, 유대인 가정교회가 되다

로마교회의 첫 번째 가정교회 유형은 브리스가와 아굴라의 집에서 시작된 유대인 가정교회다.[329] 이를 로마서 16장 3-5절의 "너희는 그리스도 예수 안에서 나의 동역자들인 브리스가와 아굴라에게 문안하라 … 또 저의 집에 있는 교회에도 문안하라"라는 말씀에서 확인할 수 있다. 주후 49년, 글라우디오 황제가 칙령을 발표해 로마에 거주하던 모든 유대인 신자들을 추방시키자 아굴라 부부는 로마를 떠났고(행 18:1-2), 주후 55년에 글라우디오가 죽고 네로(Nero) 황제가 등극하면서 칙령이 해제되자 그들은 다시 로마로 돌아왔다(롬 16:3).[330] 유대인 부부인 브리스가와 아굴라는 고린도와 에베소에서 성공한 사업가로 활동하면서 가정교회의 리더로 섬겼기에 로마에서도 동일하게 유대인을 대상으로 가정교회를 세웠을 것으로 본다.

그렇다면 1세기 로마에 거주한 유대인들은 몇 명이나 될까? 1백만 로마 인구의 5퍼센트에 해당되는 5만 명 정도였다.[331] 유대인이 로마에 거주하게 된 배경을 살펴보면, 주전 62년경 폼페이우스(Pompeius) 장군이 유대인 포로를 로마에 대거 유입시키면서 이뤄졌다.[332] 그래서 로마에 살고 있던 유대인에는 상류층보다 노예거나 자유인이 된 하류층이 많았다. 브리스가와 아굴라 부부는 디아스포라로 해외에서 힘들게 살고 있는 유대인 동포를 대상으로 가정교회를 세웠다. 이곳에서는 아람어로 예배를 드렸을 것으로 본다.

흥미로운 사실은, 바울이 브리스가와 아굴라를 "동역자"(롬 16:3)로 호칭한 점이다. 바울은 고린도에서 브리스가와 아굴라의 집에서 약 1년간 함께 살았기 때문에 가정교회 리더였던 브리스가와 아굴라의 신앙과 삶을 누구보다도 잘 알았을 것이다. 바울은 로마 교인들에게 브리스가와 아굴라를

CEO처럼 대하지 않고 '동역자'로 표현함으로써 둘 사이가 '종속적인 관계'가 아니라 '대등한 관계'임을 알려 주었다. 이것이 가정교회의 정신이다.

그렇다면 브리스가와 아굴라의 집에 모였던 유대인 가정교회의 구성원들은 누구일까? 아굴라 부부의 집에 모인 신자 수는 최소한 아홉 명으로 볼 수 있는데, 브리스가와 아굴라를 제외하고 유대인이거나 유대교에서 개종한 자로는 마리아(롬 16:6), 안드로니고와 유니아(롬 16:7), 아벨레(롬 16:10), 헤로디온(롬 16:11) 그리고 루포와 루포의 어머니(롬 16:13)다. [333] 따라서 이들 모두가 아굴라의 집에 모였다면 아홉 명 정도로 볼 수 있다.

아굴라 부부가 에베소에서 가죽 세공업을 할 때 많은 일꾼과 노예들을 고용했는데, 이때 고용된 사람이 로마서 16장의 명단에 포함된 것으로 보인다. 그 사례가 에배네도(롬 16:5)다. 에배네도는 브리스가와 아굴라의 사업장에서 일하던 일꾼이나 노예였다가 개종하지 않았을까 추정한다. 왜냐하면 바울이 그를 '아시아의 첫 열매'로 소개했기 때문이다. 에배네도는 에베소에서 개종한 후 브리스가와 아굴라 집의 가정교회에 참석했다가 아굴라 부부가 로마로 이주하자 함께 따라가지 않았을까 생각한다.

마리아(롬 16:6)에 대해 살펴보면, 마리아에 관해서는 두 가지 설이 있다. 첫째는, 에배네도처럼 브리스가와 아굴라의 노예였다가 개종한 후 아굴라 부부와 함께 로마에 가서 사역에 동참했다는 설이다. [334] 둘째는, 마리아가 자립적으로 선교에 참여했다는 설이다. [335] 마리아는 유대인 여인으로 보인다. 그녀의 이름은 히브리 이름인 미리암에 해당된다(출 15:20-21 참조). [336] 바울이 마리아에 관해 "수고한"(롬 16:6) 자라고 극찬한 것을 보면 마리아가 로마교회의 기초를 닦는 데 숨은 공로자였음을 알 수 있다.

다음으로 안드로니고와 유니아(롬 16:7)에 대해 살펴보고자 한다. 안드로니고와 유니아는 유대인 부부 선교사이자 순회 선교사였다. [337] 바울이 이 부부의 이름 앞에 '내 친척'이라 칭한 것은, '인척'이라기보다는 '동족'이나 '동포'였음을 뜻한 것이다. 즉 안드로니고와 유니아는 같은 유대인 출신의 복음 전도자로서 활동했음을 밝히고 있는 것이다. 또한 바울이 이들 부부를 '나와 함께 갇혔던' 자라고 표현한 것을 볼 때, 이 부부는 바울과 에베소 감옥에 함께 갇혔다가 석방된 후 유대인에 관한 칙령이 풀리자 로마로 먼저 건너간 것으로 보인다.

이들 부부는 에베소든 로마든, 믿지 않는 자에게 복음을 전하는 '선교 파트너'로서 왕성한 활동을 했기 때문에 바울은 이들을 "사도"(롬 16:7)라 불렀다. 4세기 교부였던 요한네스 크리소스토무스(Johannes Chrisostomus)도 "유니아는 사도의 이름에 합당한 자"라고 호평을 할 정도였다.[338] 그렇

고대 로마의 식사 모습(리처드 혹, 〈A Roman Dinner-Party〉)

다면 바울이 안드로니고와 유니아를 '사도'로 불렀던 이유는 무엇일까? 이에 대한 답변은 영어성경 번역본에서 유추할 수 있다. NIV는 "They are outstanding among the apostles"로, NRSV는 "they are prominent among the apostles"라 번역한 것을 보면, 이들 부부는 사도들 중에 '유명 인사'로 널리 알려졌음을 알 수 있다.

이제 아벨레와 헤로디온에 대해 살펴보았으면 한다. 아벨레는 로마의 유대인 가운데 흔한 이름이었다. 그는 로마교회에서 잘 알려진 인물이 아니다. 헤로디온(롬 16:11)의 경우 이름 앞에 "내 친척"이라 한 것은 같은 유대인 동족임을 말한다. 특히 로마의 고위 공무원이었던 아리스도불로(롬 16:10)가 그리스도인 노예들을 유대에서 로마로 귀환시켰을 경우 아리스도불로의 집안에 있던 노예 신자들과 헤로디온 사이에는 모종의 관계가 있었을 것으로 본다.[339]

마지막으로 루포와 루포의 어머니를 살펴보면, 루포는 예수 그리스도의 십자가를 대신 지고 간 구레네 시몬의 아들일 가능성이 높다(막 15:21).[340] 바울이 루포의 어머니를 "내 어머니"(롬 16:13)라고 칭한 것을 보면 그녀가 바울을 특별히 보살펴 주지 않았나 생각한다. 하지만 그녀가 어떻게 바울을 도왔는지는 알 수가 없다. 이처럼 아홉 명의 유대인 신자들은 다양한 형편으로 로마에서 타국 생활을 하는 동안 브리스가와 아굴라 집의 가정교회에서 신앙을 키워 나갔다.

● 헬라인 가정교회 ① - 형제 대상으로 모임을 갖다

로마교회의 두 번째 가정교회 유형은 형제 대상의 헬라인 가정교회다.[341]

이는 로마서 16장 14절의 "아순그리도와 블레곤과 허메와 바드로바와 허마와 및 그들과 함께 있는 형제들에게 문안하라"라는 말씀에서 확인할 수 있다. 여기에 등장하는 다섯 명의 공통점은 모두 남성이고 헬라어 이름을 지녔으며, 모두 유대인이 아닌 이방인이라는 것이다. 앞의 세 명인 아순그리도와 블레곤과 허메는 그리스 출신이고, 바드로바와 허마는 로마의 노예 이름이어서 하류층이 중심을 이루고 있음을 알 수 있다. 이들 다섯 명은 남성 중심의 로마 가정교회의 구성원이었음을 알 수 있는데, 바울은 편지에서 왜 형제 중심의 가정교회를 세웠는지에 관해서는 밝히지 않고 있다.

그런데 바울은 로마서 16장 14절에서 교회라는 표현을 사용하지 않았는데 어떻게 교회가 세워진 것을 알 수 있을까? 그것은 바울이 '교회'라는 용어를 '형제들'이란 표현으로 종종 사용한 점으로 미루어 보아 알 수 있다.[342] 한 예로, 바울이 데살로니가교회에 편지한 것을 보자. 바울은 데살로니가전서 1장 1절에서 "데살로니가인의 교회에 편지하노니 은혜와 평강이 너희에게 있을지어다"라고 인사를 건넸다. 이후 그는 4절에서 "하나님의 사랑하심을 받은 형제들아 너희를 택하심을 아노라"라고 표현했는데, 여기서 바울이 말한 '형제들'이란 데살로니가교회의 형제들을 표현한 것임을 알 수 있다. 따라서 로마서 16장 14절의 "그들과 함께 있는 형제들"이라는 표현도 '로마의 가정교회에 있는 형제들'로 이해할 수 있다.

그렇다면 형제를 대상으로 한 헬라인 가정교회에서 누가 자기 집을 가정교회로 제공했을까? 이에 대한 질문은 다음의 로마서 16장 15절에서 다뤄질 것이다.

◆ 헬라인 가정교회 ② - 모든 성도를 대상으로 모임을 갖다

로마교회의 세 번째 가정교회 유형은 모든 신자들을 대상으로 한 헬라인 가정교회다.[343] 이 사실은 로마서 16장 15절의 "빌롤로고와 율리아와 또 네레오와 그의 자매와 올름바와 그들과 함께 있는 모든 성도에게 문안하라"라는 말씀에서 확인이 가능하다. 여기에 소개된 네 명의 이름을 보면, 율리아를 뺀 나머지는 모두 헬라어 이름이다.

빌롤로고는 노예나 자유인이 흔히 쓰던 이름으로 황제 집안에 속한 노예들이 즐겨 사용했고, 율리아는 로마 여성이 자주 사용하는 이름으로 이 또한 황제 집안의 여성 노예들이 흔하게 사용했다.[344] 따라서 빌롤로고와 율리아는 로마 황제 집안의 노예였음을 짐작할 수 있고, 이들의 관계는 부부다. 네레오 역시 노예나 자유인이 흔하게 사용한 이름인데, 황제 집안의 노예들도 이 이름을 사용했다. 올름바의 이름도 마찬가지다. 이처럼 로마의 세 번째 유형의 가정교회는 황제 집안의 노예와 관련된 자들이 중심이 되어 가정교회를 구성했음을 알 수 있다. 특히 15절의 신자들이 황제의 노예와 깊은 관련이 있는 점을 고려한다면, 이들을 통해 로마 황실까지 복음이 들어갈 수 있게 되었음을 짐작할 수 있다.

바울은 로마서 16장 15절에서 교회라는 표현을 사용하지 않았다. 그렇다면 15절이 어떻게 교회와 관련이 있음을 알 수 있을까? 14절처럼 바울이 교회라는 용어를 '성도'라는 표현으로 대신 사용한 것을 종종 볼 수 있기 때문이다.[345] 이는 빌립보서 1장 1절의 "그리스도 예수의 종 바울과 디모데는 그리스도 예수 안에서 빌립보에 사는 모든 성도와 또한 감독들과 집사들에게 편지하노니"라는 말씀에서 확인할 수 있다. 여기에서 '성도'란 빌립보교회의 성도를 말하기 때문이다. 그래서 15절은 '로마의 가정교회에 있는 모든 성도'로 이해할 수 있을 것이다.

여기서 한 가지 질문은, 14절과 15절에서 가정교회의 집주인이 소개되지 않았다는 점이다. 그렇다 보니 누구의 집에서 가정교회가 구성되었는지에 관한 질문이 끊이지 않고 있다. 이에 대해서는 두 가지 설이 있다. 첫째는, 종전의 가정교회처럼 집주인의 섬김 없이 아파트 형식의 '인슐라'에서 노예들의 자발적 준비로 가정교회가 구성되었다는 주장이다.[346] 14절과 15절에 기록된 인물들은 대다수가 노예인 하류층이어서 단독 주택형의 '도머스'가 없기 때문에 아파트형 '인슐라'에서 모임을 가졌을 것이라는 주장이다.

둘째는, 14절과 15절에 등장한 인물들 가운데 노예에서 해방된 자유인 중에서 뵈뵈(롬 16:1-2)와 같은 헌신자가 있었다는 설이다.[347] 뵈뵈가 노예에서 해방된 자유인으로서 여성의 신분임에도 불구하고 겐그레아 지역의 유지가 되어 가정교회 리더가 된 것처럼, 14절과 15절에도 이런 인물이 있음을 주장하는 것이다. 나는 두 번째 설에 한 표를 던진다. 그 이유는 다음의 세 가지 근거에서 찾을 수 있다.

첫째는, 박해 때문이다. 1세기에는 네로의 박해(64-68년)와 도미티아누스의 박해(81-96년)가 극에 달하던 때인데, 신분이 금방 노출되는 공동 주택의 인슐라에서 예배드리는 것은 거의 자살 행위와 같았기 때문이다. 둘째는, 1세기 가정 예배에는 애찬식과 주의 만찬식이 필수였는데, 각자 자기 집에서 음식을 장만해 올 정도가 되려면 사는 형편이 뒷받침되어야 하지만 대다수가 노예 신분이어서 그럴 수 없었기 때문이다. 셋째는, 1세기 로마의 가정교회가 인슐라에서 모임을 가졌다는 고고학적 증거가 아직까지 발견되지 못했기 때문이다.[348]

◆ 아리스도불로와 나깃수의 집, 왜 가정교회가 아닐까

로마서 16장 10-11절에 등장하는 아리스도불로와 나깃수의 집이 가정교회인지 아닌지 여부에 관한 논쟁이 뜨겁다. 우선 두 구절을 살펴보자. 10절은 "그리스도 안에서 인정함을 받은 아벨레에게 문안하라 아리스도불로의 권속에게 문안하라"고 되어 있고, 그다음 11절은 "내 친척 헤로디온에게 문안하라 나깃수의 가족 중 주 안에 있는 자들에게 문안하라"고 바울이 편지를 쓴 것을 볼 수 있다.

아리스도불로와 나깃수의 집이 가정교회가 아니라고 주장하는 반대파의 주장을 먼저 살펴보자. 10절의 '권속'과 11절의 '가족'은 '집'(house)이 아니라 '집안'(household)을 말하기 때문에 10절에서 바울은 아리스도불로의 집안에 속한 자들에게 문안한 것이고, 11절에서는 나깃수의 집안 가운데 주 안에 있는 자들에게 문안한 것이다. 따라서 로마서 16장의 수신자는 아리스도불로와 나깃수가 아니라 아리스도불로와 나깃수의 집안에 있는 '노예 신자들'이라는 것이다.[349] 즉 아리스도불로와 나깃수를 비신자로 보는 것이다. 반면에 찬성파는 바울이 보낸 편지의 수신자가 아리스도불로와 나깃수라고 주장하기 때문에 아리스도불로와 나깃수의 집은 이방인, 노예에서 해방된 자유인, 노예들로 구성된 가정교회였다고 주장한다.[350] 나는 반대파에 한 표를 던진다. 나는 로마교회의 수신자를 아리스도불로와 나깃수 집안에 있는 노예 신자들로 보기 때문이다.

그렇다면 아리스도불로와 나깃수 집안에 있는 노예 신자들은 어느 가정교회에 속했을까? 브리스가와 아굴라 집의 가정교회에 속했을 가능성이 높다. 왜냐하면 브리스가와 아굴라 집의 규모가 크고, 예배를 드리거나 애찬식을 준비하기에 공간이 충분하기 때문이다.

● 바울 당시 로마에는 온 교회가 있었나

1세기 로마의 가정교회에는 '온 교회'가 있었을까? 그렇다. 온 교회란 한 지역에 살고 있는 그리스도인의 전부를 말한다. 즉 온 교회는 한 특정 지역에 사는 모든 그리스도인의 모임을 말하기 때문에 지역 교회로 이해할 수 있다.[351] 로마의 온 교회는 로마서 1장 7절의 "로마에서 하나님의 사랑하심을 받고 성도로 부르심을 받은 모든 자에게 하나님 우리 아버지와 주 예수 그리스도로부터 은혜와 평강이 있기를 원하노라"라는 말씀에서 확인이 가능하다.[352]

하지만 로마교회는 다른 지역 교회처럼 온 교회의 모임이 활성화되지는 않았던 것으로 보인다. 당시 로마는 인구 1백만 명의 대도시인데다 교회의 박해가 사방에 깔려 있었기 때문에 고린도교회의 가이오의 집처럼 정기적으로 모임을 갖는 것은 힘들지 않았을까 생각한다. 바울 당시 로마교회의 신자들은 온 교회(지역 교회)에 대한 '결속력'이 매우 약했을 것으로 보이지만, 가정교회의 '역동성'은 아주 강했을 것이라 본다. 그 중심에 서 있는 자들이 바로 바울이 로마서 16장 3-15절에 소개한 스물여섯 명의 신자들이다.

● 로마교회가 보여 준 'TOP 4' 선교

1세기 로마의 가정교회는 고린도교회처럼 내부의 분열은 없었지만, 외부의 압력은 최악의 상황이었다. 네로와 도미티아누스 황제의 박해가 심했기 때문에, 예수를 믿는다는 것은 순교를 각오하는 것과 같았다. 당시 예수 믿는 자들은 십자가에 달리거나, 참수를 당하거나, 나무 꼭대기에 매달려 인간 횃불이 되거나, 짐승의 가죽을 뒤집어쓰고 개에게 물어뜯기는 박해를 이겨 내야만 했다. 이런 수난과 박해에도 불구하고 로마의 가정교회가 보여 준 'TOP 4' 선교는 어떤 힘을 지니고 로마의 다양한 사람들을 감동시켜 우뚝 설 수 있었는지를 살펴보도록 하자.

1) 최정예 멤버로 훈련된 '에베소 선교 팀'의 역할

로마의 가정교회는 새내기 신자들에 의해 개척된 것이 아니라, 최정예 멤버라 부를 수 있는 '에베소 선교 팀'에 의해 개척되었기에 로마교회는 처음부터 깊은 뿌리를 내릴 수 있었다. '에베소 선교 팀'이란 바울이 에베소에서 3년간 사역할 때 함께했던 자들을 말한다. 이들 가운데 가장 유력한 인물로는 안드로니고와 유니아(롬 16:7)를 꼽을 수 있는데, 바울이 이들 부부를 자신과 함께 감옥에 '갇혔던 자'로 부른 것으로 보아 알 수 있다. 또한 바울이 이들 부부를 "사도"(롬 16:7)라 불렀던 것을 고려해 본다면, 이들이 비신자들에게 복음 전하는 일에 있어서는 최고 중의 최고가 아니었을까 생각한다.

그다음으로는 아굴라 부부의 사업장에서 일하다가 개종했던 노예 신분의 에배네도(롬 16:5)다. 그는 바울이 '내가 사랑하는 자'(롬 16:5)라고 칭할 만큼 주님 사역에 헌신한 자였음을 알 수 있다. 그 외에 로마서 16장 5-13절 사이에 거론된 열네 명의 신자 중에는 바울의 에베소 선교 시기에 회심했다가, 때론 감옥 생활을 함께하다가 석방된 뒤 로마로 돌아가 사역한 자들이 있을 수 있다.[353] 아마 이들은 에베소에서 브리스가와 아굴라와 깊은 관련이 있던 자들이 아닐까 짐작해 본다. 이처럼 에베소 선교 팀이었던 아굴라 부부, 안드로니고와 유니오, 에배네도는 로마의 가정교회를 개척하는 데 일등 공신의 역할을 하며 다인종 신자들로 구성된 로마교회를 든든히 세우는 데 큰 역할을 했다.

2) 복음을 위해 살고 복음을 위해 죽는 '부부 선교사들'의 헌신

로마의 가정교회에는 복음을 위해 목숨을 건 부부 선교사들의 헌신이 있었다. 로마서 16장 3-15절에는 부부 선교사 세 팀이 등장한다. 첫째는 아굴라와 브리스가(롬 16:3-4) 부부고, 둘째는 안드로니고와 유니아(롬 16:7) 부부고, 셋째는 빌롤로고와 율리아(롬 16:15) 부부다. 아굴라와 브리스가, 안드로니고와 유니아는 유대인 부부고, 빌롤로고와 율리아는 이방인 부부다.

로마서 16장에 소개된 스물여섯 명의 신자 중 부부 선교사의 숫자가 여섯 명이나 되어서 전체 가운데 23퍼센트를 차지한다. 바울이 이들 세 부부의 이름을 상세히 소개한 이유는 무엇일까?

아굴라와 브리스가는 개인 사업에 성공한 자, 교회 개척자, 가정교회의 지도자라는 타이틀이 있고, 안드로니고와 유니아는 사도로 불릴 만큼 복음 전도자로서는 최고였으며, 빌롤로고와 율리아는 황제 집안에 속한 노예로서 로마 황실에 복음을 전할 수 있는 일꾼이었다. 이들 각각의 신분은 달랐지만, 하나님 나라의 일꾼으로서 자신에게 주어진 역할을 잘 감당했다는 점에서는 같았다. 나는 이들 세 부부를 소위 '복음을 위해 살고 복음을 위해 죽는 자'로 평가하고 싶다. 고난이 곧 닥쳐올 것을 알면서도 복음을 위해 헌신한 이들 부부의 모습은 주변의 다인종 신자들에게 감동을 주었다.

3) 자신감 있고 당당한 '여성 선교'의 확산

로마의 가정교회는 남성 못지않게 여성 성도의 역할이 매우 컸다. 로마서 16장 3-15절에 소개된 스물여섯 명의 교인 중에 여성이 아홉 명으로 3분의

1 이상을 차지한다. 이들의 이름을 살펴보면, 브리스가(3절), 마리아(6절), 유니아(7절), 드루배나(12절), 드루보사(12절), 버시(12절), 루포의 어머니(13절), 율리아(15절) 그리고 네레오의 누이(15절)다. 이 가운데 라틴어 이름을 가진 자는 브리스가, 유니아, 루포의 어머니, 율리아고, 헬라어 이름을 가진 자는 드루배나, 드루보사, 버시, 네레오의 누이이며, 유대식 이름에는 마리아가 있다.[354]

남성 문화가 지배하던 1세기 로마 시대 때 바울이 감사 인사를 전했던 로마교회의 신자 가운데 35퍼센트가 여성이라는 점은 시사하는 바가 크다. 바울이 각자에게 인사한 것을 살펴보면, 브리스가는 '동역자'(3절)로, 마리아는 '수고한 자'(6절)로, 유니아는 '나와 함께 갇혔던 자'(7절)로, 드루배나와 드루보사는 '수고한 자'(12절)로, 버시는 '사랑하는 자'(12절)로, 루포의 어머니는 '택하심을 입은 자'(13절)로 표현했는데, 율리아와 네레오의 누이(15절)에게는 아무런 표현을 하지 않았다. 바울이 늘 강조한 것처럼 남자나 여자나 다 주 안에서 '하나'(갈 3:28)이기 때문에, 1세기 로마의 여성들에게 당당하게 주의 복음을 전하는 자가 되게 한 것은 1세기 국제도시의 중심에 살던 로마의 여성들에게 큰 도전이요, 기회였다.

4) '하류층' 노예들에게 희망의 꽃을 안겨 준 복음의 소식

로마의 가정교회는 노예들에게 희망의 복음을 전해 주는 데 앞장섰다. 바울이 소개한 스물여섯 명의 신자들 가운데 노예 출신이 열한 명이나 되는 것은 로마교회의 성도들에게 주는 메시지가 크다. 당시 흔하게 사용되었던 노예 이름으로 불린 자들만 소개할 텐데, 이 가운데는 노예에서 해방된 자유인도 있어서 정확한 노예 숫자는 파악하기가 어렵다. 노예 출신의 이름을 보면 에배네도(5절), 암블리아(8절), 스다구(9절), 버시(12절), 바드로바

(14절), 허마(14절), 빌롤로고(15절), 율리아(15절), 네레오(15절), 네레오의 누이(15절, 네레오의 누이 또한 네레오처럼 흔한 노예 이름을 가졌을 것이다), 올름바(15절)다.

노예 출신과 관련된 이름이 무려 열한 명이나 되는데, 이 중에서 자유인이 누군지는 알 수가 없다. 그래서 바울이 언급한 스물여섯 명의 신자 중에서 노예 출신이 차지하는 비율을 42퍼센트 정도라 예상한다. 바울이 로마교회에 쓴 편지의 수신자 중에 여성이 35퍼센트, 노예가 42퍼센트인 것을 감안해 본다면, 1세기 로마의 가정교회는 약자와 하류층으로 구성된 신자가 다수를 차지하고 있음을 알 수 있다.

로마의 가정교회 리더였던 브리스가와 아굴라(3절), 부부 선교사로서 사도의 사명을 감당한 안드로니고와 유니아(7절), 부부 선교사이자 황제 집안의 노예였던 빌롤로고와 율리아(15절)의 절대적 희생과 섬김은 함께한 많은 여성과 노예들에게 감동을 주었으리라 생각한다. 사랑은 위에서 아래로 흐르듯이, 1세기 로마교회의 수많은 약자들이 가정교회의 리더로부터 받은 따뜻한 사랑은 그들의 마음을 감동시켰고, 이것은 복음 확장의 불씨가 되었다.

다함께 생각하기

1. 1세기 로마가 처한 주택, 가족, 여성, 노예 상황은 로마교회로 하여금 'TOP 4' 선교 전략을 만들게 해 다양한 인종들로 구성된 로마를 품고 복음화시켜 나갔다. 오늘날 한국 사회 역시 주택, 취업, 결혼, 이혼, 자녀 교육, 자살률, 저임금, 인권 등의 문제로 몸살을 앓고 있는데, 한국 교회가 1세기 로마교회처럼 어떤 분야에 관심을 가지고 사회적 책임을 다하는 교회가 될 수 있을 것인지 한번 말해 보라.

   ① 가족(결혼, 이혼 등) 분야
   ② 취업 분야
   ③ 자살 분야
   ④ 인권 분야
   ⑤ 기타

2. 한국 교회가 1세기 로마의 가정교회처럼 이웃을 감동시키기 위해 아래의 보기 중에서 우선적으로 해야 할 것은 무엇이라 생각하는가?

   ① 교회 사역에 헌신된 자들이 솔선수범해서 이웃 사랑을 실천하는 것
   ② 부부 신자들이 이웃에게 선한 영향을 끼치는 것
   ③ 능력 있는 기독교 여성들을 배출하는 것
   ④ 저소득층 주민들에게 희망을 주는 것

11

가정교회 선교,

로마
제국을
무너뜨리다

기독교가 마침내 거대한 로마 제국을 무너뜨렸다. 콘스탄티누스 대제가 313년에 기독교를 공인함으로 교회는 더 이상 박해를 받지 않고 종교의 자유를 누릴 수 있었다. 그렇다면 3세기 초 로마교회의 교세는 어느 정도였을까? 로마교회는 수없는 박해 속에서도 꾸준히 성장해서 200년에 이미 로마 인구의 20퍼센트를 상회하는 22만 명을 넘어섰다. 이뿐만이 아니다. 주후 300년에 로마 제국의 기독교는 로마 제국 전체 인구의 10.5퍼센트에 달하는 630만 명이 되었고, 350년에는 무려 56.5퍼센트인 3천 4백만 명에 이르렀다.[355] 이처럼 기독교가 로마 제국을 무너뜨릴 수 있었던 결정적 이유는 무엇일까? 바로 가정교회의 선교에 있다. 그렇다면 1세기 가정교회가 로마 제국을 어떻게 선교했기에 무너뜨릴 수 있었는지를 한번 살펴보도록 하자.

처음 예루살렘에서 시작된 가정교회는 미약하기 그지없었다. 그 당시 회당과 견주어 봤을 때 건물 수나 신자 수에 있어서는 비교 자체가 안 될 정도로 적었다. 하지만 예루살렘을 지나 안디옥을 거쳐 고린도와 에베소 및 로마에 이르기까지 사도 바울과 그의 동역자들, 특히 바나바, 루디아, 아굴라와 브리스가, 가이오, 뵈뵈, 빌레몬, 안드로니고와 유니아 등의 복음에 대한 열정이 없었더라면 로마 제국의 선교는 그저 꿈에 지나지 않았을 것이다. 한 세기 동안 바울과 그의 동역자들이 보여 줬던 '다이내믹(Dynamic)한 선교 네 가지'는 드디어 로마 제국을 무릎 꿇게 했다. 이제 이 네 가지가 무엇인지 한번 살펴보도록 하자.

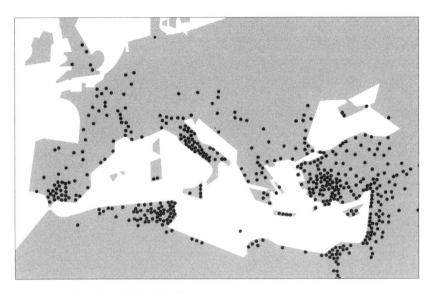

3세기 말 로마 제국에 세워진 가정교회 분포도[팀 다울리, 《교회사》(*The History of Christianity*), 65]

⬟ 첫 번째 다이내믹 선교: 우리는 하나다

1세기 로마 제국은 '우리는 다르다'라는 사상으로 세상을 통치했다. 로마 제국 자체가 신분 사회 및 계급 사회여서 극소수의 상류층은 다수의 하류 층으로 하여금 상류층과 '다르다'는 것을 매일 겪도록 했다. 예를 들어, 상류 층의 귀족 계급과 원로원들이 시골의 넓은 땅이나 도시의 비싼 주거지 또는 임대 수익형 부동산의 실제 소유주다 보니 90퍼센트 이상의 하류층은 가난 에 찌들어 살면서 '차별'받는 것을 당연하게 받아들였다.[356] 하지만 마리아 의 집, 아굴라와 브리스가의 집, 빌레몬의 집에서 시작된 가정교회의 사상 은 세상과 달랐다. 이들은 '우리는 하나다'라고 외쳤다. 넓은 집을 소유했음 에도 불구하고 이들이 삶으로 '하나 됨'(갈 3:27-28)을 보여 준 모습은 감동 그 자체였다. 그렇다면 1세기 가정교회의 집주인들이 어떤 형태로 '하나 됨'의 정신을 보여 줬는지 한번 살펴보자.

1) 애찬식

첫째는, 애찬식(love feast)이다. 1세기 가정교회의 애찬식은 로마의 식사법과는 달랐다는 것이다. 애찬식에 참여한 자를 보면 정치인, 고위 공무원, 회당장, 장사꾼, 노예, 자유인, 유대인, 헬라인, 남자, 여자, 어린아이에 이르기까지 모두 초대되었다. 가정교회 애찬식의 원칙이라면 소위 '똑같은 원리'가 적용되었다. '똑같은 원리'란 신분, 계층, 성별에 상관없이 똑같은 음식량, 똑같은 음식 종류, 똑같은 식사 순서가 누구에게나 동일하게 적용되는 것이다. [357]

엘리트층 신자라고 해서 음식 양이 많거나, 고급 음식을 먹거나, 먼저 식사하지 않았다. 사실 이런 애찬식의 '똑같은 원리'가 깨진 곳이 있다면 고린도교회다. 일부 엘리트층 신자 가운데 몰지각한 자들이 식사 시간을 기다리지 않고 먼저 음식을 먹어 버리자(고전 11:21), 바울은 이들에게 "기다리라"고 충고했다(고전 11:33). 초기 기독교 시절 애찬식으로 인해 신자들끼리 불편했던 곳은 고린도교회밖에 없었다. 눈여겨볼 필요가 있다.

그렇다면 누가 식탁 교제를 할 때 가장 힘들어했을까? 아마 유대인 신자였을 것이다. 할례와 모세의 음식법을 목숨보다 귀하게 여겼던 자들이 예수 믿고 구원받은 이후에는 새로운 피조물로 달라져야 했기 때문이다. 유대인들은 이방인들과 '동일성'을 거부한 자들이었기 때문에 교회 안에서 '덕'을 세우기 위해서는 뼈를 깎는 노력을 해야 했을 것이다. 예수님의 수제자였던 베드로도 안디옥에서 이방인과 함께 식사하다가 유대인이 오자 도망간 모습을 보면 오늘날 이중적인 교인의 모습을 그대로 보는 듯하다(갈 2:11-12).

이런 면에서 유대인의 정체성이 확고했던 아굴라와 브리스가는 대단한 부부라 할 수 있다. 이들 부부가 개인 사업으로 바빴음에도 불구하고 가정교회 예배 때 애찬식을 위해 음식을 직접 준비하거나 참여한 자들을 환대하는 모습은 이를 보는 이방인들에게 유대인에 대한 편견을 깨뜨리기에 충분했다. 아굴라와 브리스가처럼 개인 집을 소유한 집주인들이 회심하게 되면 자기 집을 가정교회의 모임 장소로 제공할 뿐 아니라 식탁 교제에 필요한 음식을 제공하는 것은 자연스러운 일이었다. 아굴라와 브리스가와 같은 집주인들의 희생과 섬김이 있었기 때문에 1세기 가정교회의 선교는 더욱 빛을 발할 수 있었다.

그다음 힘든 자가 이방인 신자였을 것이다. 세속 문화에 길들여진 이방인들이 가정교회 문화에 적응해야 했기 때문이다. 이런 편견을 과감히 깨뜨린 아리스도불로(롬 16:10)를 생각해 보았으면 한다. 아리스도불로는 로마의 고위직 공무원으로서 예수를 믿지 않는 자였다.[358] 다만 유일신 사상에 관심이 있어 회당에 기웃거렸지만 할례와 모세의 음식 규정에 마음이 불편했는데, 아굴라와 브리스가와의 만남을 통해 예수 그리스도를 알게 되었다. 아직 구원의 확신은 없었지만, 가정교회의 모임에 매료되어 예수님을 알아 가는 과정에서 자기 집의 노예를 해방시켜 준 것이나 애찬식 때 자기 종의 접시 위에 음식을 덜어 주는 모습을 통해 '하나 됨'을 몸소 실천했다.[359]

이것이 1세기 가정교회의 애찬식이다. 이처럼 1세기 가정교회의 식탁 공동체는 '화해'의 밥상이기도 했다. 식탁 공동체는 서로의 허물과 잘못을 덮어 주고, 타인을 사랑하고 배려하는 화해의 밥상 공동체로 '하나 됨'을 실천하는 장이었다. 종이나 주인이나, 남자나 여자나, 유대인이나 헬라인이나 그리스도 안에서 '하나 됨'을 경험하는 곳이 가정교회의 애찬식이었다(갈 3:28).

오늘날 개인주의로 물든 현대인들에게 1세기 애찬식의 정신을 한국 교회가 전달했으면 한다.

2) 주의 만찬식

둘째는, 주의 만찬식이다. 1세기 가정교회 예배 때 주의 만찬식은 필수였다. 초대 교회 신자들은 예수 그리스도가 제자들에게 보여 주었던 최후의 만찬(막 14:22-25; 눅 22:15-20)에 실제적으로 동참했다. 예수님은 제자들에게 최후의 만찬을 통해 떡은 자신의 몸을, 포도주는 자신의 피를 상징하는 것으로 '기념'(눅 22:19)할 것을 부탁했다. 주의 만찬식에 참여한 자들은 신분, 계층, 성에 상관없이 함께 떡을 떼고 포도주를 마시면서 '우리는 하나다'라는 사실을 몸소 체험했다. 이처럼 주의 만찬식은 '하나 됨'의 정신을 실천한 것이었다.

중요한 것은, 초대 교회의 신자들은 수많은 박해 속에서도 주의 만찬식을 '가시적인 만찬'이 아니라 '실질적인 만찬'으로 행했다는 것이다.[360] 하지만 오늘날 주의 만찬식은 너무나 '형식적인 만찬'으로 전락하고 말았다. 윌리엄 바클레이(William Barclay)의 "1세기 그리스도의 가정에서 기념했던 주의 만찬과 20세기(21세기)의 교회당에서 행해지는 주의 만찬은 판이하게 다르다. 이 둘 사이에는 어떠한 연관성도 없다"라는 말을 되새겨 봐야 한다.[361]

1세기 고린도교회의 신자인 재무관 에라스도(롬 16:23)를 한번 생각해 보자. 로마의 고위 공무원이었던 그가 예수님을 영접한 후 자기 집을 가정교회로 제공한 뒤 주의 만찬식을 하는 모습을 보면 전율이 느껴질 정도다. 높은 지위에 있던 자가 노예들이나 자유인들과 함께 떡을 떼고 포도주를 마시며 '하나 됨'을 실천하는 모습이 참여한 공동체 식구들에게 감동을 주지 않았겠는가! 이것이 바로 1세기 가정교회의 다이내믹한 선교다. 그런데 주후 360-370년 사이 어느 시점에 열린 라오디게아 종교회의에서 "주교들이나 장로들은 가정에서의 주의 만찬을 시행해서는 안 된다"(Canon 58)라며 가정에서의 주의 만찬을 금지시킴으로 이후 주의 만찬은 제국 교회에서만 가능해졌다.[362]

3) 세례(침례)

셋째는, 세례(침례)다. 세례는 예수 그리스도의 죽음과 부활을 상징할 뿐 아니라, 새로운 사람으로 거듭나겠다는 다짐이다(롬 6:4; 고후 5:17; 골 3:9-10). 그래서 세례는 하나님을 향한 '실제적 헌신'의 표현이다.[363] 무엇보다 갈라디아서 3장 28절의 세례를 통해서 '하나'가 되는 것은 '혁명적 슬로건'과 같았다.[364] 왜냐하면 유대인이든지 헬라인이든지, 종이든지 자유인이든지, 남자든지 여자든지 세례를 받은 자는 그리스도 안에서 '하나'임을 선포했기 때문이다(갈 3:27-28). 그래서 1세기 가정교회 신자들은 세례를 통해서 '행동하는 아가페'(doing agape)를 삶 속에서 실천했다.[365]

이런 사례는 고린도교회의 회당장이었던 그리스보(행 18:8)에게서 찾을 수 있다. 바울은 그리스보에게 세례를 베푼 것에 대해 감사하다고 전했다(고전 1:14). 한때 할례와 모세의 음식 규정을 지키지 않았던 이방인을 무시할 뿐 아니라 이들을 부정한 자들이라 여기고 식사도 같이 하지 않았던 그가 세례를 받고 난 이후부터는 새사람으로 탈바꿈했다. 율법이란 틀 속에 박혀 이방인을 품지 못했던 그리스보가 이제 '행동하는 아가페'의 모델이 되어 함께 식사하고 복음을 전하는 일꾼이 된 것이다. 이것이 1세기 가정교회의 다이내믹한 선교다!

● 두 번째 다이내믹 선교: 내려놓음으로 살아야 공동체가 산다

세상의 원리는 '올라감'에 있다. 지위, 신분, 명예가 올라가는 것을 좋아하고, 삶의 목적을 여기에 두고 있다. 하지만 성경의 원리는 '내려놓음'에 있다. 이는 빌립보서 2장 6-7절의 "그는 근본 하나님의 본체시나 하나님과 동등됨을 취할 것으로 여기지 아니하시고 오히려 자기를 비워 종의 형체를 가지사 사람들과 같이 되셨고"라는 말씀에서 발견할 수 있다. 바울은 초대 교회 성도들에게 내려놓음의 삶을 살 것을 부탁했다. 하지만 내려놓음의 삶은 여간 힘든 일이 아니다. 자신의 의지대로 잘 되지 않기 때문이다.

그래서 바울은 가정교회 성도들에게 내려놓음의 삶을 직접 보여 주었다. 그는 가말리엘 문하생으로서 바리새인이자 로마 시민권이 있고, 헬라어, 라틴어, 히브리어, 아람어, 길리기아 방언에 이르기까지 언어에 탁월할 만큼 잘난 자였다(행 22:3; 빌 3:5). 하지만 바울은 세상의 모든 것들을 "배설물"(빌 3:8)로 여긴다고 고백했다. 왜 그랬을까? 예수 그리스도를 얻기 위함이었다. 자신의 가문, 학벌을 자랑하면 영혼을 얻을 수 없기 때문이다. 그래서 바울은 "나는 날마다 죽노라"(고전 15:31)라고 고백하며 세상의 자랑을 버릴 것을 부탁했다.

그런데 내려놓음의 삶이 쉽지 않다. 그렇기 때문에 성령의 충만함을 입어야 한다(엡 5:18). 성령이 충만한 자의 특징은 삶의 키(key)가 '자신'에게 있지 않고 '성령'에게 있다. 바울이 그렇게 살았다. 자신이 영에 속한 자임을 보여 주었다(행 16:6-10). 1세기 가정교회의 리더들은 바울을 통해서 내려놓음의 삶을 배웠다. 이들이 바로 루디아, 아굴라와 브리스가, 가이오, 그리스보, 스데바나, 뵈뵈, 눔바, 에라스도와 같은 집주인들이다. 이들은 바울과 같은 좋은 멘토를 두었기 때문에 자신들 역시 내려놓음의 삶을 살

수 있었다.

하지만 모든 가정교회의 리더들이 내려놓음의 삶을 사는 것은 쉬운 일이 아니었다. 때문에 바울은 가정교회 리더들에게 두 가지를 부탁했다. 첫째는, 자신의 영적인 거만함을 조심하라는 것이다.[366] 이 사실은 요한삼서 1장 9-10절의 "내가 두어 자를 교회에 썼으나 그들 중에 으뜸 되기를 좋아하는 디오드레베가 우리를 맞아들이지 아니하니 그러므로 내가 가면 그 행한 일을 잊지 아니하리라 그가 악한 말로 우리를 비방하고도 오히려 부족하여 형제들을 맞아들이지도 아니하고 맞아들이고자 하는 자를 금하여 교회에서 내쫓는도다"라는 말씀에서 알 수 있다.

둘째는, 이단에 빠지지 말라는 것이다.[367] 초대 교회 당시 헬라의 이원론에 영향을 받은 니골라당(계 2:15; 행 6:5)이 교회에 침투해 신자들의 영적 상태를 병들게 만들었다. 이런 사실은 요한이서 1장 7절과 10절의 "미혹하는 자가 세상에 많이 나왔나니 이는 예수 그리스도께서 육체로 오심을 부인하는 자라 이런 자가 미혹하는 자요 적그리스도니 … 누구든지 이 교훈을 가지지 않고 너희에게 나아가거든 그를 집에 들이지도 말고 인사도 하지 말라"고 한 것에서 확인할 수 있다. 여기에서 미혹하는 자가 바로 이단이다.

사도 요한은 초대 교회의 거짓 교사를 발람(계 2:14)과 이세벨(계 2:20)로 비유하며 조심할 것을 권고했는데, 예수님의 탄생을 부인한 니골라당은 1세기 가정교회가 선교하는 일에 암적 존재와 같았다.[368] 무엇보다 1세기 가정교회는 모임 숫자가 적었기 때문에 가정교회 리더가 중요했다. 집주인이 디오드레베처럼 영적 교만함에 빠지거나 니골라당과 같은 이단에 현혹된다면 엄청난 시련을 겪어야 했다. 그래서 바울은 이단이 집 안에 얼씬거리지 못하도록 부탁했다(딤후 3:6; 요이 1:10). 1세기 초대 교회 당시 디오드레베와 같은 가정교회 리더는 극소수였고, 대다수가 내려놓음의 삶을 살았기 때문에 가정교회의 선교는 날마다 확장되었다.

⬟ 세 번째 다이내믹 선교: 거룩한 삶이 누룩처럼 번지게 하라

고대 로마 제국은 '쾌락을 추구하는 삶'을 좋아했다. 그야말로 세속적인 삶의 끝판왕이어서 윤리적 타락은 끝이 보이지 않았다. 반면에 가정교회는 '거룩한 삶'을 추구했는데, 이것이 로마 시민들의 마음을 서서히 사로잡았다. 그렇다면 로마 제국으로 하여금 거룩한 삶을 살지 못하도록 한 것은 무엇일까?

첫째는, 목욕 문화다. 로마의 공화정 시대(주전 508-27년) 때는 공중목욕탕에서 남녀가 따로 목욕을 했지만, 1세기부터는 남녀가 함께 혼탕 목욕을 할 수 있었고, 4세기가 되어서야 남녀 구분을 따로 했다.[369]

1세기 가정교회가 시작되었을 때 아파트형의 인슐라에는 각 건물마다 혼탕 목욕탕이 있어서 성적으로 타락할 수밖에 없었다. 혼탕 목욕탕에서 혼외정사 이야기나 부부 관계 이야기가 스스럼없이 얘기되다 보니 덕스럽지 못했다. 때문에 1세기 가정교회 신자들은 혼탕 목욕탕에 더 이상 가지 않았다.[370] 예수님을 영접한 이후로는 옛 사람을 벗어 버리고 새사람으로 살 것을 다짐했기 때문에 혼탕 목욕탕을 애용하지 않았던 것이다.

둘째는, 노예 문화다. 대다수의 상류층 인사들과 부자들은 집 안에 노예를 두고 살았는데, 노예는 주인에게 팔려 온 자산에 불과해서 주인이 마음대로 할 수 있었다. 그래서 주인이 노예와 그 자녀들까지 성적으로 학대하는 일이 다반사였다. 그러나 1세기 가정교회의 주인은 노예를 성적으로 학대하는 것을 단호히 거절했다. 골로새교회의 빌레몬의 집을 생각해 보자.

주인 빌레몬과 아내 압비아의 집에서 살던 종 오네시모가 로마로 도망간 뒤 바울을 만나 회심했고, 다시 빌레몬의 집으로 돌아왔다(몬 1:1-16). 만약 빌레몬과 압비아가 악질 주인이었다면 오네시모로 하여금 감옥 생활을 하도록 내버려 둔다거나, 태형으로 다스린다거나, 성적 학대까지도 할 수 있었겠지만, 그들은 사랑과 용서로 그를 받아들였다. 오히려 바울은 빌레몬에게 오네시모를 '종'이 아닌 '형제'로 받아 줄 것을 정중히 요청했다(몬 1:16). 이처럼 바울이 빌레몬에게 간청한 이유는, 용서받은 오네시모로 하여금 훗날 교회 봉사와 사역하는 일에 진일보가 있기를 바라는 바울의 소망이 담겨져 있었기 때문이다.[371] 이것이 바로 1세기 가정교회의 파워 넘치는 다이내믹한 선교다.

셋째는, 결혼 문화다. 고대 로마 제국은 부부 간의 이혼과 재혼이 흔한 사회였다(고전 7:5). 소위 '검은 머리가 파뿌리처럼 희어지도록 서로 사랑하는 것'을 것을 찾기가 어려울 정도였다. 그런데 놀라운 것은, 바울이 로마교회에 보낸 로마서 16장의 편지를 보면 세 쌍의 '부부 선교사'가 등장한다.[372] 이들은 아굴라와 브리스가(롬 16:3), 안드로니고와 유니아(롬 16:7), 빌롤로고와 율리아(롬 16:15)다. 바울은 왜 로마교회에 쓴 편지 속에 세 쌍의 부부 이름을 소개했을까? 로마교회의 부부들에게 '끝까지 서로 사랑하라'는 메시지를 준 것이라 생각한다.

하지만 1세기 초대 교회 가운데 거룩한 삶과는 거리가 먼 교회도 있었다. 바로 고린도교회다. 고린도교회 교인 중에는 예수님을 영접한 아들이 엄마와 근친상간을 하는 상상치도 못할 일이 벌어지기도 했다(고전 5:1). 이것은 모세의 율법(레 18:8)과 로마법에서도 금지한 것인데 고린도교회에서 벌어진 것이다. 이와 같은 일이 벌어진 이유는 로마 제국 시대에 만연했던 영지주의 사상이 교회에 침투했기 때문이다. 영지주의 사상이란 영적인 것은 거룩하고 육적인 것은 타락한 것으로 보았기 때문에, 더러운 물질세계로 오신 예수님의 탄생을 거부할 뿐 아니라 예수님의 죽음과 부활까지도 거부하는 사상을 말한다.[373] 더욱이 영지주의자들은 자신들의 성행위와 종교를 통합시키는 것이야말로 구원에 이르는 길이라고 믿었다.[374] 그래서 이들은 자신들의 성적(性的) 자유함을 예배와 통합하기까지 했다. 이런 대표적 이단이 니골라당이다(계 2:6, 15). 초대 교회 당시 극소수의 영지주의자들이 판을 쳤지만 교회를 뒤흔들 수는 없었다. 그 한 예로, 초기 가정교회 신자들은 낙태나 영아 살해나 여성의 심한 노출을 거부하는 의식 있는 윤리관을 보여 주기도 했다.[375]

영지주의 사상이 마치 암적 존재처럼 교회 안으로 파고들어왔지만, 1세기 가정교회를 무너뜨릴 수는 없었다. 오히려 가정교회의 신자들은 자신들의 몸이 하나님의 거룩한 성전임을 깨달아 세상에 빠지지 않고 하나님에게 영광을 돌렸다(고전 6:18-20). 그래서 1세기 가정교회 성도들은 거룩한 하나님의 백성으로 살았다. 이것은 그리스도인의 책임이기도 했다. 이처럼 가정교회 신자들의 거룩한 삶은 로마 제국 전역에 누룩처럼 번져 나가 마침내 로마를 무릎 꿇게 했다.

● 네 번째 다이내믹 선교: 죽으면 죽으리라

1세기 가정교회 신자들은 '죽으면 죽으리라'의 정신으로 살았다. 사도행전 1장 8절의 '증인'이라는 말은 헬라어의 '마르튀스'(μάρτυς)로서 '순교자'를 뜻한다.[376] 1세기는 네로(64-68년)와 도미티아누스(81-96년)의 박해가 연이어 발생했기 때문에 신앙생활을 하는 것 자체가 순교를 각오해야만 했다. 네로 황제 때는 초대 교회의 3대 거장이 순교했는데, 이들이 바로 예수님의 동생 야고보와 사도 바울 그리고 베드로다. 네로가 기독교를 박해했던 죄명을 보면 우스꽝스럽기 그지없는데, 로마의 대화재(64년) 범인을 그리스도인에게 뒤집어씌웠기 때문이다.[377] "순교자의 피는 교회의 씨앗이 된다"고 했듯이, 야고보와 바울과 베드로의 순교는 오히려 수많은 그리스도인으로 하여금 고난과 박해의 현장에 동참하게 했다.[378]

그렇다면 로마 제국 당시의 대표적인 순교자는 누구일까? 2세기 초 안디옥교회의 감독인 이그나티우스(Ignatius)의 순교가 대표적이다. 그가 안디옥에서 처형되지 않고 로마로 압송되는 과정에서 "나는 주의 밀알이며, 그리스도의 정결한 양식이 되기 위해 맹수들의 이빨에 갈리는 것입니다"라고 단호하게 순교할 것을 천명했다.[379] 또한 주후 156년 서머나교회의 감독인 폴리갑이 화형당했던 순교다. 그는 86세의 고령의 나이에 신앙을 지키기 위해 화형을 당했는데, 이 모습을 목격한 한 신자가 다음과 같이 진술했다: "순교자(폴리갑)는 그런 불길 한가운데서 타고 있는 육신이 아니라 구워지고 있는 빵처럼, 또는 화로에서 정련되고 있는 금이나 은과 같은 모습이었다."[380]

그 외에 주후 177년 리옹의 그리스도인들은 원형경기장에 끌려가 "고문대에서 찢기고, 철판 의자에서 그을려지고, 황소 뿔에 받히고, 굶주린 사자에게 갈기갈기 찢기는 것"을 당하며 순교했다.[381] 그렇다면 초대 교회 당시 순교자 수는 얼마 정도나 될까? 일반적으로 수천 명의 그리스도인들이 순교했을 것이라 생각하지만 그렇지 않다. 박해가 3세기 내내 일어난 것이 아니라 간헐적으로 발생했고, 로마 정부가 초대 교회를 정치적인 면에서 큰 위협의 대상으로 보지 않았기 때문이다.[382] 초대 교회 전문가인 스타크를 중심으로 한 대부분의 학자들은 '천 명 이하설'에 동의한다.[383] 또한 초

대 교회 순교 전문 연구가인 프렌드(W. H. C. Frend)에 의하면, 순교자는 수
백 명에 불과했다고 전한다.[384]

　　1세기 가정교회 신자들은 원형경기장에 끌려가 사자의 밥이 되거나 인
간 횃불이 되어도 결코 신앙을 버리지 않았다. 무엇보다 가정교회 신자들
이 당당하게, 꿋꿋하게 순교를 받아들이는 모습이 이교도들의 마음을 감
동시켰다. 마태복음 5장 44절은 "너희 원수를 사랑하며 너희를 박해하는
자를 위하여 기도하라"고 말씀하고, 고린도후서 4장 9절은 "박해를 받아도
버린바 되지 아니하며 거꾸러뜨림을 당하여도 망하지 아니하고"라고 말씀
한다. 그렇다. 로마 제국이 모든 힘을 총동원해서 교회를 무너뜨리려고 했
지만 교회는 불에 타지 않았다. 오히려 1세기 가정교회는 순교로 로마 제
국을 무너뜨렸다.

다함께 생각하기

1. 오늘날 한국 교회는 주의 만찬식을 월별, 분기별, 연도별 중에서 각 교회의 형편에 맞게 진행하지만 '형식적인' 주의 만찬식이 많은 편이다. 1세기 가정교회처럼 한국 교회가 '실제적인' 주의 만찬식을 행하려면 어떻게 하는 것이 좋을지 말해 보라.

2. 오늘날 한국 교회가 1세기 가정교회처럼 세상의 마음을 얻고 세상의 빛과 소금이 되기 위해 아래의 보기 중에서 어느 것을 가장 우선적으로 행하는 것이 좋을지 말해 보라.

   ① 하나 됨
   ② 내려놓음
   ③ 거룩한 삶
   ④ 죽으면 죽으리라

1세기 신약 교회 선교 정신, 지금도 통한다

바울이 가정교회 선교를 한 목적은 신약 교회(원형 교회)를 세우기 위함이었다. 바울은 가는 곳마다 성경적인 교회, 예수님이 바라시던 바로 그 교회, 신약 교회를 세워 하나님 나라를 확장시켜 나갔다. 바울은 가정교회를 중심으로 선교했기 때문에 가정교회 역시 신약 교회요, 원형 교회요, 성경적인 교회다. 그리고 그런 교회가 빌립보 간수장의 집(빌립보교회), 가이오의 집(고린도교회), 눔바의 집(라오디게아교회)이다. 바울은 이런 가정교회를 통해서 신약 교회의 정신을 널리 알렸는데, 그것이 바로 예수님이 원하시는 원형 교회를 세우고, 애찬식(주의 만찬식)이 있는 천국 잔치의 예배를 드리고, 평신도에게 사역을 나눠 주고, 영혼을 구령하여 제자를 만드는 것이다. 그런데 이런 신약 교회의 정신이 히트를 쳤다.

1세기 신약 교회 정신은 이교도와 고대 철학자, 정치인과 고위 공무원, 노예와 자유인, 유대인과 헬라인에 이르기까지 신분, 계급, 성별에 상관없이 다양한 사람들의 마음을 녹였다. 회당의 보수 유대인의 끊임없는 협박과 위협, 로마 황제들의 무시무시한 박해 그리고 2세기 안토니우스 역병과 3세기 키프리아누스 역병도 신약 교회의 정신을 꺾지 못했다. 바울이 세웠던 가정교회는 신약 교회의 정신으로 똘똘 뭉쳐 있어서 외부로부터 어떤 풍랑이 몰아쳐도 흔들리지 않았다. 마침내 주후 300년에는 로마 제국 인구 가운데 10.5퍼센트에 해당하는 630만 명이 개종했고, 350년에는 그리스도인이 무려 56.5퍼센트에 해당하는 3천 4백만 명이나 되어 3세기 만에 복음이 로마 제국을 무너뜨렸다.[385] 그리고 그 중심에 신약 교회 정신이 있다.

그렇다면 1세기 신약 교회의 정신은 지금도 통할까? 물론 그렇다. 이 책의 목적은 단순히 1세기 바울의 가정교회 선교를 성경 해석학적으로 소개하는 것으로만 마치는 것이 아니라, 21세기에도 1세기 신약 교회 정신을 가지고 목회나 선교지에서 성공한 모델을 소개해 한국 교회를 회복시키는 데 도움을 주고자 하는 데 있다. 지금까지 내가 경험하고 목격한 성공적인 신약 교회 두 곳을 소개하고자 한다. 첫째는 목회지로서 신약 교회 회복 운동에 앞장서 왔던 휴스턴 서울교회고, 둘째는 선교지로서 가정교회 선교의 허브 역할을 해 왔던 카자흐스탄 살렘교회다. 전자는 최영기 목사, 후자는 주민호 선교사(현 FMB 회장)의 영향이 크다.

먼저 휴스턴 서울교회를 살펴보자. 최영기 목사가 가정교회를 하는 이유는 "신약 교회 회복"[386]에 있다고 언급한 것처럼, 휴스턴 서울교회가 신약 교회의 정신을 실천하는 것을 세 가지 측면에서 확인할 수 있다. 첫째는, 교회의 본질을 추구한다. 교회란 '건물'이 아니라 '사람'이라는 것은 모두가 안다. 문제는 이것을 목회 현장에서 얼마만큼 실천하느냐에 달려 있다. 한국기독교목회자협의회가 2018년에 출판한 《한국 기독교 분석 리포트》(URD)에 따르면, 한국 교회의 부채 규모는 평균 2억 5,900만 원이고, 예산 대비 부채 비율은 89.4퍼센트에 이른다고 한다.[387] 교회 예산의 90퍼센트가 부채여서 인건비, 건물 관리비, 교회 운영비는 만성 적자고, 빚에 허덕이는 것이 한국 교회의 모습이다. 건물 중심의 교회를 운영한 결과물이다.

휴스턴 서울교회가 사람을 세우는 일에 집중하는 것은 교역자를 통해 알 수 있다. 휴스턴 서울교회의 경우 교역자는 100퍼센트 풀타임이고, 교역자 사례비는 생활비와 주택비를 포함시켜 사택을 자택의 패러다임으로 바꿨다.[388] 내가 2010년 1월에 연수를 갔을 때 '2009년 연말 보고서'에 최영기 목사와 다른 교역자에게 동일한 사례비와 주택비가 제공된 것을 보고 놀랐고, 이를 통해 사람을 세우는 교회임을 확인했다. 하지만 휴스턴 서울교회는 힘에 부치는 건축을 피한다. 연수 당시 영어권 담임 목사인 신동일 목사의 영어권 예배당을 짓기 위해 240만 달러(약 25억 원)의 비용을 300명의 1.5세 청년들이 스스로 2년 만에 지불했다는 간증을 듣고 놀랐다. 이처럼 이 교회의 한어권과 영어권은 재정 자립의 원칙으로 빚을 지지 않는다.

휴스턴 서울교회가 사람을 세우는 교회라는 사실은 담임 목사 위임을 통해서도 확인할 수 있다. 최영기 목사는 약 20년간 휴스턴 서울교회에서 목회한 후 2012년 8월에 이수관 목사에게 교회를 물려주고 은퇴했다. 최영기 목사에 따르면 후임을 결정할 때 세 가지를 보는데, "역경을 극복한 경험, 대인관계, 충성도"를 지목했다.[389] 최영기 목사에 따르면, 이수관 목사가 청년 목장을 담당하면서 휴스턴 서울교회에서 목장을 가장 많이 분가시킨 자라고 했다. 전통 교회에서는 거의 불가능한 일이다. 영혼 살리는 일에 성공을 보여 준 이수관 목사는 휴스턴 서울교회의 4대 담임 목사로 부임했다. 한국 교회의 병폐 중 하나는 위임이 약하다는 점이다. 하지만 휴스턴 서울교회는 건강한 위임을 가정교회의 한 문화로 정착시켰다.

둘째는, 샘플의 리더십을 볼 수 있는 교회다. 김진호, 최용주 교수가 공동 저술한 《빅데이터 리더십》(북카라반)을 보면 "리더십이란 비전을 현실로 바꾸는 능력"이라 한다.[390] 리더는 자신의 비전을 현실에서 보여 주고, 샘플이 되어야 한다. 최영기 목사는 성도들이 목사를 보면서 꿈을 회복하도록 하기 위해 두 가지 샘플을 보여 주었다. 먼저는 정직성과 투명성이다. 영어 표현을 빌리면 'honest'가 아닌 'integrity' 목회다. 담임 목사가 먼저 성벽을 쌓지 않고 투명 유리처럼 자신을 그대로 보여 준다. 특히 시간 관리와 돈 관리에 있어 더욱 그렇다. 이유 없이 새벽 예배에 빠지지 않으며, 돈 관리가 철두철미하다. 그래서 최영기 목사의 리더십은 보여 주는 리더십, 샘플이 되는 리더십이라 할 수 있다.

그다음은 교회론이다. 1세기 교회가 건물이 아닌 집에서 모임을 가졌기에 최영기 목사는 '가정교회가 교회다'라는 것을 신자들에게 심어 준다. 그러고는 목자에게 '이곳(가정교회)이 네 교회다'라는 인식을 갖게 하는 데 집중시킨다. 그래서 목자들은 목장 식구들을 돌보는 데 있어 '담임 목사급' 수준으로 섬긴다. 교회가 건물이 아니라 사람이라는 사실을 섬김과 사역을 통해서 확인하게 된다. 그렇다 보니 사역이 억지스럽지 않고 자연스럽다. 최영기 목사는 최소한 3대 제자가 형성되어야 교회 갱신이 이뤄진다고 믿는다. 현재 국제가사원을 보면 '1대(휴스턴 서울교회, 최영기 목사) → 2대(양주 열린문교회, 이재철 목사) → 3대(일본 가와사키 초대교회, 조남수 목사)'로 제자가 형성되어 있다.[391] 그의 교회론 역시 샘플이 되는 리더십이다.

셋째는, 평신도 사역자를 세우는 교회다. 휴스턴 서울교회의 목표는 1세기의 루디아, 브리스가와 아굴라, 빌레몬, 가이오와 같은 평신도 리더를 세우는 것이다. 그렇다 보니 휴스턴 서울교회는 평신도 리더를 '담임 목사급' 수준으로 만드는 것으로 유명하다. '부목사급'이 아니다. 둘 사이의 큰 차이점이라면 희생과 책임감이다. 목자의 조건을 보면 섬김의 본이 60퍼센트, 영적 리더십이 40퍼센트다. 평신도 리더가 갖춰야 할 우선순위는 영적 리더십이 아닌 섬김이다. 목자들은 섬김에서 시작한다. 그러고는 희생에서 파워가 나오는 것을 목장 식구들에게 보여 준다. 목장 식구들은 목자의 시간 투자, 재정 투자, 음식 준비를 눈으로 확인하기에 감동이 배가된다. 1세기 신약 교회의 정신이 21세기 휴스턴 서울교회에서 진행되고 있다.

내가 휴스턴 서울교회에 연수를 갔을 때 오창석 집사의 집에 방문한 적이 있다. 오창석 집사의 간증에 따르면, 그가 목자의 짐이 너무 무거워 휴스턴에서 오스틴으로 도망을 쳤는데 1년간의 방황 끝에 휴스턴으로 돌아와 어렵다고 소문난 시니어 목장을 요청했다고 한다. 미국 사회에서는 60-80대 시니어 목장을 돌보는 데 많은 시간이 소요되고, 분가는 꿈을 꿀 수 없을 정도로 어려운 일이다. 하지만 오창석 집사는 주 중에 목장 식구들을 병원으로 옮기거나, 공원에서 산책하거나, 모임을 위해 픽업하고 음식 준비하는 것을 신명나게 했는데 놀라운 일이 벌어졌다. 입소문을 타면서 시니어 목장 식구가 증가한 것이다. 편견을 깨고 희생하고 섬긴 결과 시니어 목장도 분가할 수 있음을 보여 줬다.

그다음으로 카자흐스탄 살렘교회를 살펴보자. 주민호 선교사는 1991년에 FMB(한국침례교해외선교회) 선교사로서 카자흐스탄에 파송 받았고, 2009년 봄에 살렘교회를 가정교회로 사역 전환한 후 지금까지 살렘교회는 중앙아시아를 중심으로 한 가정교회 허브로서 그 역할을 잘 감당하고 있다. 살렘교회는 2019년 말 주일 평균 청장년 참석자가 450명이고, 카자흐어 예배에 러시아어 동시통역으로 예배를 드린다. 현재 주민호 선교사는 비보스노프 아이다르 목사에게 위임한 후 2021년 1월 1일부터 FMB 회장을 맡고 있다. 그렇다면 살렘교회가 1세기 신약 교회 정신을 어떻게 실행하고 있는지 세 가지를 통해서 살펴보기로 하자.

첫째는, 원형 목장을 추구한다. 선교사가 선교지에 도착해서 언어 공부, 문화 이해의 기간을 신혼처럼 보낸 이후 선교사 개인 집을 원형 목장으로 시작하는 것이다. 그는 선교지에서 원형 목장을 시작하기 위한 여섯 가지 방법을 다음과 같이 소개했다: (1) 현지인 VIP들과 좋은 이웃이 되는 것에서 출발한다. (2) 식사 초대를 받고, 식사 초대를 한다. (3) 함께하는 삶의 시간들을 늘려 간다. (4) 하나님의 역사하심을 주의 깊게 관찰한다. (5) 때가 되었을 때 온전한 복음을 설명하고, 예수 영접을 도전한다. (6) 예수님을 영접하는 사람들이 생기면 정기적인 목장 모임의 성격을 규정한다.[392] 그가 세운 원형 목장을 중심으로 현재 82개의 목장이 늘어났는데, 이곳은 1세기 신약 교회 정신을 그대로 보여 주는 장이 되었다.

둘째는, 평신도 사역에 집중한다. 카자흐 민족은 전 세계적으로 1천만 명에 이르고, 이 가운데 카자흐스탄에 8백만 명이 살고 있다. 카자흐 민족의 특징은 평신도 사역을 하기에 안성맞춤이다. 이들은 자유에 대한 열망이 강하고, 유목민의 특성상 구속과 억압을 싫어하고 자발적인 참여를 좋아해서 가정교회가 추구하는 '자발적 리더십'을 실천하기에 적합하다.[393] 그래서 살렘교회에는 1세기 가정교회의 리더인 스데바나, 뵈뵈, 안드로니고와 유니아와 같은 평신도 리더가 많다. 무엇보다 이슬람 문화권에서는 목사나 선교사가 먼저 교회를 개척하기가 어렵다. 평신도 리더의 절대적인 희생과 섬김이 따라야 한다. 살렘교회의 경우 살렘-오랄교회(2013년)를 제외하고는 하나같이 평신도들이 먼저 파송을 받아 교회를 개척했다.

셋째는, 닫힌 지역 선교에 집중한다. 바울의 가정교회 선교는 국경을 초월해서 복음을 전하는 데 힘썼다. 바울의 고백처럼 태장으로 맞고, 돌로 맞고, 배가 파선되어도 복음이 들어가지 않은 곳에 선교하는 것이 1세기 가정교회 선교의 특징이다. 21세기 살렘교회가 그렇다. 카자흐 민족은 유목민의 특성상 국내 선교와 해외 선교의 구분이 없다. 카자흐 민족이 키르기스스탄과 우즈베키스탄을 해외로 보지 않는 것도 유목민의 기질 때문이다. 이것은 오히려 선교하기에 좋은 환경을 지녔다. 그래서 살렘교회는 지금까지 카자흐스탄 내에 열세 개의 교회를, 타문화권에 네 개의 교회를 개척했는데, 현재 카자흐스탄 내에는 열 개가, 해외에는 세 개가 생존해서 활발히 사역하고 있다. 영혼을 구령해서 제자를 만드는 것이 살렘교회의 특성이다.

이처럼 1세기 신약 교회의 정신은 21세기에도 통하고 있다. 이것은 절대적으로 '사람'을 세우는 데 있지 '건물'은 아니다. 지금까지 신약 교회 정신은 한국과 미국뿐 아니라 일본, 카자흐스탄, 모잠비크, 중남미, 인도네시아, 남부 아프리카에서도 빛을 발하고 있다.[394] 요즈음 전대미문의 코로나19의 습격을 받은 한국 교회가 휘청거리고 있다. 과거에 비해 훨씬 부정적인 이미지가 강하다. 한국 교회가 한 박자 쉬면서 자아 성찰의 기회를 지녔으면 좋겠다. 한국 교회를 다시 회복시키는 길은 성경으로 돌아가는 것이다. 1세기 바울이 가정교회 선교를 통해 보여 준 신약 교회의 정신을 되찾아야 한다. 그래야 희망이 있다. 모쪼록 이 책을 통해서 1세기 신약 교회의 정신을 회복해 다시 일어서는 한국 교회가 되기를 소망한다.

참고 자료

1. 단행본

김승진, 《종교개혁가들과 개혁의 현장들: 아직도 미완성인 종교개혁》, 서울: 나침반, 2015.

김종환, Daniel Sanchez, Ebbie Smith, 《재생산하는 교회》, 서울: 서로사랑, 2006.

김진호, 최용주, 《빅데이터 리더십》, 서울: 북카라반, 2020.

남병두, 《침례교회 특성 되돌아보기: 신약성서적 교회 회복을 위하여》, 대전: 침례신학대학교출판부, 2015.

손창남, 《문화와 선교》, 서울: 죠이선교회, 2014.

안명준 외 17인, 《전염병과 마주한 기독교》, 서울: 다함, 2020.

안희열, 《세계선교역사 다이제스트 100》, 개정판, 대전: 침례신학대학교출판부, 2019.

──────, 《21세기 글로벌 선교》, 대전: 하기서원, 2018.

──────, 《선교와 문화: 선교 없는 문화 · 문화 없는 선교》, 대전: 침례신학대학교출판부, 2015.

──────, "WMTC 가정교회 이야기", 《선교지 교회개척 이야기》, 세계선교훈련원 편, 6-23, 대전: 그리심, 2010.

이상규, 《초기 기독교와 로마 사회》, 서울: SFC출판부, 2017.

이연수, 《초기 그리스도교 가정교회와 여성》, 서울: 우리신학연구소, 2014.

조병수, 《신약의 교회》, 서울: 합신대학원출판부, 2011.

주민호, "카자흐여, 카자흐 교회여, 살렘교회여!", 《선교지 교회개척 이야기》, 세계선교훈련원 편, 152-72, 대전: 그리심, 2010.

최영기, 《가장 오래된 새 교회, 가정교회》, 서울: 두란노서원, 2015.

──────, 《가정교회에서 길을 찾는다》, 서울: 두란노서원, 2015.

──────, 《함께 걸으면 새 길이 됩니다》, 서울: 두란노서원, 2017.

──────, 《교회개척의 새로운 패러다임: 가정교회 개척 이야기》, 서울: 요단출판사, 2015.

──────, 《가정교회로 세워지는 평신도 목회》, 서울: 두란노, 1999.

──────, 《구역조직을 가정교회로 바꾸라》, 서울: 나침반, 1996.

──────, 《교회는 병원이다》, 서울: 요단출판사, 2017.

최영기 외 6인, 《가정교회를 통한 교회개척 사례와 제언》, 휴스턴: 국제가정교회사역원, 2009.

한국기독교목회자협의회, 《한국 기독교 분석 리포트: 2018 한국인의 종교생활과 의식조사(1998-2018)》, 서울: URD, 2018.

홍인규, 《바울신학 사색》. 서울: 킹덤북스, 2010.

──────, 《로마서 어떻게 읽을 것인가》, 서울: 성서유니온, 2018.

Balch, David L., *Roman Domestic Art and Early House Churches*, Tübingen, Germany: Gulde-Druck, 2008.

Banks, Robert J., *Paul's Idea of Community: The Early House Churches in Their Cultural Setting*, Peabody, MA: Hendrickson Publishers., 1994.

──────, 《바울의 그리스도인 공동체 이상》, 장동수 역, 서울: 여수룬, 1991.

──────, 《바울의 공동체 사상》, 장동수 역, 서울: IVP, 2007.

──────, 《1세기 교회 예배 이야기: 역사적 자료에 기초한 초대교회 모습》, 신현기 역, 서울: IVP,

2017.

_____, 《1세기 그리스도인의 하루 이야기: 어느 회심자의 평범한 일상》, 신현기 역, 서울: IVP, 2018.

Beckham, William A., 《제2의 종교개혁》, 터치코리아 사역팀 역, 서울: 엔시디, 2000.

Birkey, Del, *The House Church: A Model for Renewing the Church*, Scottdale, PA: Herald Press, 1988.

Bradley, K. R., 《로마제국의 노예와 주인》, 차전환 역, 서울: 신서원, 2001.

Branick, Vincent, *The House Church in the Writings of Paul*, Eugene, OR: WIPE & STOK, 2012.

_____, 《초대교회는 가정교회였다》, 홍인규 역, 서울: 기독교연합신문사, 2005.

Chadwick, Henry, *The Early Church*, London: Penguin Books, 1993.

Chai, Young G. with Danniel Chai, *A New Testament Church in the 21st Century: the House Church*, Houston: GLPI, 2010.

Dowley, Tim, ed., *Introduction to the History of Christianity*, Minneapolis: Fortress Press 2002.

Durnbaugh, Donald F., *The Believers' Church: The History and Character of Radical Protestantism*, Sottdale, PA: Herald Press, 1985.

_____, 《신자들의 교회: 영광스러운 교회의 권위》, 최정인 역, 서울: 대장간, 2015.

Elert, Werner, *Eucharist and Church Fellowship in the First Four Centuries*, Saint Louis: Concordia Publishing House, 1966.

Faircloth, Samuel D., *Church Planting for Reproduction*, Grand Rapids: Baker, 1991.

Ferguson, Everett, *Early Christians Speak: Faith and Life in the First Three Centuries*, Abilene, TX: ACU Press, 1999.

Garrison, David, 《하나님의 교회개척 배가운동》, 이명준 역, 서울: 요단출판사, 2005.

Gehring, Roger W., *House Church and Mission: The Importance of Household Structures in Early Christianity*, Peabody, MA: 2009.

Gibbon, Edward, 《로마제국 쇠망사-세계사상전집 23》, 강석승 역, 서울: 동서문화사, 2017.

Gonzalez, Justo L., 《초대교회사》, 서영일 역, 서울: 은성출판사, 1995.

Hesselgrave, David J., *Planting Churches Cross-Culturally*, Grand Rapids: Baker, 1980.

IMB 편, 《교회개척운동을 지향하며》, WMTC 역, 1998.

Johnson, Lawrence J., *Worship in the Early Church: An Anthropology of Historical Source*, Vol. 1. Collegeville, MN: Liturgical Press, 2009.

Kelly, Christopher, 《로마 제국》, 이지은 역, 서울: 교유서가, 2015.

Kreider, Larry and Floyd McClung, 《가정교회란: 가정교회 개척 안내 지침서》, 유정자 역, 서울: 쉐키나, 2009.

McNeill, William H., 《전염병과 인류의 역사》, 허정 역, 서울: 한울, 2019.

Meeks, Wayne A., *The First Urban Christians: The Social World of the Apostle Paul*, New Haven: Yale University Press, 2003.

Neighbour, Ralph, 《셀교회 지침서: 교회는 어디로 가야 하는가?》, 정진우 역, 서울: 도서출판 NCD, 2000.

Neill, Stephen, 《기독교선교사》, 홍치모 · 오만규 역, 서울: 성광문화사, 1990.

Osiek, Carolyn and David L. Balch, *Families in the New Testament World: Households and House Churches*, Louisville: Westminster John Knox Press, 1997.

Osiek, Carolyn and Margaret Y. MacDonald, *A Woman's Place: House Churches in Earliest Christianity*, Minneapolis: Fortress Press, 2006.

Schaff, Philip, 《독일 종교개혁-필립 샤프 교회사전집 7》, 박종숙 역, 서울: 크리스천다이제스트, 2004.

Schm ithals, Walter, *The Theology of the First Christians*, Louisville: Westminster John Knox Press, 1997.

Schnabel, Eckhard, 《선교사 바울》, 정옥배 역, 서울: 부흥과개혁사, 2014.

Shenk, Wilbert R., *Anabaptism and Missions*, Scottdale: Herald Press, 1984.

Simson, Wolfgang, 《가정교회: 침투적 교회개척론》, 황진기 역, 서울: 국제제자훈련원, 2004.

Spencer-Jones, H. D., *The Early Christians in Rome*, London: Methuen & Co., 1911.

Stark, Rodney, 《기독교의 발흥》, 손현선 역, 서울: 좋은씨앗, 2016.

Steiwede, Dierich, *Reformation*, Philadelphia: Fortress Press, 1983.

Stott, John, 《한 백성: 변하지 않는 교회의 특권 4가지》, 정지영 역, 서울: 아바서원, 2012.

Towns, Elmer & Douglas Porter, 《사도행전식 교회개척》, 김재권 역, 서울: 생명의말씀사, 2005.

Wand, J. W., *A History of the Early Church to AD 500*, Norwich, England: Fletcher & Son Ltd., 1937.

Winter, Ralph D. & Steven C. Hawthorne 편, 《미션 퍼스펙티브》, 정옥배 역, 서울: 예수전도단, 2000.

Wright, Christopher J. H., 《하나님의 선교》, 정옥배 · 한화룡 역, 서울: IVP, 2010.

Wright, Tom, 《하나님과 팬데믹》, 이지혜 역, 서울: 비아토르, 2020.

Yancey, Philip, 《교회, 나의 고민 나의 사랑》, 윤종석 역, 서울: IVP, 2019.

2. 정기 간행물

고려신학대학원 학술대회, "가정교회 어떻게 볼 것인가?", 《목회와 신학》, 2007년 12월호, 200-5.

고세진, "예수와 회당 (1)", 《기독교사상》, 2012년 12월호, 92-106.

──, "예수와 회당 (2)", 《기독교사상》, 2013년 1월호, 68-87.

──, "고대 회당의 건축학적 구조", 《기독교사상》, 2013년 2월호, 100-18.

김명호, "제자훈련과 가정교회 운동의 비교 연구", 《신학정론》 26권 1호 (2008), 164-87.

김병훈, "가정교회에 대한 장로교 교회론적 비평", 《신학정론》 26권 1호 (2008), 47-84.

김순성, "가정교회 소그룹 구조와 기능의 실천신학적 의의", 《개혁신학과 교회》 21호 (2008), 94-116.

김재정, "가정교회 목자의 리더십", 《목회와 신학》, 2007년 11월호, 92-9.

김창선, "안식일과 유대 회당 예배", 《신학과 신앙》 19집 (2008), 133-58.

박영철, "가정교회 운동의 목회적 가치와 철학", 《목회와 신학》, 2007년 11월호, 86-91.

안희열, "초기 기독교의 가정교회 선교에 관한 연구", 《복음과 실천》 62집 (2018 가을), 283-308.

──, "초대교회의 가정교회가 헬라권 선교에 끼친 영향", 《복음과 실천》 50집 (2012 가을), 347-73.

_____, "초대교회 시기의 전염병 창궐에 따른 기독교인의 대응에 관한 평가", 《선교와 신학》 52권 (2020 가을), 39-69.

_____, "Martin Luther의 종교개혁이 아나뱁티스트 평신도 선교에 끼친 영향", 《복음과 실천》 60집 (2017 가을), 317-45.

_____, "캄보디아의 교회개척운동(CPM)에 관한 평가와 전략적 제안", 《복음과 선교》 6권 (2006), 214-38.

유해무, "개혁교회론과 가정교회", 《개혁신학과 교회》 21호 (2008), 11-32.

이상규, "교회사에서 본 가정교회", 《개혁신학과 교회》 21호 (2008), 70-93.

이은영, "회당", 《생활성서》, 2007년 12월호, 60-72.

이일호, "고대 회당의 세 가지 유형", 《성경과 고고학》 77호 (2013 여름), 87-97.

_____, "고대 회당의 직제", 《성경과 고고학》 78호 (2013 가을), 37-50.

_____, "고대 회당의 직제 (II)", 《성경과 고고학》 79호 (2013-4 겨울), 35-43.

_____, "고대 회당의 직제 (III)", 《성경과 고고학》 80호 (2014 봄), 29-62.

이형기, "개혁교회의 교회론에 비추어 본 가정교회 운동", 《목회와 신학》, 2007년 11월호, 192-9.

정용성, "누가행전에 나타난 성전과 회당 (1)", 《신약신학저널》, 2001년 제2권 2호, 157-84.

정창균, "목회적 관점에서 본 가정교회의 가능성과 한계성", 《신학정론》 26권 1호 (2008), 123-63.

조병수, "초기 기독교의 가옥교회로서의 가정교회", 《신학정론》 26권 1호 (2008), 13-46.

_____, "초기 기독교의 가정교회-자료분석", 《신학정론》 20권 1호 (2002), 33-62.

조진모, "가정교회에 대한 다양한 역사 이해 연구", 《신학정론》 26권 1호 (2008), 85-122.

최영기, "가정교회는 잠시 있다가 사라질 유행이 아닌가?", 《뱁티스트》, 2014년 1·2월호, 51-7.

_____, "가정교회에서 목회자의 역할은 무엇인가?", 《뱁티스트》, 2013년 11·12월호, 52-9.

_____, "가정교회 모임은 다른 소그룹 모임과 어떻게 다른가?", 《뱁티스트》, 2013년 9·10월호, 48-55.

_____, "가정교회의 신약적인 파워는 어디에서 나오는가?", 《뱁티스트》, 2013년 7·8월호, 67-74.

_____, "가정교회만 성경적인 교회인가?", 《뱁티스트》, 2013년 5·6월호, 77-84.

_____, "가정교회와 셀 교회에 차이가 있는가?", 《뱁티스트》, 2013년 3·4월호, 73-80.

_____, "가정교회란 무엇인가?", 《목회와 신학》, 2007년 11월호, 54-61.

_____, "가정교회는 신약교회를 회복하는 것입니다", 《목회와 신학》, 2007년 11월호, 62-73.

_____, "가정교회 사례-성경대로 하면 된다", 《목회와 신학》, 2007년 11월호, 74-9.

최혜영, "초기 그리스도교의 가정교회 연구: 여성들의 직무와 지도력을 중심으로", 《신학전망》 136호 (2002 봄), 67-81.

허경삼, "유대교에 있어서의 회당과 기독교 예배", 《신학과 선교》 3집 (1975), 167-207.

허준, "가정교회 발전사", 《뱁티스트》, 2009년 7·8월호, 100-7.

홍인규, "교회의 원형과 본질을 찾아서: 바울과 가정교회", 《백석신학저널》 25호 (2013), 59-86.

_____, "바울과 교회", 《백석신학저널》 27호 (2014), 171-202.

Ward, Roy B., "Ekklessia: A Word Study", *Restoration Quarterly* 2 (1958), 164-79.

3. 미간행물

가정교회 연수원, 《가정교회 목회자 연수》, 2010년 1월 11-24일, 휴스턴 서울교회.

김의원, "개혁주의 안에서의 가정교회: 가정교회 사역을 '장로교화'할 수 있는가?", 2015년 5월

18일, 개혁주의신학회, 1-38.

최영기, 《가정교회 이야기》, 2009년 3월 16일, WMTC 13기 단기 선교사 훈련 특강, 세계선교훈련원.

———, 《가정교회 입문》, 2011년 5월 23일, WMTC 가정교회 특강, 세계선교훈련원.

최영기 · 주민호, 《가정교회》, 2010년 5월 27일, WMTC 12기 장기 선교사 훈련 오픈 강의, 카자흐스탄 살렘교회.

한국가정교회사역원, 《제53차 목회자들을 위한 가정교회 세미나》, 2009년 6월 23일-28일, 열린문교회.

Blue, Bradley B., "In Public and In Private: The Role of the House Church in Early Christianity", Ph.D. diss., University of Aberdeen, 1989.

주

1. 초기 기독교 시기의 가정교회 선교, 나이키형 성장을 이루다

1) Eckhard J. Schnabel, 《선교사 바울》, 정옥배 역 (서울: 부흥과개혁사, 2014), 383.

2) Rodney Stark, 《기독교의 발흥》, 손현선 역 (서울: 좋은씨앗, 2016), 23.

3) Roger W. Gehring, *House Church and Mission: The Importance of Household Structures in Early Christianity* (Peabody, MA: Hendrickson Publishers, 2009), 13; Bradley B. Blue, "In Public and in Private: The Role of the House Church in Early Christianity" (Ph. D. diss., University of Aberdeen, 1989), 15.

4) 안희열, 《세계선교역사 다이제스트 100》 (대전: 침례신학대학교출판부, 2019), 35; 이상규, 《초기 기독교와 로마 사회》 (서울: SFC출판부, 2017), 509.

5) 안희열, "초기 기독교의 가정교회 선교에 관한 연구", 《복음과 실천》 62집 (2018): 283.

6) 이상규, "교회사에서 본 가정교회", 2007년 고신대학교 학술대회 특집호, 75.

7) Carolyin Osiek & David L. Balch, *Families in the New Testament World: Household and House Churches* (Louisville: Westminster John Knox Press, 1977), 31; David L. Balch, *Roman Domestic Art and Early House Churches* (Tübingen, Germany: Gulde-Druck, 2008), 33.

8) Stark, 《기독교의 발흥》, 30; 이상규, 《초기 기독교와 로마 사회》, 352-3.

9) Gehring, *House Church and Mission*, 14-5; Blue, "In Public and in Private", 16-8; 이연수, 《초기 그리스도교 가정교회와 여성》 (서울: 우리신학연구소, 2014), 49-50.

10) "Dura-Europos and the World's Oldest Church", [온라인 자료] https://about.jstor.org/terms, 2020년 6월 24일 접속; [인터넷판], Michael Peppard, *The World's Oldest Church*, Yale University Press, 16; 홍인규, 《바울신학 사색》 (서울: 킹덤북스, 2010), 518-9.

11) "Dura-Europos and the World's Oldest Church", 21.

12) 안희열, 《세계선교역사 다이제스트 100》, 66.

13) Osiek & Balch, *Families in the New Testament World*, 35.

14) William H. McNeill, 《전염병과 인류의 역사》, 허정 역 (서울: 한울, 2019), 132.

15) Tim Dowley, ed., *Introduction to the History of Christianity* (Minneapolis: Fortress Press, 2002), 128-9.

16) Osiek & Balch, *Families in the New Testament World*, 35.

17) Gehring, *House Church and Mission*, 15; Blue, "In Public and in Private", 18-9; 이연수, 《초기 그리스도교 가정교회와 여성》, 50.

18) 이상규, 《초기 기독교와 로마 사회》, 363.

19) 이상규, "교회사에서 본 가정교회", 85.

20) Edward Gibbon, 《로마제국 쇠망사-세계사상전집 23》, 강석승 역 (서울: 동서문화사, 2017), 126-7.

21) 이상규, "교회사에서 본 가정교회", 86에서 재인용.

22) Christopher Kelly, 《로마 제국》, 이지은 역 (서울: 교유서가, 2015), 164.

23) 홍인규, 《바울신학 사색》, 520.

24) Tom Wright,《하나님과 팬데믹》, 이지혜 역 (서울: 비아토르, 2020), 15.
25) Stark,《기독교의 발흥》, 126; 안희열, "초대교회 시기의 전염병 창궐에 따른 기독교인의 대응에 관한 평가",《선교와 신학》 52권 (2020 가을), 56.
26) 안명준 외 17인,《전염병과 마주한 기독교》 (서울: 다함, 2020), 121.
27) 이상규, "교회사에서 본 가정교회", 86.
28) 홍인규,《바울신학 사색》, 521.
29) 이연수,《초기 그리스도교 가정교회와 여성》, 50.
30) McNeill,《전염병과 인류의 역사》, 137-8; 안희열, "초대교회 시기의 전염병 창궐에 따른 기독교인의 대응에 관한 평가", 55.
31) Stark,《기독교의 발흥》, 142-5.
32) Gibbon,《로마제국 쇠망사》, 250-3.
33) 남병두,《침례교회 특성 되돌아보기: 신약성서적 교회 회복을 위하여》 (대전: 침례신학대학교 출판부, 2015), 142.
34) 안희열,《세계선교역사 다이제스트 100》, 77.
35) Ibid.
36) 이상규, "교회사에서 본 가정교회", 88.
37) Vincent Branick, *The House Church in Writings of Paul* (Oregon: WIPE & STOCK, 2012), 15.
38) Wolfgang Simson,《가정교회: 침투적 교회개척론》, 황진기 역 (서울: 국제제자훈련원, 2004), 114.
39) Gibbon,《로마제국 쇠망사》, 510.
40) 이상규,《초기 기독교와 로마 사회》, 228-9.
41) 김승진,《종교개혁가들과 개혁의 현장들》 (서울: 나침반, 2015), 21, 321.
42) David A. Shank, "Anabaptist and Mission", *Anabaptism and Missions,* ed. Willbert R. Shenk (Scottdale: Herald Press, 1984), 207.

2. 회당 선교, 바울의 가정교회 선교와의 경쟁력에서 밀리다

43) Branick, *The House Church in Writings of Paul,* 52; 허경삼, "유대교에 있어서의 회당과 기독교 예배",《신학과 선교》 3집 (1975), 169-75; 고세진, "예수와 회당 (1)",《기독교사상》, 2012년 12월, 통권 648호, 102-4; 이일호, "회당의 기원",《성경과 고고학》 60호 (2008 겨울), 57.
44) 이일호, "회당과 초대교회의 구성원에 대한 연구",《성경과 고고학》 77호 (2013 여름), 37-8.
45) Stark,《기독교의 발흥》, 23.
46) 김창선, "안식일과 유대 회당 예배",《신학과 신앙》 19집 (2008), 147; 이은영, "회당",《생활성서》, 2007년 12월, 통권 292호, 61.
47) 허경삼, "유대교에 있어서의 회당과 기독교 예배", 176-7; 김창선, "안식일과 유대 회당 예배", 146; Gehring, *House Church and Mission,* 86.
48) Dowley, *Introduction to the History of Christianity,* 66.
49) 김창선, "안식일과 유대 회당 예배", 155.
50) 이일호, "고대 회당의 직제 (III)",《성경과 고고학》 80호 (2014 봄), 60; 홍인규,《바울신학 사

색》, 503.

51) 이일호, "회당과 초대교회의 구성원에 대한 연구", 54.

52) Ibid., 41.

53) 홍인규, 《바울신학 사색》, 503.

54) 이일호, "회당과 초대교회의 구성원에 대한 연구", 54, 58.

55) 한국기독교목회자협의회, 《한국 기독교 분석 리포트: 2018 한국인의 종교생활과 의식조사》 (서울: URD, 2018), 43-4.

56) Robert J. Banks, 《1세기 교회 예배 이야기》, 신현기 역 (서울: IVP, 2017), 54.

57) 정용성, "누가행전에 나타난 성전과 회당 (I)", 《신약신학저널》 2권 2호 (2001), 177-9.

58) 이일호, "고대 회당의 직제", 《성경과 고고학》 78호 (2013 가을), 39; 이일호, "고대 회당의 직제 (III)", 61.

59) 이일호, "고대 회당의 직제", 48.

60) 이일호, "고대 회당의 직제 (II)", 《성경과 고고학》 79호 (2013-4 겨울), 39.

61) 허경삼, "유대교에 있어서의 회당과 기독교 예배", 185.

62) 안희열, 《선교와 문화》 (대전: 침례신학대학교, 2015), 76.

63) 고세진, "고대 회당의 건축학적 구조", 《기독교 사상》, 2013년 2월, 통권 650호, 102.

64) 허경삼, "유대교에 있어서의 회당과 기독교 예배", 186; 이은영, "회당", 63; 이일호, "회당과 안식일", 《성경과 고고학》 (2009 여름), 5.

65) 허경삼, "유대교에 있어서의 회당과 기독교 예배", 191.

66) Ibid., 192; 이은영, "회당", 63.

67) 허경삼, "유대교에 있어서의 회당과 기독교 예배", 194-5. 디아스포라 회당일 경우 헬라어 예배로 인도되었을 것으로 본다. Schnabel, 《선교사 바울》, 389.

68) 고세진, "예수와 회당 (2)", 《기독교사상》, 2013년 1월, 통권 649호, 84.

69) 1세기 예루살렘 인구에 관해 루칸(Lukan)의 2만 5천-3만 명설과 라인하트(W. Reinhardt)의 6만-12만 명설이 있는데, 루칸의 주장이 일반적이다. Gehring, *House Church and Mission*, 86-7.

70) 1세기 가정교회 선교가 회당 선교보다 세 배 이상 많은데, 바울이 상세히 언급하지 않아 통계상 더 높게 잡아야 한다. Schnabel, 《선교사 바울》, 72-3.

71) Wayne A. Meeks, *The First Urban Christians: The Social World of the Apostle Paul* (New Haven and London: Yale University Press, 2003), 77; Carolyin Osiek and Magaret Y. Mac-Donald, *A Woman's Place: House Churches in Earliest Christianity* (Minneapolis: Fortress Press 2006), 15.

72) '1세기 회당과 가정교회에서의 복음 전파 사례들'은 바울이 회심한 이후부터 적용한 사례들이다.

73) Schnabel, 《선교사 바울》, 46.

74) Ibid., 71-91.

75) 〈선교사 자질 체크리스트 10가지〉는 현재 세계선교훈련원(WMTC)에서 선교사 훈련에 참가한 선교사들을 대상으로 실시하는 'Beginning Profile'을 수정·보완한 것이다. WMTC, "Beginning Profile", 1-6.

76) Schnabel, 《선교사 바울》, 330-1; Robert J. Banks, *Paul's Idea of Community: The Ear-*

ly House Churches in Their Cultural Settings (Peabody, MA: Hendrickson Publishers, 1994), 150-1.

77) Schnabel, 《선교사 바울》, 51-2.

3. 도머스(*domus*), 가정교회 선교의 중심에 서다

78) 이상규, "교회사에서 본 가정교회", 74.

79) Branick, *The House Church in Writings of Paul*, 42-3.

80) Osiek & Balch, *Families in the New Testament World*, 31; 조병수, 《신약의 교회》 (서울: 합신대학원출판부, 2011), 59; Balch, *Roman Domestic Art and Early House Churches*, 49.

81) Schnabel, 《선교사 바울》, 398-9; Osiek & Balch, *Families in the New Testament World*, 21, 32; 조병수, 《신약의 교회》, 59.

82) Banks, 《1세기 교회 예배 이야기》, 58.

83) '인슐라의 구조'는 오시에크와 볼치의 책에서 차용한 것이다. Osiek & Balch, *Families in the New Testament World*, 19.

84) Gehring, *House Church and Mission*, 290. 도머스의 모임 숫자에 관해 브라닉과 슈나벨은 30-40명, 오시에크는 30-50명을 주장한다. Branick, *The House Church in Writings of Paul*, 42; Schnabel, 《선교사 바울》, 401; Osiek & Balch, *Families in the New Testament World*, 202-3.

85) Ibid., 16.

86) '도머스의 구조'는 오시에크와 볼치의 책에서 차용한 것이다. Ibid., 8.

87) Ibid., 31; Balch, *Roman Domestic Art and Early House Churches*, 57.

88) Osiek & Balch, *Families in the New Testament World*, 115.

89) Blue, "In Public and in Private", 236.

90) Del Birkey, *The House Church: A Model for Renewing the Church* (Scottdale, PA: Herald Press, 1988), 120-7; Gehring, *House Church and Mission*, 171-9.

91) Osiek & Balch, *Families in the New Testament World*, 34.

92) Ibid., 35; Robert Banks, 《1세기 그리스도인의 하루 이야기》, 신현기 역 (서울: IVP, 2018), 36.

93) Osiek & Balch, *Families in the New Testament World*, 203.

94) Banks, *Paul's Idea of Community*, 81.

95) 1세기 가정교회 예배 순서를 보기 위해서는 Banks, 《1세기 교회 예배 이야기》, 30, 62를 참조하라.

96) Ibid., 21, 28.

97) 이연수, 《초기 그리스도교 가정교회와 여성》, 51.

98) Ibid., 47.

99) Banks, 《1세기 교회 예배 이야기》, 42-3.

100) Schnabel, 《선교사 바울》, 331. 슈나벨과는 달리 게링은 바울과 동역한 여성 사역자들이 바울 서신에서만 25퍼센트를 차지한다고 주장한다. Gehring, *House Church and Mission*, 211.

101) Osiek and MacDonald, *A Woman's Place: House Churches in Earliest Christianity*, 13; 이연수, 《초기 그리스도교 가정교회와 여성》, 29.

102) Ibid., 169.

103) Gehring, *House Church and Mission*, 293; 조병수, 《신약의 교회》, 117-8.

4. 가정교회 선교, 신약 교회의 정신을 널리 알리다

104) Hans Kasdorf, "The Anabaptist Approach to Mission", *Anabaptism and Missions*, ed. Willbert R. Shenk (Scottdale: Herald Press, 1984), 51.

105) Young G. Chai with Daniel Chai, *A New Testament Church in the 21st Century: The House Church* (Houston: GLPI, 2010), 14-5; 최영기, 《가장 오래된 새 교회, 가정교회》 (서울: 두란노서원, 2015), 17.

106) Gehring, *House Church and Mission*, 67-8.

107) Ibid., 84-5; 조병수, 《신약의 교회》, 21.

108) 고세진, "예수와 회당 (2)", 79.

109) Branick, *The House Church in Writings of Paul*, 133.

110) 안희열, "Martin Luther의 종교개혁이 아나뱁티스 평신도 선교에 끼친 영향", 《복음과 실천》 60집 (2017 가을), 319.

111) Philip Schaff, 《독일 종교개혁》, 박종숙 역 (서울: 크리스천다이제스트, 2004), 35.

112) Dierich Steinwede, *Reformation* (Philadelphia: Fortress Press, 1983), 57.

113) 안희열, 《세계선교역사 다이제스트 100》, 289.

114) Donald F. Durnbaugh, *The Believer's Church* (Scottdale, PA: Herald Press, 1968), 64-145.

115) Shank, "Anabaptist and Mission", 207.

116) Schnabel, 《선교사 바울》, 308-9; Gehring, *House Church and Mission*, 162-4; Banks, *Paul's Idea of Community*, 58-61; 홍인규, 《바울신학 사색》, 544-7.

117) Gehring, *House Church and Mission*, 162-4; 홍인규, 《바울신학 사색》, 541-4; Banks, *Paul's Idea of Community*, 49-52.

118) Branick, *The House Church in Writings of Paul*, 16.

119) Schnabel, 《선교사 바울》, 309-11.

5. 예루살렘교회, 유대인 선교의 터를 닦아 주다

120) Gehring, *House Church and Mission*, 66.

121) Ibid., 65.

122) 조병수, 《신약의 교회》, 20.

123) 안희열, 《세계선교역사 다이제스트 100》, 46.

124) 이연수, 《초기 그리스도교 가정교회와 여성》, 69.

125) Gehring, *House Church and Mission*, 73.

126) Blue, "In Public and in Private", 22; 조병수, 《신약의 교회》, 87.

127) Blue, "In Public and in Private", 23; 조병수, "초기 기독교의 가정교회-자료분석", 《신학정론》 20권 1호 (2002), 41-2.

128) 안희열, 《21세기 글로벌 선교》 (대전: 하기서원, 2018), 387-8.

129) 이상규, "교회사에 본 가정교회", 79; Gehring, *House Church and Mission*, 70-4.

130) Ibid., 73; 이연수, 《초기 그리스도교 가정교회와 여성》, 66.

131) Gehring, *House Church and Mission*, 100; 이연수, 《초기 그리스도교 가정교회와 여성》, 73.

132) Gehring, *House Church and Mission*, 88.

133) Ibid.

134) 조병수, "초기 기독교의 가정교회-자료분석", 40.

135) 이상규, "교회사에서 본 가정교회", 79.

136) Gehring, *House Church and Mission*, 88.

137) Ibid., 88-9.

138) Ibid., 89.

139) Ibid., 86-7.

140) Ibid., 22-3.

141) Ibid., 23.

142) Ibid.

143) Schnabel, 《선교사 바울》, 73.

144) 슈나벨 교수에 따르면, 누가는 사도행전에서 세 군데만 정확한 숫자를 소개했는데, 첫째는 사
도행전 2장 41절의 약 '삼천' 명의 회심자이고, 둘째는 사도행전 4장 4절의 약 '오천' 명의 제자
이고, 셋째는 사도행전 21장 20절의 '수만' 명의 신자를 언급하고 있다. Ibid., 72.

145) Stark, 《기독교의 발흥》, 20-1.

146) Ibid., 21.

147) Schnabel, 《선교사 바울》, 73.

148) 이연수, 《초기 그리스도교 가정교회와 여성》, 45.

149) 조병수, 《신약의 교회》, 33; 조병수, "초기 기독교의 가옥교회로서의 가정교회", 《신학정론》
26권 1호 (2008 6월), 32; 이연수, 《초기 그리스도교 가정교회와 여성》, 45.

150) 홍인규, 《바울신학 사색》, 537.

151) 조병수, "초기 기독교의 가옥교회로서의 가정교회", 32.

152) Gibbon, 《로마제국 쇠망사》, 25-33.

153) Ibid., 3; Kelly, 《로마 제국》, 5.

154) 이연수, 《초기 그리스도교 가정교회와 여성》, 44.

155) 김의원, "개혁주의 안에서의 가정교회: 가정교회 사역을 '장로교회'할 수 있는가?", 2015년 5월
18일, 개혁주의신학회, 11.

156) Schnabel, 《선교사 바울》, 64.

157) Ibid., 65.

158) 안희열, 《선교와 문화》, 270.

159) Ibid., 270-1; Schnabel, 《선교사 바울》, 67.

160) Stark, 《기독교의 발흥》, 96.

161) Ibid., 100.

6. 안디옥교회, 이방인 선교의 모델을 제시하다

162) Schnabel, 《선교사 바울》, 87.

163) Stark, 《기독교의 발흥》, 237-9.

164) 이상규, 《초기 기독교와 로마 사회》, 216. 반면 스티븐 니일(Stephen Neill)은 4세기 말경 안

디옥의 인구 50만 명 중에서 절반인 25만 명을 그리스도인으로 본다. Stephen Neill, 《기독교 선교사》, 홍치모·오만규 역 (서울: 성광문화사, 1990), 37.

165) Schnabel, 《선교사 바울》, 71-87.

166) '1세기 로마 제국의 지도'는 믹스(Wayne A. Meeks)의 책에서 차용한 영문 도시를 한글로 바꾼 것이다. Meeks, *The First Urban Christians*, xi.

167) Gehring, *House Church and Mission*, 109.

168) Schnabel, 《선교사 바울》, 88.

169) Ibid., 58.

170) Ibid., 58-9.

171) Ibid., 88.

172) '수리아 안디옥의 베드로 동굴교회'는 비잔틴 제국(4-15세기) 때 건축되었다가 파괴된 것을 12, 13세기 십자군 전쟁 당시 참여한 믿음의 일꾼들이 동굴 바깥에 교회를 세운 것으로 알려져 있다. "성서의 땅을 가다 (50회)" [온라인 자료] https://www.youtube.com/watch?v=ZCC6SY8tClI, 2020년 5월 22일 접속.

173) Schnabel, 《선교사 바울》, 52-3.

174) 안희열, 《21세기 글로벌 선교》, 283.

175) Ibid.; 손창남, 《문화와 선교》(서울: 죠이선교회, 2014), 117.

176) 안희열, 《선교와 문화》, 142-4.

177) Gehring, *House Church and Mission*, 112.

178) Schnabel, 《선교사 바울》, 90.

179) Gehring, *House Church and Mission*, 112; 홍인규, 《바울신학 사색》, 500.

180) Gehring, *House Church and Mission*, 112-3. 1세기 온 교회(전체 모임)가 모일 수 있는 숫자에 관해 로버트 뱅크스(Robert J. Banks)는 40-45명을, 홍인규 교수는 50명 정도를 주장한다. Banks, *Paul's Idea of Community*, 35; 홍인규, 《바울신학 사색》, 538.

181) Gehring, *House Church and Mission*, 113.

182) Schnabel, 《선교사 바울》, 46.

183) Ibid., 92.

184) Gehring, *House Church and Mission*, 110.

185) Ralph D. Winter, "하나님의 구속적 선교의 두 구조", 《미션 퍼스펙티브》, Ralph D. Winter, Steven C. Hawthorne 편, 정옥배 역, (서울: 예수전도단, 2000), 210.

186) Schnabel, 《선교사 바울》, 330.

187) Banks, *Paul's Idea of Community*, 159-60.

188) Schnabel, 《선교사 바울》, 154.

189) Ibid., 71-91.

190) Stark, 《기독교의 발흥》, 241.

191) Ibid., 225.

192) Ibid., 238-9.

193) Ibid., 235.

194) Gehring, *House Church and Mission*, 111.

195) 이연수, 《초기 그리스도교 가정교회와 여성》, 69.

196) Gehring, *House Church and Mission*, 111.
197) Ibid., 117-8.

7. 마게도냐 교회들, 가정교회 선교로 유럽의 문을 열다

198) Gehring, *House Church and Mission*, 113, 131-4.
199) Schnabel, 《선교사 바울》, 114; 이연수, 《초기 그리스도교 가정교회와 여성》, 80.
200) Ibid., 84-5.
201) Meeks, *The First Urban Christians*, 62.
202) Gehring, *House Church and Mission*, 131.
203) 이연수, 《초기 그리스도교 가정교회와 여성》, 87-8.
204) Ibid., 89. Blue, "In Public and in Private", 43.
205) 홍인규, 《바울신학 사색》, 503.
206) 이연수, 《초기 그리스도교 가정교회와 여성》, 79-82.
207) 조병수, "초기 기독교의 가정교회-자료분석", 44.
208) 조병수, 《신약의 교회》, 79.
209) Birkey, *The House Church: A Model for Renewing the Church*, 120-7.
210) Blue, "In Public and in Private", 43.
211) Gehring, *House Church and Mission*, 183; 이연수, 《초기 그리스도교 가정교회와 여성》, 91.
212) Osiek and MacDonald, *A Woman's Place*, 157-8.
213) Schnabel, 《선교사 바울》, 118.
214) Gehring, *House Church and Mission*, 132.
215) 빈센트 브라닉(Vincent Branick)이 누가가 언급한 영향력 있는 네 명의 회심자(고넬료, 루디아, 빌립보 간수장, 그리스보) 중 한 명을 빌립보 간수장으로 지명한 것을 보면 빌립보 간수장은 노예가 아닌 것 같다. Branick, *The House Church in Writings of Paul*, 62.
216) 빌립보 감옥의 위치에 관해서는 두 가지 설이 있다. 첫째는, 간수장의 집(2층 주택)의 지하에 있는 '주택 지하설'이고, 둘째는 간수장의 집과 떨어져 있는 '주택 분리설'이다. 하지만 누가는 이 사실에 대해 언급하지 않고 있다. Gehring, *House Church and Mission*, 132.
217) Ibid.
218) 이연수, 《초기 그리스도교 가정교회와 여성》, 174-5.
219) Ibid., 171; Banks, *Paul's Idea of Community*, 154-5.
220) Schnabel, 《선교사 바울》, 119.
221) Gehring, *House Church and Mission*, 133.
222) Ibid.; 조병수, "초기 기독교의 가정교회-자료분석", 55; 이상규, "교회사에서 본 가정교회", 80.
223) Meeks, *The First Urban Christians*, 62-3.

8. 고린도교회, 가정교회 선교 정신으로 한 몸을 추구하다

224) Gehring, *House Church and Mission*, 134.
225) Branick, *The House Church in Writings of Paul*, 58.
226) Gehring, *House Church and Mission*, 134; 이연수, 《초기 그리스도교 가정교회와 여성》,

101-2.

227) Branick, *The House Church in Writings of Paul*, 61.

228) 아굴라와 브리스길라의 출신에 관해서는 세 가지 설이 있다. 첫째는, 부부 모두가 유대인이라는 견해다. 아굴라는 본도 출신의 유대인인데 아내는 자세한 설명이 없다. Schnabel, 《선교사 바울》, 420; Osiek and MacDonald, *A Woman's Place*, 31; 홍인규, 《바울신학 사색》, 497. 둘째는, 아굴라는 유대인 출신이고, 브리스길라는 본도 출신의 유대인이거나 혹은 로마 출신이라는 견해다. Banks, *Paul's Idea of Community*, 152; 셋째는, 아굴라는 유대인 출신이지만, 브리스길라는 로마 출신이라는 견해다. 이연수, 《초기 그리스도교 가정교회와 여성》, 101-2.

229) Schnabel, 《선교사 바울》, 130. 아굴라와 브리스길라는 가죽을 다루는 직업을 가졌는데, 다음과 같은 세 가지 일을 했을 것이라 추측한다: (1)천막을 짓기 위해 가죽을 잘라서 바느질하는 일 (2)가죽 신발을 만들기 위해 가죽을 잘라서 바느질하는 일 (3)염소 털로 군인이나 어부의 옷을 만드는 일. 이연수, 《초기 그리스도교 가정교회와 여성》, 99.

230) Gehring, *House Church and Mission*, 135.

231) Ibid., 136.

232) Ibid., 137.

233) Gehring, *House Church and Mission*, 138; Branick, *The House Church in Writings of Paul*, 62.

234) Ibid.

235) 홍인규, 《바울신학 사색》, 497.

236) 디도 유스도와 가이오가 동일 인물이라는 주장에 관해서는 찬성파가 있고 반대파가 있다. 찬성파로는 브래들리 블루가 있고(Blue, "In Public and in Private", 169-70 참조), 반대파로는 에크하르트 슈나벨, 로저 게링, 빈센트 브라닉이 있다. Schnabel, 《선교사 바울》, 131; Gehring, *House Church and Mission*, 142; Branick, *The House Church in Writings of Paul*, 61-4를 보라.

237) Schnabel, 《선교사 바울》, 138.

238) 조병수, "초기 기독교의 가정교회-자료분석", 52; 이상규, "교회사에서 본 가정교회", 80.

239) 조병수, "초기 기독교의 가정교회-자료분석", 53; 이상규, "교회사에서 본 가정교회", 80.

240) Gehring, *House Church and Mission*, 138; Branick, *The House Church in Writings of Paul*, 63; 조병수, 《신약의 교회》, 80; Schnabel, 《선교사 바울》, 419.

241) Branick, *The House Church in Writings of Paul*, 63.

242) 조병수, "초기 기독교의 가정교회-자료분석", 52-3.

243) Gehring, *House Church and Mission*, 139; 이상규, "교회사에서 본 가정교회", 80.

244) Gehring, *House Church and Mission*, 139; Branick, *The House Church in Writings of Paul*, 64.

245) Schnabel, 《선교사 바울》, 419; Gehring, *House Church and Mission*, 139.

246) Osiek & Balch, *Families in the New Testament World*, 98.

247) Gehring, *House Church and Mission*, 141; 이연수, 《초기 그리스도교 가정교회와 여성》, 159.

248) Gehring, *House Church and Mission*, 143; Branick, *The House Church in Writings of Paul*, 66.

249) Gehring, *House Church and Mission*, 216; Stark, 《기독교의 발흥》, 199, 206-7.

250) 이상규, 《초기 기독교와 로마 사회》, 23-4.

251) Gehring, *House Church and Mission*, 216; 이연수, 《초기 그리스도교 가정교회와 여성》, 127-43.

252) Ibid., 129.

253) Stark, 《기독교의 발흥》, 168.

254) Ibid.; 이연수, 《초기 그리스도교 가정교회와 여성》, 130-1.

255) 조병수, 《신약의 교회》, 91; 홍인규, 《바울신학 사색》, 500.

256) Ibid., 537.

257) 이연수, 《초기 그리스도교 가정교회와 여성》, 44-5.

258) 조병수, 《신약의 교회》, 33, 91.

259) 홍인규, 《바울신학 사색》, 536; Branick, *The House Church in Writings of Paul*, 23-4; Banks, *Paul's Idea of Community*, 32.

260) 1세기 '온 교회'의 모임 숫자에 관해 학자들마다 견해가 다르다. 빈센트 브라닉은 30명 이하를, 로버트 뱅크스는 최고 40-45명을, 게링은 최고 50-90명을 주장한다. Branick, *The House Church in Writings of Paul*, 64; Banks, *Paul's Idea of Community*, 35; Gehring, *House Church and Mission*, 139.

261) Banks, *Paul's Idea of Community*, 34.

262) 이연수, 《초기 그리스도교 가정교회와 여성》, 46.

263) 홍인규, 《바울신학 사색》, 501-2.

264) Schnabel, 《선교사 바울》, 130; Gehring, *House Church and Mission*, 136-7.

265) Ralph D. Winter & Bruce A. Koch, "임무를 완수함: 미전도 종족들의 도전", 《미션 퍼스펙티브》, 279.

266) Schnabel, 《선교사 바울》, 131-2.

9. 아시아 교회들, 여성 리더십을 가정교회 선교에서 증명하다

267) Schnabel, 《선교사 바울》, 134.

268) Gehring, *House Church and Mission*, 211.

269) Osiek and MacDonald, *A Woman's Place*, 13.

270) Gehring, *House Church and Mission*, 216; Stark, 《기독교의 발흥》, 199, 206-7.

271) Gehring, *House Church and Mission*, 216-7.

272) Branick, *The House Church in Writings of Paul*, 71; Schnabel, 《선교사 바울》, 372.

273) Ibid., 369.

274) Blue, "In Public and in Private", 230-1.

275) Ibid., 234.

276) Ibid., 233.

277) Branick, *The House Church in Writings of Paul*, 73.

278) Gehring, *House Church and Mission*, 214; Osiek and MacDonald, *A Woman's Place*, 32; 이연수, 《초기 그리스도교 가정교회와 여성》, 169.

279) Gehring, *House Church and Mission*, 214; 이연수, 《초기 그리스도교 가정교회와 여성》,

169.

280) Banks, *Paul's Idea of Community,* 165-6.

281) Gehring, *House Church and Mission,* 153.

282) K. R. Bradley, 《로마제국의 노예와 주인》, 차전환 역 (서울: 신서원, 2001), 43.

283) Ibid., 43-4.

284) 이상규, 《초기 기독교와 로마 사회》, 44.

285) 이연수, 《초기 그리스도교 가정교회와 여성》, 193.

286) Ibid., 197.

287) Birkey, *The House Church,* 50.

288) Gehring, *House Church and Mission,* 152.

289) 바울이 '자매' 압비아라고 표현한 것은 빌레몬의 아내를 의미한다. Branick, *The House Church in Writings of Paul,* 73; Gehring, *House Church and Mission,* 152.

290) Birkey, *The House Church,* 51; Meeks, *The First Urban Christians,* 76.

291) 이연수, 《초기 그리스도교 가정교회와 여성》, 185-6; Gehring, *House Church and Mission,* 155.

292) 조병수, 《신약의 교회》, 36; 조병수, "초기 기독교의 가정교회-자료분석", 54-5.

293) Branick, *The House Church in Writings of Paul,* 75.

294) 이연수, 《초기 그리스도교 가정교회와 여성》, 186.

295) Gehring, *House Church and Mission,* 155.

296) Schnabel, 《선교사 바울》, 331; Stark, 《기독교의 발흥》, 156-7, 193.

297) Osiek and MacDonald, *A Woman's Place,* 238.

298) Stark, 《기독교의 발흥》, 159.

299) Ibid., 160-2.

300) Ibid., 161.

301) Ibid., 162.

302) Ibid., 164-5.

303) Ibid.

304) Ibid., 161-2.

305) Ibid., 151.

306) Osiek and MacDonald, *A Woman's Place,* 51.

307) Ibid., 65.

308) Ibid., 64.

10. 로마교회, 다양한 인종을 가정교회 선교 정신으로 감동시키다

309) 로마서 16장 3-15절의 신자 중에서 노예 출신은 열한 명으로, 에배네도(5절), 암블리아(8절), 스다구(9절), 버시(12절), 바드로바(14절), 허마(14절), 빌롤로고(15절), 율리아(15절), 네레오(15절), 네레오의 누이(15절), 올름바(15절)다. 여성은 아홉 명인데, 브리스가(3절), 마리아(6절), 유니아(7절), 드루배나(12절), 드루보사(12절), 버시(12절), 루포의 어머니(13절), 율리아(15절), 네레오의 누이(15절)다. 이상규, 《초기 기독교와 로마 사회》, 18-9.

310) Stark, 《기독교의 발흥》, 22, 27.

311) Schnabel, 《선교사 바울》, 399.

312) Osiek & Balch, *Families in the New Testament World*, 20.

313) Banks, 《1세기 그리스도인의 하루 이야기》, 54-5.

314) Osiek and MacDonald, *A Woman's Place*, 20.

315) Ibid., 65.

316) Ibid., 21.

317) Osiek & Balch, *Families in the New Testament World*, 216.

318) 이상규, 《초기 기독교와 로마 사회》, 45.

319) Bradley, 《로마제국의 노예와 주인》, 199.

320) Ibid., 213-6.

321) Ibid., 65-6.

322) Ibid., 14-5; 이상규, 《초기 기독교와 로마 사회》, 41.

323) Bradley, 《로마제국의 노예와 주인》, 80-1.

324) Ibid., 84-5.

325) Gehring, *House Church and Mission*, 139; Schnabel, 《선교사 바울》, 419.

326) 이연수, 《초기 그리스도교 가정교회와 여성》, 118-9.

327) Ibid., 119.

328) 로마의 가정교회는 세 개설과 다섯 개설로 나뉜다. 세 개설을 보기 위해서는 Branick, *The House Church in Writings of Paul*, 67-70; Gehring, *House Church and Mission*, 145-8; 홍인규, 《바울신학 사색》, 498; 이연수, 《초기 그리스도교 가정교회와 여성》, 115-8; 이상규, "교회사에서 본 가정교회", 81-2를 보라. 반면 다섯 개설을 보기 위해서는 Birkey, *The House Church*, 48-9; 조병수, 《신약의 교회》, 30-3을 참조하라.

329) Branick, *The House Church in Writings of Paul*, 67; Gehring, *House Church and Mission*, 144.

330) Ibid., 134, 144; 이연수, 《초기 그리스도교 가정교회와 여성》, 102, 148.

331) Banks, 《1세기 교회 예배 이야기》, 18.

332) Branick, *The House Church in Writings of Paul*, 16; 이연수, 《초기 그리스도교 가정교회와 여성》, 115.

333) 홍인규, 《로마서 어떻게 읽을 것인가》 (서울: 성서유니온, 2018), 278. 빈센트 브라닉은 유대인 신자 아홉 명 중 루포와 루포의 어머니 대신 드루배나와 드루보사(롬 16:12)를 지명하고 있다. Branick, *The House Church in Writings of Paul*, 68.

334) Gehring, *House Church and Mission*, 144.

335) Banks, *Paul's Idea of Community*, 154.

336) 홍인규, 《로마서 어떻게 읽을 것인가》, 275.

337) 이연수, 《초기 그리스도교 가정교회와 여성》, 124-5.

338) Branick, *The House Church in Writings of Paul*, 68.

339) 조병수, 《신약의 교회》, 31-2.

340) 홍인규, 《로마서 어떻게 읽을 것인가》, 277.

341) Branick, *The House Church in Writings of Paul*, 69; 이상규, "교회사에서 본 가정교회", 82.

342) Branick, *The House Church in Writings of Paul*, 70.

343) 이상규, "교회사에서 본 가정교회", 82.

344) 이연수, 《초기 그리스도교 가정교회와 여성》, 152-3.

345) Branick, *The House Church in Writings of Paul*, 70.

346) Gehring, *House Church and Mission*, 147.

347) Ibid., 148-9.

348) Ibid., 149.

349) Branick, *The House Church in Writings of Paul*, 69; Gehring, *House Church and Mission*, 145; 이연수, 《초기 그리스도교 가정교회와 여성》, 116-7.

350) 조병수, 《신약의 교회》, 31-2.

351) 이연수, 《초기 그리스도교 가정교회와 여성》, 45.

352) 조병수, "초기 기독교의 가정교회-자료분석", 52.

353) Branick, *The House Church in Writings of Paul*, 67-8.

354) 이연수, 《초기 그리스도교 가정교회와 여성》, 120.

11. 가정교회 선교, 로마 제국을 무너뜨리다

355) Stark, 《기독교의 발흥》, 22-3.

356) Branick, *The House Church in Writings of Paul*, 42.

357) Banks, 《1세기 교회 예배 이야기》, 43.

358) Gehring, *House Church and Mission*, 145; 이연수, 《초기 그리스도교 가정교회와 여성》, 116.

359) Banks, 《1세기 교회 예배 이야기》, 43, 46, 54.

360) Simson, 《가정교회: 침투적 교회개척론》, 25.

361) Ibid., 75에서 재인용.

362) Branick, *The House Church in Writings of Paul*, 133에서 재인용.

363) Banks, *Paul's Idea of Community*, 78.

364) Gehring, *House Church and Mission*, 231; Branick, *The House Church in Writings of Paul*, 95; Osiek & Balch, *Families in the New Testament World*, 120.

365) Ibid., 212.

366) Birkey, *The House Church*, 59; Osiek & Balch, *Families in the New Testament World*, 207; 안희열, "초대교회의 가정교회가 헬라권 선교에 끼친 영향", 《복음과 실천》 50집 (2012), 368.

367) Gehring, *House Church and Mission*, 267; Osiek & Balch, *Families in the New Testament World*, 207-8; 안희열, "초대교회의 가정교회가 헬라권 선교에 끼친 영향", 368.

368) Osiek & Balch, *Families in the New Testament World*, 208.

369) Ibid., 115.

370) Schnabel, 《선교사 바울》, 313.

371) Osiek & Balch, *Families in the New Testament World*, 175.

372) Osiek and MacDonald, *A Woman's Place*, 28.

373) Osiek & Balch, *Families in the New Testament World*, 113; 안희열, "초대교회의 가정교회가 헬라권 선교에 끼친 영향", 370.

374) Osiek & Balch, *Families in the New Testament World*, 113.
375) Osiek and MacDonald, *A Woman's Place*, 51.
376) 이상규,《초기 기독교와 로마 사회》, 339, 359.
377) 안희열,《세계선교역사 다이제스트 100》, 55.
378) Simson,《가정교회: 침투적 교회개척론》, 104, 245; 이상규,《초기 기독교와 로마 사회》, 337.
379) Kelly,《로마 제국》, 152.
380) Ibid., 153.
381) Ibid., 150.
382) Stark,《기독교의 발흥》, 268.
383) 이상규,《초기 기독교와 로마 사회》, 352, 376.
384) Stark,《기독교의 발흥》, 268.

나가는 말

385) Stark《기독교의 발흥》, 23.
386) 최영기,《가장 오래된 새 교회, 가정교회》, 17.
387) 한국기독교목회자협의회,《한국 기독교 분석 리포트》, 616.
388) 최영기,《가장 오래된 새 교회, 가정교회》, 217-20.
389) Ibid., 220.
390) 김진호 최용주,《빅데이터 리더십》(서울: 북카라반, 2020), 27.
391) 최영기,《가장 오래된 새 교회, 가정교회》, 101-2.
392) 주민호, "선교지 가정교회 개척", 2010년 5월 27일, WMTC 제12기 장기 선교사 훈련 오픈 강의, 카자흐스탄 살렘교회.
393) 세계선교훈련원 편,《선교지 교회개척 이야기》(대전: 그리심, 2010), 154-55.
394) 최영기,《가정교회에서 길을 찾는다》(서울: 두란노, 2015), 196-235.